职业教育城市轨道交通专业规划教材

城市轨道交通电动列车驾驶

主　编　毛昱洁
副主编　李　伟
参　编　陈　宇　单晓涛
主　审　何　鑫

本书从城市轨道交通电动列车司机的工作过程出发，以城市轨道交通企业对司机的素质要求、技能模块、业务内容作为基础，结合国家职业标准，以项目化教学为出发点设计任务模块，与职业资格标准相衔接。本书面向实际应用，针对高等职业院校城市轨道交通车辆专业人才培养大纲，与前期、后续课程相互衔接，注重培养学生的规范操作能力、分析问题和解决生产实际问题的能力，提高学生的就业竞争力和未来发展的可持续性。

本书共8个项目28项任务，从出勤和接班、库内作业、列车运行到交班和退勤，涉及的知识要点、能力要点和素质要点均从“电动列车司机专业工作任务与职业能力分析”提炼而出，每个任务既有知识、又有实操，采用业务模块学习、现场演习/示范、工作案例剖析、工作模块讨论、模拟训练与现场指导相结合的教学方法，提高学生的实际操作能力和基础知识水平。针对学生的技能水平高低，教材中的部分项目后还设计了“拓展与提高”模块，为不同院校根据自身情况合理设置课程深度和课时提供基础。

本书既可作为全国职业院校城市轨道交通车辆专业教材，也可作为电动列车司机及岗位职业培训的教材。

为方便教学，本书配有电子课件。凡选用本书作为授课教材的教师均可登录 www. cmpedu. com 以教师身份注册下载。编辑咨询：010-88379865。

图书在版编目（CIP）数据

城市轨道交通电动列车驾驶/毛昱洁主编. —北京：机械工业出版社，2015. 3（2018. 8 重印）
职业教育城市轨道交通专业规划教材
ISBN 978-7-111-49273-3

Ⅰ. ①城… Ⅱ. ①毛… Ⅲ. ①城市铁路-电力动车-驾驶术-职业教育-教材 Ⅳ. ①U266. 2

中国版本图书馆 CIP 数据核字（2015）第 045075 号

机械工业出版社（北京市百万庄大街 22 号 邮政编码 100037）
策划编辑：曹新宇 责任编辑：曹新宇 张丹丹
责任校对：黄兴伟 封面设计：马精明
责任印制：李 洋
三河市国英印务有限公司印刷
2018 年 8 月第 1 版第 4 次印刷
184mm×260mm · 16 印张 · 392 千字
标准书号：ISBN 978-7-111-49273-3
定价：40. 00 元

凡购本书，如有缺页、倒页、脱页，由本社发行部调换

电话服务	网络服务
服务咨询热线：010-88379833	机工官网：www. cmpbook. com
读者购书热线：010-88379649	机工官博：weibo. com/cmp1952
	教育服务网：www. cmpedu. com
封面无防伪标均为盗版	金书网：www. golden-book. com

前言

当前，我国城市轨道交通进入了一个快速发展期，截至2014年年底，共有37座城市获准修建城市轨道交通，其中22座城市的95条线路已经开通运营，总里程达到2933.26km，设置车站1947座。在国际上，城市轨道交通人员使用效率较高的城市，每公里线路的平均人员配置一般为60人左右。作为高素质劳动者和技术技能型人才的专门培养院校，国内交通职业院校和一些高职院校为了适应城市轨道交通发展的社会需求，已经开设或准备开设城市轨道交通专业及相关专业。

电动列车司机是城市轨道交通运营企业的重要一线工种，高职“城市轨道交通车辆”专业旨在培养掌握车辆运用及维护、电动列车驾驶的高技能人才。随着城市轨道交通新线路和里程的不断扩大，市场对电动列车司机的人才需求量也在不断攀升，“电动列车驾驶”类课程作为城市轨道交通车辆专业的专业核心课，受到各院校极大的重视。

本书针对目前企业的需求、教材市场存在的问题，进行设计和开发，力求改善“城市轨道电动列车驾驶”课程缺乏教材的现状。设计时，参考教育部关于“高等职业学校专业目录”的设置情况，按照职业教育“以就业为导向，以服务为宗旨”的指导思想，摈弃与其他相邻课程教材不必要的交叉重复，紧密围绕电动列车司机岗位的典型工作任务和职业能力分析，设计了符合高职学生能力要求的、以司机岗位工作任务分析为基础的项目化教学内容，力求成为第一本真正意义上针对城市轨道交通车辆专业司机岗位学生的电动列车驾驶教材。

本书共分8个项目，由北京交通运输职业学院毛昱洁主编。项目一（列车操作相关知识）由北京交通运输职业学院单晓涛编写，项目二（司机交接班作业）和项目六（折返作业）由北京交通运输职业学院李伟编写，项目三（列车整备作业）由毛昱洁和北京地铁运营三分公司陈宇编写，项目四［段（场）作业］由北京地铁运营三分公司陈宇编写，项目五（正线运行及操作）、项目七（非正常情况下的运行及操作）、项目八（故障条件下的运行及操作）和绪论由毛昱洁编写。全书由北京京港地铁有限公司何鑫主审。此外，本书还得到城市轨道交通企业许多一线司机朋友的帮助，在此致以衷心的感谢！

国务院“关于加快发展现代职业教育的决定”进一步明确了今后一个时期国家对于发展现代职业教育的方针政策、目标任务和重大举措，这也为职业教育工作者的改革创新带来良好机遇。借本书出版之际，希望能与同行加深交流，得到批评和指正，以进一步改进、充实和完善工作成果，更好地为城市轨道交通行业的人才培养发挥作用。

编　者

目录

绪　论

一、电动列车司机职业概况

电动列车司机是指直接从事城轨电动列车驾驶作业并且具备独立驾驶城轨电动列车作业资格的人员，当电动列车出现故障时，能及时处理。电动列车司机的工作需严谨、守时，又有条不紊，保证列车正常、正点、安全地运行在轨道线路上。

一名合格的电动列车司机，不仅要能规范驾驶列车，而且需能在运营线路或非运营线路上独立从事城轨电动列车的检查、试验、故障及突发事件处置等作业。因此，要想成为一名称职的电动列车司机，必须注重培养综合素质和能力。

二、电动列车司机基本要求

为提高线路运输能力、保证运营安全、促进轨道交通网络化运营，现在绝大多数城市轨道交通线路均采用列车自动控制系统。如基于通信的列车控制系统 CBTC 可实时或定时地进行列车与地面间的双向通信联络，大大提高了区间列车的通行能力和运行安全性。列车自动控制技术可使列车实现自动驾驶、全程的网络监控及列车自动保护，从而使电动列车司机的操作变得简单化、流程化。对电动列车司机的岗位出现新的要求，主要表现在：

1）双司机驾驶列车正在逐步转变为单司机驾驶列车。单人驾驶列车，对司机的专业知识、技能、心理素质、故障处理能力、操作水平有更高要求。

2）列车逐步实现网络控制，司机操作列车变得简单，但也对司机提出了更高的要求：不仅需要司机对列车的结构和原理要有更深的理解，而且需要司机对列车网络控制以及出现故障时的处理能力有了更高的要求。

3）城市轨道交通的乘务制度一般采用轮乘制，司机所驾驶的列车不固定，这就需要司机对车辆有比较深入的学习，以便能够迅速掌握不同车辆的技术状态。

从各地铁运营有限公司目前对电动列车司机的培训周期和项目安排来看，司机除了必须学习和掌握地铁公司的安全规程、事故处理规程、列车操作规程、技术管理规程外，还应注重培养如心理素质、抗压能力、反应能力、表达和语言能力等综合素质，而这些能力素质是无法靠理论知识来弥补的，需要学员在日常生活中有意识地进行针对性培养。

（一）素质能力

1. 职业素质

（1）责任感　责任感指个人对自己和他人、对家庭和集体、对国家和社会所负责任的认识、情感和信念，以及与之相应的遵守规范、承担责任和履行义务的自觉态度。责任感应当从个人对工作的认知、成就感、乐于奉献、热爱工作等几个方面体现出来。例如，电动列车司机作为城市轨道交通车辆的第一线操作者，必须有高度的服务意识、安全意识、奉献意识，了解到地铁运营企业的核心性质——服务，能从工作中找到自身的价值，兢兢业业、不计“小我”，这样才有可能确保地铁运营的正常进行。

（2）反应能力　在驾驶列车的过程中，司机要运用自身的感觉器官（眼睛-视觉、耳朵-听觉等）不断地搜集与行车相关的情报，如行车信号、线路情况、车辆状态等，以确保自己的驾驶操作正确；如果对信息处理不当，就有可能引发运营事故。从发现信息到采取措施需要一定的时间，这个时间是大脑的判断时间，也称为人的反应时间，每个人的反应时间长短不等，即反应能力不同。研究表明，在紧急情况下，反应能力强，也许能避免事故，而反应能力差，则可能增加事故发生的概率。

（3）安全导向　安全是地铁运营的第一标准，是指城市轨道交通列车在完成运输旅客任务的过程中，对行车人员、行车设备以及乘客产生作用和影响的要素。国内外轨道交通运输都把行车安全放在突出位置，行车安全的质量指标是衡量轨道交通运营管理的重要环节，是列车运行的永恒主题。为了减少和消除由各种因素造成的不良后果，电动列车司机在执勤时必须时刻牢记“安全第一、预防为主”的运营宗旨，确立安全行车和服务乘客的思想意识，并将之落实在工作的每一个细节、每一个动作中。

（4）坚韧性　坚韧性是指一个人具有强烈的坚忍不拔的毅力、顽强不屈的精神，能克服逆境去执行既定目标。坚韧性越高，意志对人的行为活动的控制约束力就越持久，人就会表现出顽强的毅力和持久的耐心。

对于电动列车司机来说，坚韧性就是指行车中应当长期保持精力旺盛、顽强克服各种困难、坚持到底的品质。司机在行车过程中会遇到各种各样的困难，特别是在长时间驾驶、疲劳的状态下，遇到气候的变化、突发的情况时，也必须保持精力充沛，克服诸多困难，安全驾驶列车。

（5）判断力　电动列车司机要有准确的判断力，以保证行车安全。判断能力体现在：在高速驾驶的同时准确判断行车环境中各种物体的距离；对车辆的速度、周围运动物体的运行速度，迅速准确地判断，控制车速，预测可能出现的情况；对轨道情况进行正确判断，当列车驶入某一路段时，迅速判断出轨道对列车的制动、操作稳定性、钢轨附着能力的影响等，以便提前采取措施，控制好列车。

（6）应变能力　应变能力是指人在外界事物发生改变时做出的反应，可能是本能的，也可能是经过思考过程后，所做出的决策。应变能力强调能在变化中产生应对的策略，根据情况随机应变、辨明方向。司机要具备良好的应变能力，随时处于警觉状态，做好处理突发事件的准备，在受到干扰时迅速处理，保证行车安全。

（7）决策能力　在列车操作过程中，司机要不断地依据视觉、听觉、嗅觉等各种知觉，针对时刻变化的外部运行环境做出反应和决策。特别是在突发情况下，要求司机在较短的时间内做出正确的决策，实现安全驾驶的目的。

（8）心理素质（压力管理）　心理素质与行车安全有着密切的关系。在实践中，司机主要存在胆怯心理、急躁心理、自满心理、焦虑心理等，由这些心理引起的不良情绪会给行车安全带来较大隐患。电动列车司机的驾驶通常承载着上千名乘客的安全，司机一定会有不同程度的心理压力，合格的司机必须能够及时、积极地消除和控制自己的不良情绪，对压力进行管理，保持良好的心理状态，只有这样才能为乘客提供安全、便捷、温馨的乘车服务。

（9）顾客导向　顾客导向是指以满足乘客需求、增加乘客价值为地铁运营企业的出发

点，在服务过程中，特别注意乘客的偏好，重视运营服务手段的创新，以动态地适应乘客的需求。而电动列车司机作为直接与乘客产生沟通交流的群体之一，必须将乘客服务置于工作的出发点，在执勤过程中对乘客真正负起应有的责任。

（10）沟通能力　沟通能力指一个人与他人有效地进行信息交流沟通的能力。电动列车驾驶虽然是司机的个人行为，但在驾驶过程中，司机应能积极主动地与车上乘客进行沟通，正确表达行车必要信息，使乘客获得良好感受，提高服务质量。司机的沟通能力在非常情况下和发生突发事件时尤为重要。

2. 综合素质

（1）性格　外向的性格更能适应司机这个岗位。外向型的人好活动、好交往，在感知上能主动观察、反应较快、善于提问，思维比较发散。

（2）记忆能力　记忆能力是识记、保持、再认识和重现客观事物所反映的内容和经验的能力，包括听、看、说、记，对图形、色彩、书写的记忆能力。司机的良好记忆能力主要表现在能把听到的命令准确记录下来或传达给他人，（在列车故障时）对驾驶室内各显示屏上的不同图形闪现能快速予以区分和记忆。

（3）手眼协调能力　手眼协调能力是人的身体运动的精细动作能力的一部分，属于身体小肌肉群的能力发展。精细动作能力包括手眼协调、手指的灵活性和手脚协调三部分，而电动列车司机的视觉-手部运动占工作中身体运动的主要部分，具体表现为：在任何情况和形势下，都能正确地按下开关和按钮。

（4）空间知觉能力　空间知觉是对物体形状、大小、相对平面位置及空间特性的感知。空间知觉能力是指人们利用三维空间方式进行思维的能力，是由视、听、触和动觉联合活动整合而成的复杂感知觉，包括形状知觉、大小知觉、距离知觉、深度知觉和方位知觉。电动列车司机的空间知觉能力要求能感知方位，感知隧道、地面和高架，在高速运行的情况下善于发现熟悉的物体（如信号设备、线路设备等）。

（5）视觉能力　通过视觉，人和动物感知外界物体的大小、明暗、颜色、动静，获得对机体活动具有重要意义的各种信息，至少有80%以上的外界信息经视觉获得，视觉是人和动物最重要的感觉。视觉也是电动列车司机在工作过程中获取信息的主要渠道，如线路状况、轨道环境、道岔位置、信号机显示灯光颜色、站台候车乘客状态等。

此外，明适应和暗适应也是视觉能力的表现之一。

（6）听觉能力　听觉是仅次于视觉的重要感觉通道，在人的生活和工作中起着重大的作用。电动列车司机的工作环境噪声较大，可通过在噪声环境下给一个特定声音让学员判断其方向的方式来训练听觉能力。

（7）嗅觉能力　嗅觉是一种由感官感受的知觉。电动列车司机的嗅觉能力要求当设备出现异味或冒烟时，能及时发现。

（8）逻辑能力（动手、动脑）　逻辑能力是指正确、合理思考的能力，即对事物进行观察、比较、分析、综合、抽象、概括、判断、推理的能力，是能采用科学的逻辑方法，准确而有条理地表达自己思维过程的能力。对于电动列车司机来说，逻辑能力的培养主要训练做事前的思考、怎样一次性完成任务，强调流程的高效率。

（9）时间观念　作为司机，遵守时间是最基本的职业道德。城市轨道交通系统的计时单位一般精确到“秒（s）”，那么电动列车司机的时间观念就更显得重要。

电动列车司机应具有两种时间观念：正计时和倒计时（一般列车的正点发车时刻用倒计时的方法显示）。在平时训练司机完成某项任务时，采用倒计时的方式不仅能培养时间观念，而且能训练其心理承受能力。

（10）平衡能力　平衡能力可以泛指保持全身处于稳定状态的能力。发展平衡能力有利于提高运动器官的功能，改善中枢神经系统对肌肉组织与内脏器官的调节功能，提高适应复杂环境的能力和自我保护的能力。电动列车司机的平衡能力不仅指在静态和动态环境下维持身体平衡的能力，还包括对昼夜、黑白转换时的自身状态稳定的能力。

（11）身体体能　体能是反映和衡量人体体质强弱及能耐高低的标志，即人体各器官系统的生理机能和运动能力在日常生活、体育运动中所表现出来的水平。主要包括力量、速度、耐力、柔韧、灵敏和协调等基本身体素质，以及走、跑、投、攀、爬、游、舞和负重等基本活动能力，现在对体能的外延解释也包含人体的精神气质与适应能力。电动列车司机可以通过短跑、变速跑来进行体能训练。在校学生的体育课增加篮球、乒乓球、羽毛球、跳绳等项目，同时训练准确度、反应力、协调性。

（12）学习能力　学习能力是指学习的方法和技巧，是自我求知、做事和发展的能力。主要表现在：能以快捷、简便、有效的方式获取准确知识、信息，并将其转化为自身能力；能熟练使用学习工具；善于把新知识融入已有知识，从而改变已有知识的结构；会运用科学的学习方法独立地获取信息、加工和利用信息、分析和解决实际问题。

（二）基础知识

电动列车司机必须充分掌握与列车、行车设备、信号系统等各方面相关的基础知识，只有这样才能更好地驾驭列车，实现高标准的操作。

1. 基础知识

（1）电工电子　要求掌握电路的基本概念、基本定律和分析方法，三相电路，三相交流电源与负载的连接，晶体管及基本放大电路，半导体基础知识，安全用电常识等。

（2）机械基础　要求掌握机械制图识图，公差的概念，常见机械结构，机构的原理，机械传动原理及常见部件，材料基础等。

（3）常用工具和灭火器　要求掌握万用表的使用，各类机械钳工和电工工具（钳、锤、扳手等）的使用，常见量具的使用，泡沫、气体、干粉灭火器的使用方法和注意事项，消防相关知识，学会扑灭初起火灾的方法。

2. 专业知识

（1）车辆构造　车辆构造是关于城市轨道交通车辆的基础知识，包括车辆基本组成、列车编组、车体结构、车门系统、车钩缓冲装置、转向架、制动系统、车辆主要电气设备、车辆主电路和气路原理等相关知识。

司机必须掌握列车的基本构造和性能，对列车有一个较完整的了解。只有在掌握和了解列车各系统性能、作用的基础上，才能够使自己具备处理故障的能力。而能否在规定时间内及时、准确地排除故障，实际上已经成为司机技术业务的标志之一。

（2）信号系统　信号系统与列车驾驶息息相关，要求司机必须掌握：信号机的种类和显示，基础信号设备（转辙机、轨道电路、应答器、计轴器等）及其工作原理，ATC、ATO、ATP、ATS 基本作用和工作原理，各种闭塞形式、工作原理及相关技术，CBTC 系统相关知识。

（3）行车组织　行车组织是关于列车运行组织的知识，要求司机必须掌握：轨道线路的相关基础知识（如轨道组成、道岔、线路特点等），各线路标识、信号标识的作用，手信号的显示方式和显示意义，相关行车凭证与行车命令，列车运行图和轮乘表、列车开行车次的规定，段、场、正线的线路布局、股道特点，正线屏蔽门的种类和分布，及屏蔽门在正常和非正常情况下的操作方法。

3. 规章制度

（1）列车操作规程　《列车操作规程》是车辆系统各有关工种和车辆技术管理人员、乘务管理人员及电动列车司机在工作中或作业中的工作标准，对司机出退勤、列车检查作业、出入库作业、列车操纵和运行、特殊情况下的处理与操纵等进行了规定。一般各地铁线路根据电动列车技术特点、信号系统、线路设备、站场设施、环境条件特点等制定各自的规程。

（2）技术管理规程　《技术管理规程》类似地铁公司技术管理的纲领性文件，规定了地铁公司各部门、各单位、各专业在从事运营生产时，必须遵循的基本原则、基本要求、责任范围、工作模式和相互关系等。地铁运营具有高度集中、统一指挥、紧密联系和协同动作的特点，在《技术管理规程》的指导和规范下，能规范运营管理活动，提升技术管理水平，确保轨道交通路网运营安全、正点、优质服务。

（3）行车组织规定　《行车组织规定》是各地铁线路针对信号系统设备及运营模式的特点而制定的，规定了行车人员在行车组织工作中必须遵循的基本原则、工作模式、作业程序和相互关系等。

（4）运营事故处理规程　《运营事故处理规程》的制定目的是及时、正确处理地铁运营事故，使事故处理工作科学、规范、有据可依。

（5）其他　《中华人民共和国劳动法》相关知识、《中华人民共和国安全生产法》相关知识、《中华人民共和国环境保护法》相关知识等。

本书在《车辆构造》、《行车组织》等前导课程的基础上，从城市轨道交通电动列车司机的工作过程出发，以企业对司机的素质要求、技能模块、业务内容作为基础，结合各地铁公司《列车操作规程》、《行车组织规定》的实际内容，以项目化教学为出发点，从出勤、交接班、整备作业、段/场作业、正线运行、折返作业、非正常情况下的运行等方面设计任务模块，完成对电动列车司机的培养。

项目一　列车操作相关知识

任务一　车辆概述

任务说明

电动列车是司机工作的操纵对象，只有在充分了解其结构、特性、原理的基础上，司机才能游刃有余地完成驾驶、维护、故障处理等作业。

此项任务的目的是使学生在回顾城市轨道交通电动列车的核心系统及设备功能、原理的基础上，更好地进行后续任务的学习和训练。

知识要点

1. 掌握城市轨道交通车辆的车型及结构组成。
2. 掌握电动列车主要系统和设备的作用、结构和原理。

素质和能力要点

1. 能够指认电动列车的组成部件。
2. 能判断列车的编组形式。
3. 培养语言表达能力。

相关理论

当前，我国城市轨道交通进入了一个快速发展期。截至2014年年底，已有上海市、北京市、广州市、香港、深圳市、重庆市、天津市、台北市、大连市、南京市、武汉市、长春市、沈阳市、杭州市、高雄市、成都市、昆明市、苏州市、西安市和佛山市等开通轨道交通，运营里程总计2933.26km。到2015年，我国轨道交通里程将超过3800km。预计到2020年，我国城市轨道交通累计营业里程将达到11042km。

一、车辆机械结构

（一）城轨列车的几种主要车型

1. A 型地铁列车

A 型地铁列车是国际上应用最多的城市轨道交通列车车型之一，如图 1-1 所示。A 型车的车厢宽度为 3m，长度约为 22 ~ 24m，车高 3.8m，每节车厢的最大载客能力约为 410 人，车厢一侧设置有 5 扇客室门。早期的 A 型车采用的是直流牵引电机，使用直流斩波的调速模式，近代的 A 型地铁列车已经全部采用了交流感应式牵引电机，使用变压变频（VVVF）的调速模式。

图 1-1　A 型地铁列车

我国 A 型地铁列车的供电均采用直流 1500V 的供电制式，车速有 80km/h、100km/h 和 120km/h。上海地铁多条线路均使用 A 型地铁列车，南京地铁、深圳地铁、广州地铁也都使用 A 型地铁列车。

2. B 型地铁列车

B 型地铁列车是国际上应用较多的城市轨道交通列车车型，如图 1-2 所示。B 型车的车厢宽度为 2.8m，长度约为 19 ~ 22m，高度为 3.8m，每节车厢的最大载客能力约为 350 人，车厢一侧设置有 4 扇客室门。与 A 型车相同，近代的 B 型车已经全部采用了交流感应式牵引电机，使用变压变频（VVVF）的调速模式。我国六节编组的 B 型车多采用直流 750V 的供电制式，北京地铁 6 号线采用八节编组的 B 型车，使用直流 1500V 的供电制式。

北京地铁大部分线路使用 B 型地铁列车。

图 1-2　B 型地铁列车

（二）车辆设备

1. 转向架

转向架是轨道交通车辆中最为重要的部件之一，其主要作用如下：支承车体，承受并传递从车体至轮轨或轮轨至车体之间的各种载荷及作用力；缓和车辆与线路之间的相互作用，减小振动和冲击，提高车辆运行平稳性；保证车辆运行安全，灵活地沿线路运行，顺利通过曲线；将车轮沿着钢轨的滚动转化为车体沿线路的平动；便于安装牵引电机及传动装置，提供驱动车辆的动力。

城市轨道交通列车的转向架分为动车转向架和拖车转向架两种，均为无摇枕结构。两者的主要区别是：动车转向架有牵引传动装置（牵引电动机、齿轮传动装置、万向节），动车用构架设有牵引电机吊座、齿轮箱吊座等，如图 1-3 所示；拖车转向架没有牵引传动装置，其他结构基本相同，如图 1-4 所示。

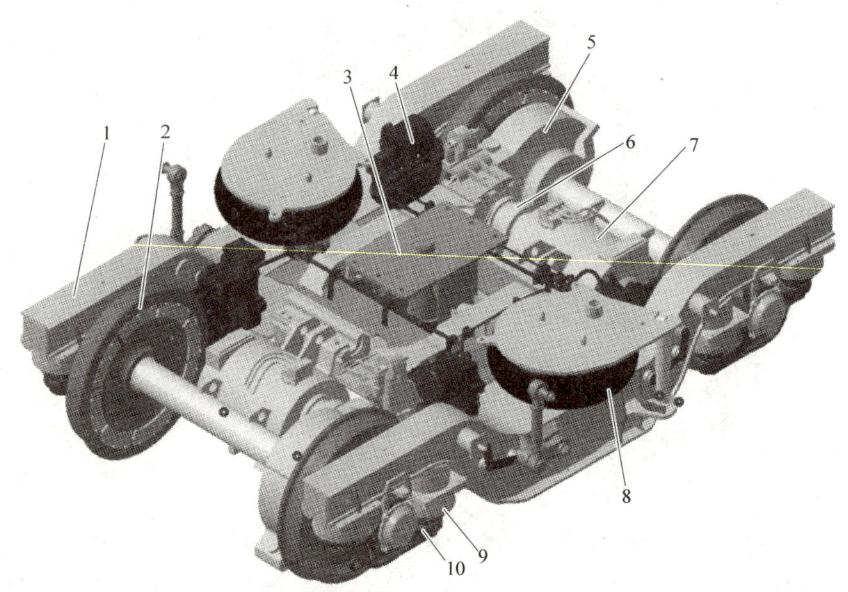

图 1-3　动车转向架

1—转向架构架　2—轮对　3—牵引装置　4—基础制动装置　5—齿轮减速箱　6—齿式万向节　7—牵引电机　8—二系悬挂装置　9—一系悬挂装置　10—轴箱装置

2. 车钩缓冲装置

车钩缓冲装置是车辆最基本的也是最重要的部件之一，用于连接列车各个车厢的机械、风路和电路，从而使车辆形成一个整体。车钩缓冲装置能够为车辆传递牵引力和制动力，缓和列车在运行中或调车时所产生的纵向冲击力，并且车钩缓冲装置具有一定的转动功能，能够使车辆顺利通过曲线。

现代城市轨道交通列车全部采用了密接式车钩，根据其连挂方式不同分为全自动车钩、半自动车钩和半永久棒式车钩。

（1）全自动车钩　全自动车钩一般安装在列车的头尾端，其钩头除了设置有自动连接机构外，还设置了电气连接器、自密封的气管、缓冲器和定中机构，如图 1-5 所示。在进行列车的调车和救援时，与另外的牵引车或救援列车实现机械、气路和电路的快速自动连接。

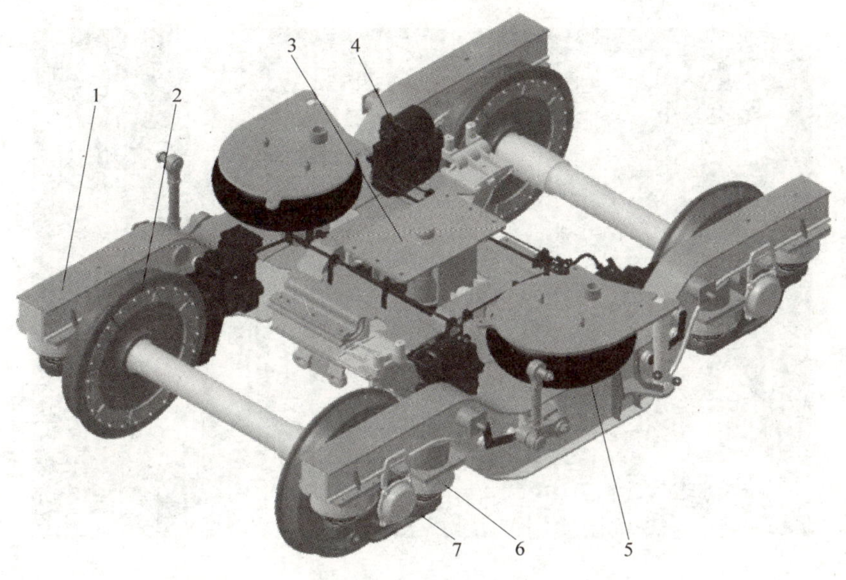

图 1-4　拖车转向架

1—转向架构架　2—轮对　3—牵引装置　4—基础制动装置　5—二系悬挂装置　6—一系悬挂装置　7—轴箱装置

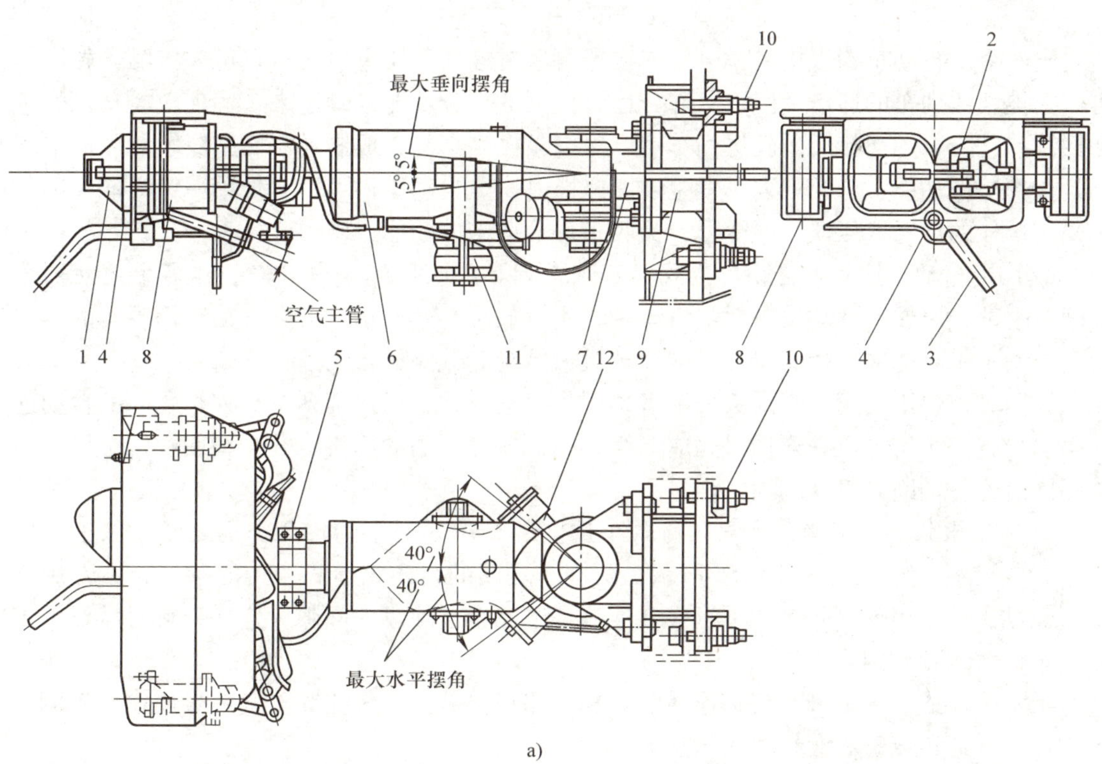

图 1-5　全自动车钩

a）结构图

1—钩头凸锥　2—钩锁连接杆　3—导向杆　4—主风管连接器　5—对开连接套筒　6—环弹簧缓冲器　7—支承座　8—电气连接箱　9—钩尾冲击座　10—过载保护连接套筒　11—垂向支承　12—对中装置

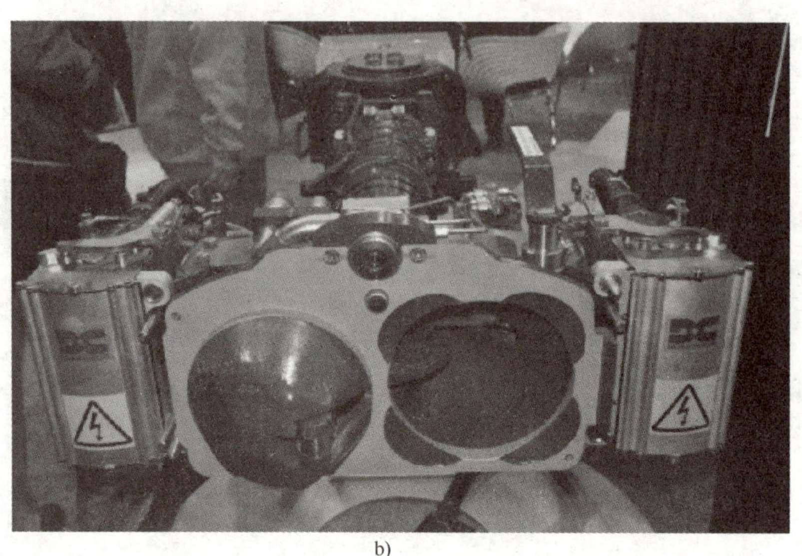

b)

图 1-5　全自动车钩（续）

b）实物图

当两个全自动车钩连接后，电气连接器自动对接并使所有电气接点可靠接触，救援车辆可以把被救援列车的通信、广播、部分运行控制的部分功能接续过来，实现救援车辆的运行和控制；气路自动连接后，救援列车可以对被救援列车的停放制动器实施缓解，完成空气制动的全部操作功能；当两列列车发生迎面碰撞时，全自动车钩可以实现第一级吸能缓冲，通过固定螺栓的剪断或压溃管的变形，吸收一部分撞击的动能。

（2）半自动车钩　半自动车钩既可安装在列车的头尾端，也可安装在多个单元列车的中间车端部，以便于列车按单元解编维护之用，如图 1-6 所示。与全自动车钩不同的是，半自动车钩不带有电路连接装置，只能实现机械结构和气路的自动连接。

我国城市轨道交通列车的头尾端多采用半自动车钩，以保证列车与列车之间的自动连接和手动分解。车钩可以在连挂时完成车组之间机械和气路的连接，并在利用解钩手柄分解车钩的同时，自动断开气路的连接。

（3）半永久棒式车钩　半永久棒式车钩安装在单元列车的各个车辆之间，除了架修和大修，一般不宜解编。如图 1-7b 所示，两辆车之间的半永久棒式车钩的钩杆，由专用的连接环通过 4 个专用螺栓联接，可以保证连接环节完全消除纵向间隙，连接分解时需要人工操作，车辆解编相对困难。

半永久棒式车钩不带有气路连接装置和电路连接装置，气路和电气信号通过两车辆之间的连接箱，通过渡管和渡线缆人工连接。

3. 电动车门

现代城市轨道交通车辆的车门驱动基本已全部采用电机驱动机构（北京地铁 1 号线 DKZ4 型车还是采用风动门），车门的开和闭、各种状态检测都是通过门控单元（EDCU, Electric Door Control Unit）来进行控制和信息上传；每扇车门还有障碍物探测功能、紧急解锁功能、隔离功能、声光提醒和报警功能等。

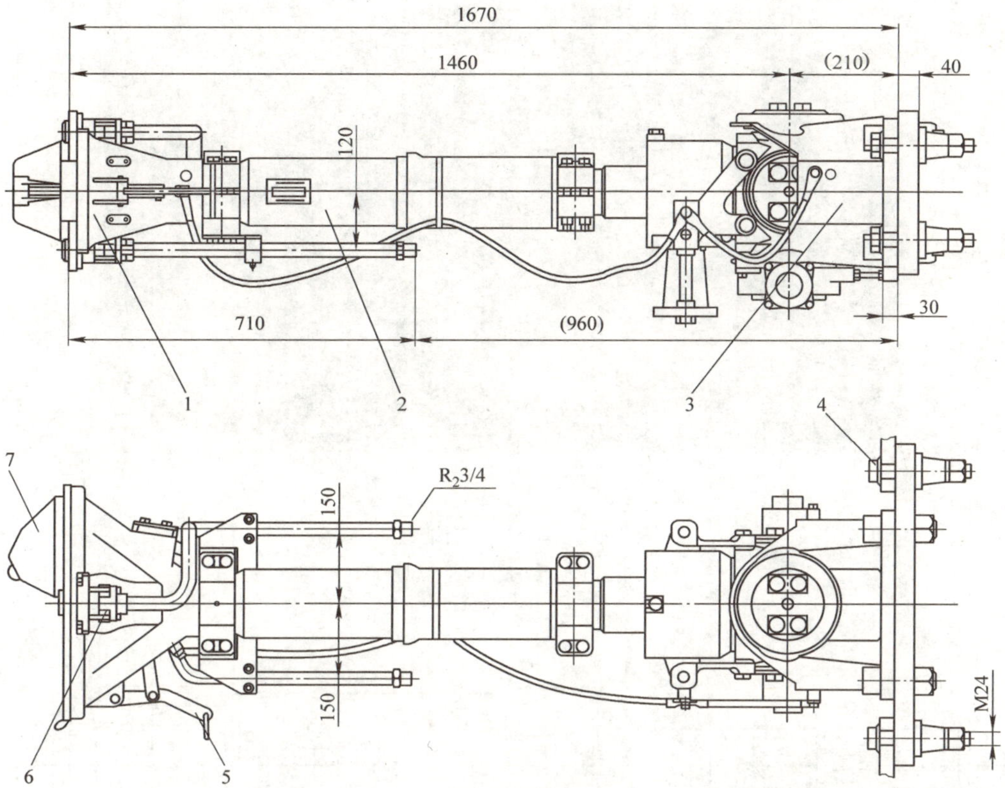

a)

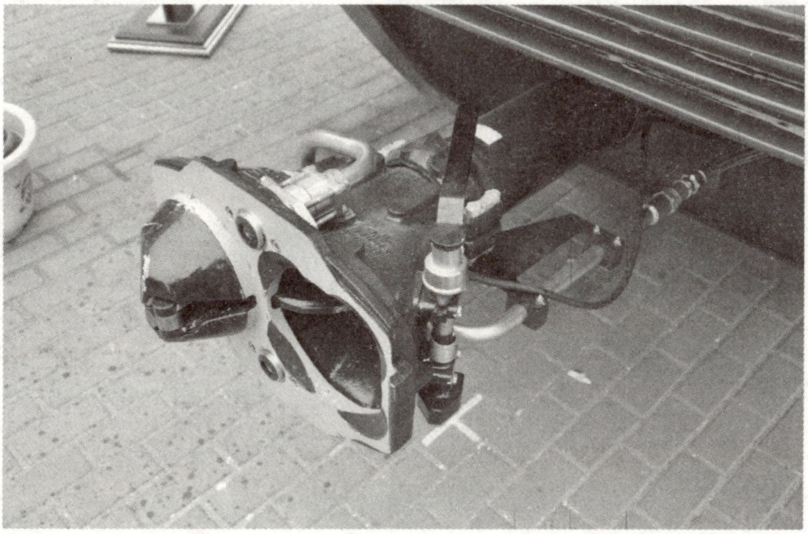

b)

图 1-6　半自动车钩

a）半自动车钩结构图　b）列车头尾端的半自动车钩

1—连挂系统　2—压溃装置　3—紧凑式缓冲装置　4—过载保护　5—解钩手柄　6—总风管连接器　7—钩头凸锥

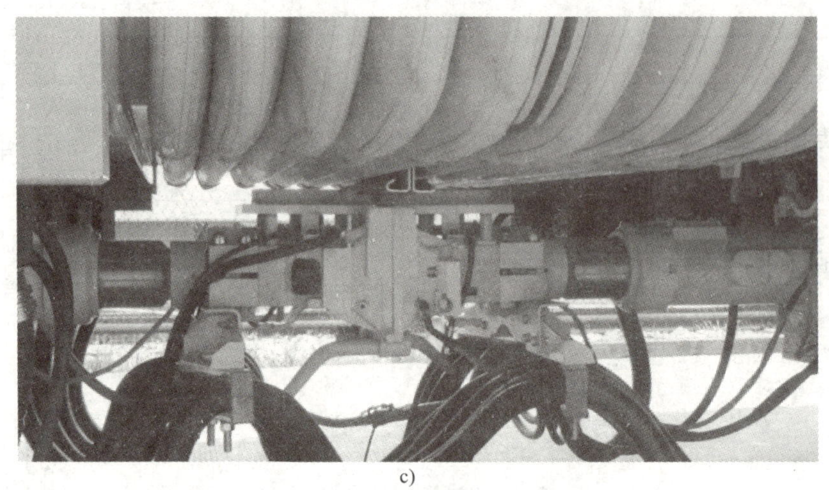

c)

图 1-6 半自动车钩（续）

c）中间车端部的半自动车钩

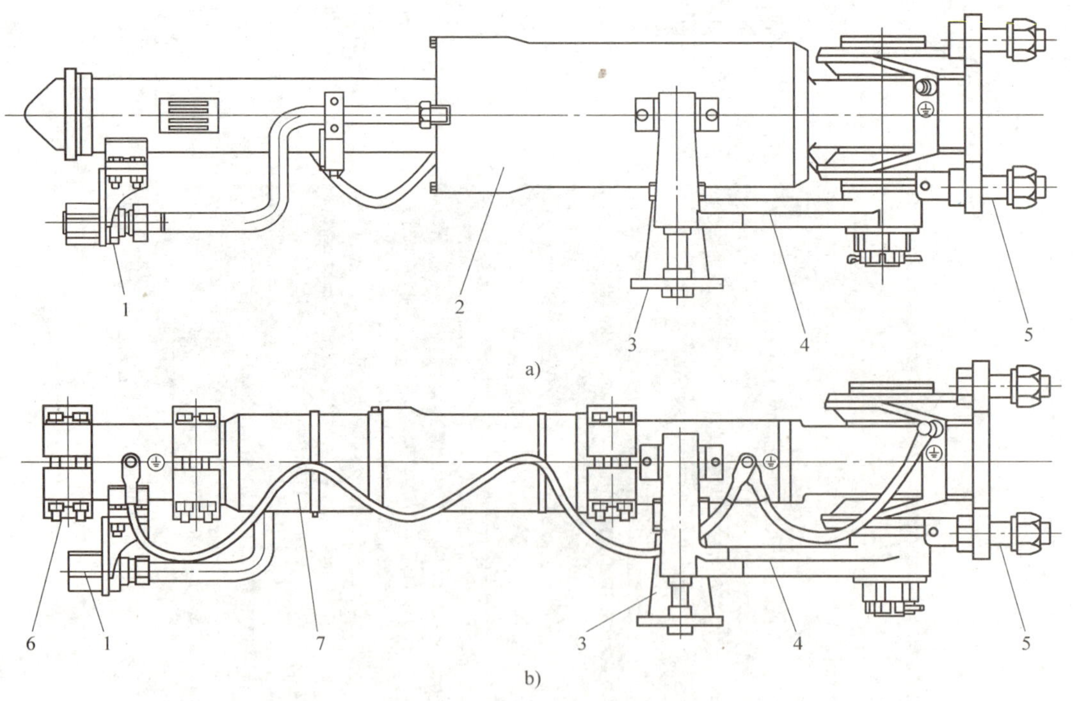

图 1-7 半永久棒式车钩

a）半永久带缓冲器车钩缓冲装置 b）半永久带压溃管车钩缓冲装置
1—直通式风管连接器 2—缓冲系统 3—橡胶支承 4—安装吊挂系统
5—安装螺栓 6—连接环 7—压溃管

c)

图 1-7　半永久棒式车钩（续）

c）实物图

我国各个城市地铁所用列车的电动客室车门形式大致有三种：内藏嵌入式车门、外挂式车门和塞拉式车门，如图 1-8 所示。

a)

b)

c)

图 1-8　电动车门形式

a）内藏嵌入式车门　b）外挂式车门　c）塞拉式车门

内藏嵌入式车门简称内藏门，开关门时，门叶在车体侧墙的外墙板和内饰板之间的夹层做直线移动，可靠性较高且结构简单，维修工作量和维修时间较少。

外挂式车门传动机构的工作原理与内藏式车门完全相同，两者的主要区别在于，外挂式车门的门叶始终位于车体侧墙的外侧。

塞拉式车门在关闭状态下，门叶外表面与车体外墙成一平面，车门打开时，门叶紧靠在侧墙外侧移动。塞拉式车门的密封性好，但部件数量多，且传动机构的运动较复杂，可靠性较低，维修量较多。

小贴士

门控器的基本功能：

1）开/关门功能，包括车门开、关状态显示。

2）未关好车门的再开闭功能。

3）开关车门的二次缓冲功能。

4）集控开、关门操作控制信号的过滤性能：单次有效的开、关门操作等信号需保持500ms确认时限。

5）障碍物探测重开门功能，防挤压力小于210N。

6）车门故障切除功能（门隔离）。

7）车门内/外紧急解锁功能。

8）故障指示和诊断记录功能，并可通过读出器读出。

9）零速保护（5km/h保护）功能。

10）自诊断防护功能。

4. 制动系统

制动系统决定着列车的制动能力，与列车的运行安全直接相关。

（1）制动方式　目前城市轨道交通列车都采用电空混合制动的方式，即电制动和空气制动结合使用，这样既能保证能源的循环再利用，也保证了对车辆尤其是轮对和单元制动装置的低损耗。

电制动也称动力制动，制动时，牵引电机的转子和定子关系发生变化，使电动机转化为发电机，将列车的动能转化为电能。根据电能的流向，电制动有再生制动和电阻制动两种类型。

空气制动是一种摩擦制动，通过摩擦副的摩擦将列车的动能转变为热能，消散于大气，从而产生制动作用。主要形式有闸瓦制动（又称踏面制动，图1-9）和盘形制动（图1-10），由于推动闸瓦和盘形夹钳的推力是压缩空气，所以称为“空气制动”。

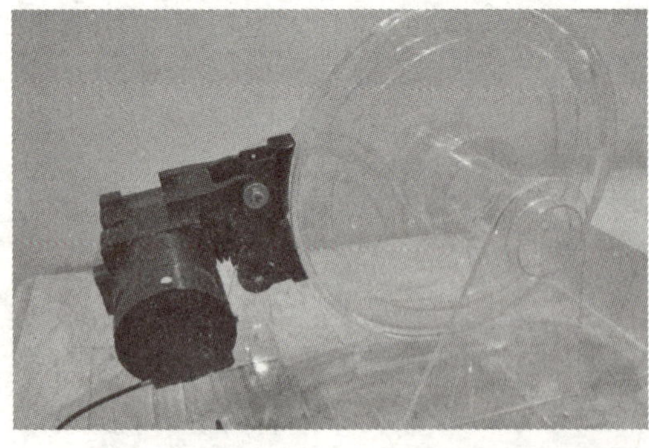

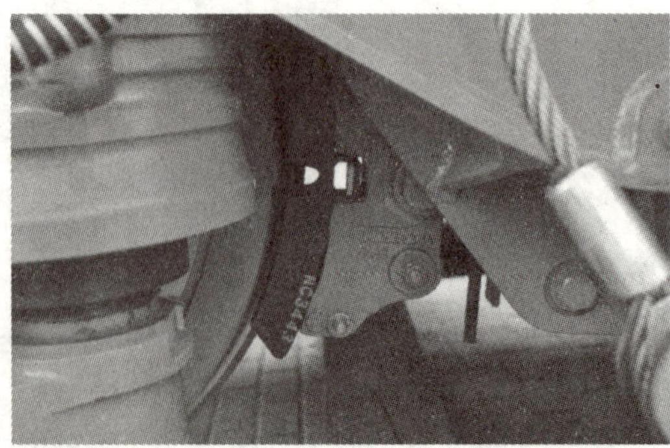

图1-9　闸瓦制动

此外还有一种制动方式叫轨道电磁制动，也称磁轨制动，是通过将车辆转向架上的磁铁（电磁铁或永久磁铁）吸附在轨道上并使车辆在轨道上滑行产生的制动，如图1-11所示，它也是一种摩擦制动。

a)

b)

图 1-10 盘形制动

a）轴盘式 b）轮盘式

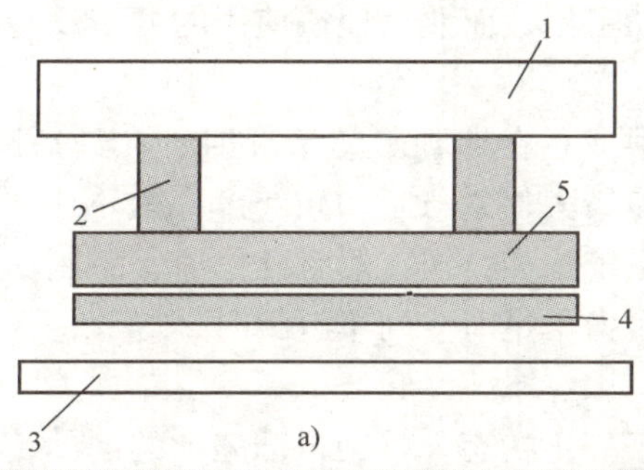

a)

b)

c)

图 1-11 轨道电磁制动

a）轨道电磁制动示意图 b）装有磁铁的转向架 c）磁铁

1—转向架构架侧梁 2—升降风缸 3—轨道 4—磨耗板 5—电磁铁

轨道电磁制动的电磁铁与钢轨间的摩擦远远大于滚动摩擦表面，因此，其摩擦力是滚动摩擦力的数倍，其制动效率也远大于闸瓦和盘形制动。轨道电磁制动的不足之处是，其制动力的产生和消失都很突然，这种制动和缓解作用的突发性使其更适合作为辅助性紧急制动装置。

列车制动方式的选择是自动的，优先次序是先电制动，再空气制动；电制动优先次序是先再生制动，再电阻制动。

（2）制动形式　根据列车在实际运行时需要实施制动的情形（即制动承担的功能），分为常用制动、紧急制动、保持制动和停放制动四种制动形式。

常用制动，指经常使用的、用以调节列车运行速度或使列车在预定地点停止的制动方式，用以区别遇到危急情况下的快速制动方式，其平均制动减速度不小于 $1.0\mathrm{m/s^2}$。常用制动一般为电空混合制动，可以通过下列系统施加：司机控制手柄、自动速度控制系统、ATP 系统等。

快速制动是为了使列车尽快停车而实施的制动，其制动力高于常用制动。上海、广州等城市的地铁列车设有快速制动手柄，而北京地铁使用的列车没有该制动形式。快速制动的制动过程可以施行缓解。

紧急制动指在行驶过程中或是在遇到紧急情况时，在最短距离（即最短时间）内将车停下的制动方式，它的制动力最大，紧急制动减速度一般不小于 $1.2\mathrm{m/s^2}$。紧急制动采用空气制动完成，可以通过下列系统施加：司控器紧急位、紧急制动按钮、ATP 系统、司机松开司控器警惕开关时、总风缸压力不足时、列车解编时，等等；紧急制动一旦触发，在列车停车前不可缓解。

保持制动是只要列车处于静止状态，就会自动施加的制动，它能用于列车停车时防溜并可使列车在30‰斜坡上开车和停车时不溜车。列车在静止状态保持制动，以约 55% 的最大常用制动力施加，当检测列车速度大于 3km/h 或牵引扭矩大于制动力时，其自动缓解。

停放制动是当列车长时间停放时施加的制动。当车辆长时间停放在线路上时，往往因受风力或其他某种外力的作用，发生溜车现象，为此，轨道交通车辆都必须安装具有防止溜车功能的停放制动装置，它是纯气动控制的制动，用综合压缩弹簧施加。停放制动可通过驾驶室内的相应开关来施加，或者当总风缸压力小于一定值时自动施加；当总风缸压力恢复时，停放制动能自动缓解。

（3）制动系统组成　制动系统一般包括制动控制系统、风源系统、基础制动装置和空气制动防滑控制装置等。

制动控制系统的主要功能包括常用空气制动控制、常用电空混合制动控制、紧急制动控制、空气制动防滑控制、停放制动控制、车辆载荷信号检测及制动载荷补偿等，采用微机控制，每辆车都有本车制动计算机。

风源系统是向列车提供压缩空气的装置，包括空气制动所需的压缩空气。一般一列车有两套风源设备，主要有空压机、空气干燥器、风缸、压力传感器、安全阀等元件。压缩干燥的空气储存在风缸内，安全阀保护系统避免出现过高的压力，风缸的空气压力由压力表监视。

基础制动装置即空气制动的制动执行者，把作用在制动缸活塞上的压缩空气的推力扩大适当倍数后，平均传到各个闸瓦或盘形夹钳上，使其与车轮或制动盘产生摩擦，形成制动。

空气制动防滑控制装置在紧急制动和常用制动时都可以起作用。主要原理是通过防滑排风阀切断中继阀到打滑车轴制动缸的通路，对制动缸进行保压，如果滑行较大或保压后滑行持续增大，防滑阀还可排出一部分制动缸的压力空气，减小该轴上的制动力，以减小该轴上

的滑动程度，使该轴恢复到黏着状态。

二、车辆电气系统

（一）牵引系统

城市轨道交通列车的牵引系统承担着驱动列车运行的任务，在制动工况时实现电制动。

为了能够获得最好的牵引和电制动性能，牵引系统分散地配置在列车的动车上，包括受流装置、逆变装置、牵引电动机、电气线路保护元件、牵引控制系统等。

目前国内的城市轨道交通列车已经全部采用交流牵引系统，牵引电动机多为交流三相异步笼式。接触网采用直流电传输，通过受流装置摩擦取电，由逆变装置将直流电转换为交流电供给牵引电动机，通过减速齿轮组和轮对，驱动列车运行。一辆动车的牵引电路工作原理如图 1-12 所示，每辆动车上装有两台动车转向架，共四台牵引电动机，各驱动一个轮对。

再生制动时，牵引电动机变为发电机，产生的电能整流后，转变为直流电经由受流装置传回电网；若电网电压超过了限值，电能会消耗在电阻上（图 1-12 中的 RB01 和 RB02）。

牵引控制系统的传动控制单元（DCU）采用直接转矩控制完成对牵引电动机的精确转矩控制。司机在驾驶室操作司机控制手柄对列车进行牵引、制动和惰性，随着牵引力或制动力大小的给出，DCU 根据牵引力或制动力大小、检测到的网压值（来自电压传感器，图 1-12中为 VH1）以及本车和本单元拖车车辆载荷等信息（该信息由电子制动控制单元 EBCU 通过列车监控系统传递给 DCU）发出触发脉冲，控制牵引逆变器根据牵引或电制动特性输出一定频率和电压的三相交流电给牵引电动机，产生列车的轮固牵引力或电制动力。DCU 在控制逆变器的同时，对列车进行防空转及防滑控制。

（二）逆变装置

逆变装置是一种将直流电（DC）转化为交流电（AC）的设备，装设在车体下部。接触轨或架空接触网提供 DC 750V 或 DC 1500V 的电流，而现代调频调压车的牵引电动机和列车上一些辅助设备都需要交流电能，因此列车上需配置逆变装置。

根据逆变器提供交流电的对象不同，分为牵引逆变器和辅助逆变器。

牵引逆变器也称 VVVF 逆变器，作为整个交传系统的重要组成部分，它的基本功能是：把从直流电源获得的直流电压变换成频率和幅值都可调的三相交流电，并给牵引电机供电。当前牵引逆变器中开关器件以 IGBT 为主。

如图 1-12 所示，主电路由两个逆变器单元（INVMK1、INVMK2）组成，每个逆变器单元集成三相逆变器的三相桥臂及斩波相桥臂，驱动两台异步牵引电动机。两个逆变器单元集成在一个牵引逆变器箱中，驱动四台牵引电动机。逆变器控制装置即传动控制单元（DCU），采用“异步电动机直接转矩控制”、“黏着控制”软件和“交流传动模块化设计”硬件，主要完成对 IGBT 逆变器及交流异步牵引电动机的实时控制、黏着控制、制动斩波控制，同时具备完整的牵引变流系统故障保护功能、模块级的故障自诊断功能和一定程度的故障自复位功能以及部分车辆级控制功能。三相逆变电路由六个带无功反馈的二极管 IGBT 组成，电路工作时六个开关管顺序导通，得到需要的电压波形。为了能够驱动逆变器，需要由 DCU 发出控制脉冲，脉冲由通过安装在功率模块上的驱动电路使逆变器工作。

图 1-13 所示为一个牵引逆变单元（包含 DCU）。

辅助逆变器能将直流电压（DC 750V 或 DC 1500V）逆变成三相交流电压（AC380V）或

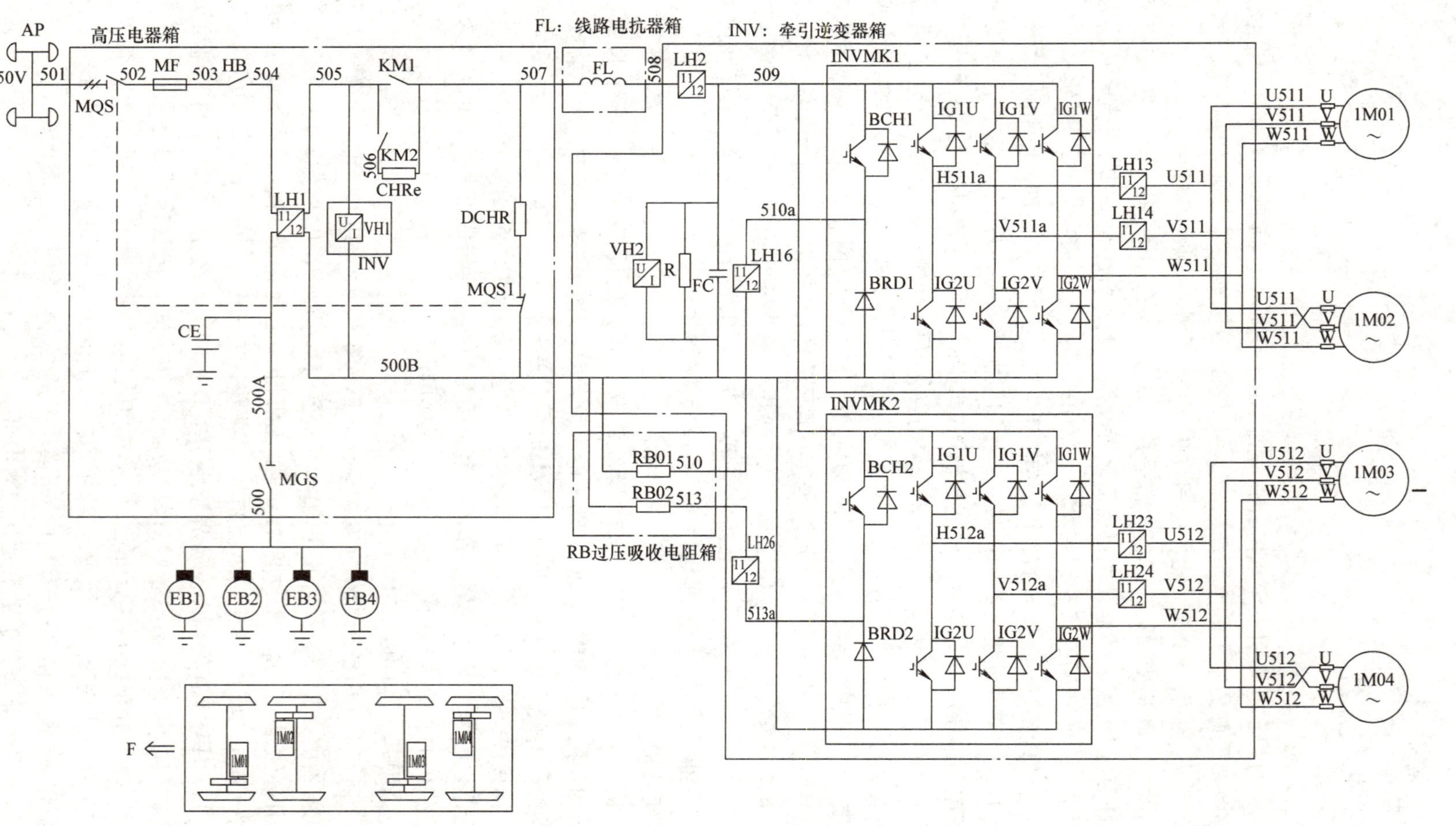

图 1-12　牵引电路工作原理

图 1-13　牵引逆变单元

单相 220V（频率 50Hz），为空调、空压机、电热采暖、照明等提供稳定的电压，另设 DC 110V/DC 24V 逆变电源。此外，辅助逆变器通过整流装置给蓄电池充电（DC 110V）。

（三）辅助电源系统

辅助电源系统包含的设备有：辅助高压箱、辅助电源（逆变器与充电机箱和变压器箱，包含辅助逆变器 SIV、蓄电池充电器 BCG 和 DC 24V 电源电路）、扩展供电箱和接地开关箱，其输出能力满足六辆编组列车各种负载工况的用电要求。

列车电网电压（DC 750V 或 DC 1500V）经过辅助高压箱后，作为 SIV（静止逆变器）的输入电压。输入电压经过直流滤波电抗器、预充电电路和充电电路给滤波电容器充电，经过滤波的输入电压送入 IGBT 逆变器；控制单元输出 PWM 脉冲控制逆变器产生交流 PWM 电压；该输出电压经由三相电抗器、交流滤波电容器组成的低通 LC 滤波器滤波后，得到低谐波含量的正弦波电压；经过隔离变压器进行电气隔离和变压后，得到三线四线制的 AC380V/50Hz 电压。

BCG（蓄电池充电器）电路为蓄电池及 DC 110V 负载提供电源。逆变器电路产生的三相 AC380V/50Hz 电压经三相电抗器、预充电电路、三相整流桥形成较稳定的直流中间电压，经 BCG 模块上的滤波电容器滤波后送给 BCG 的半桥逆变电路；控制单元控制半桥逆变电路产生高频 PWM 电压，经高频变压器变换、输出整流桥后，得到 DC 110V 输出电压。

DC 24V 电源模块将 DC 110V 电源经过高频 DC/DC 变换为 DC 24V 输出电压，给车辆仪表、头灯、报警等负载供电。

辅助电源系统独立于列车牵引系统，只要 SIV 检测到 DC 750V 高压供电，它就开始工作，向外提供三相 380V/220Vrms/50Hz 电源及 DC 110V 与 DC 24V 电源，它不受牵引/制动指令的控制。SIV 具备 MVB 接口，通过 MVB 总线与 CCU（Communication Control Unit，通信控制单元）或 VCU（Vehicle Control Unit，车辆控制单元）交换信息，并可以通过总线进行控制。

图 1-14 所示为 SIV 主电路。

（四）TCMS

TCMS（Train Control and Management System）是一种在控制列车的牵引与制动、母线断路器和受供电装置等重要设备，空调装置和 PIDS 等服务设备的同时，监控各种车载设备的状态、显示故障发生时的引导、记录累计行驶里程等各种信息的系统。列车诊断系统采用分布式总线控制方式，各总线系统符合 IEC61375-1 列车通信网络国际标准和 TB/T3035 列车通信网络。

列车总线系统由具有冗余结构的列车级总线和车辆级总线组成，它们对有关的关键区域提供部分冗余，即在总线中单点故障不会导致列车正常运行停止。列车控制级上的列车级总线通过本地控制单元或网关与本地车辆级总线相连。其中车辆级总线通过本地控制单元或网关连接中央控制单元，传递列车数据，实现数据交换；车辆级总线通过总线连接器或 I/O 接

DC750V
620
SIV开关熔断器箱
AS
AF
672
673
IVHB
674
IVFL
675
676b
DCPT1
670G
AGS
500
NF1
676
676a
IVCHR
DCH
IVLT
HCT
RDCHG
DCPT2
670
677
FC
IGBT-U
IGBT-V
IGBT-W
IGBT-X
IGBT-Y
IGBT-Z
U
V
W
ACT-U
ACL
ACT-W
U_o
V_o
W_o
ACC
IVTR
CT-U
CT-V
CT-W
U1
V1
W1
3phMK
PT
接控制单元
ATN2
203U
203V
203W
ATR2
205U
205V
205W
REC2
DCN2 240
DC 24V
100(2)
ATN1
202U
202V
202W
ATR1
204U
204V
204W
REC1
DCN1 220
DC 110V
100(1)
850
851
852
100(N)
AC 380V
单相
AC 220V
TLk
850R
851R
852R
接另一台SIV AC380V
仅T1车，拓展供电时用

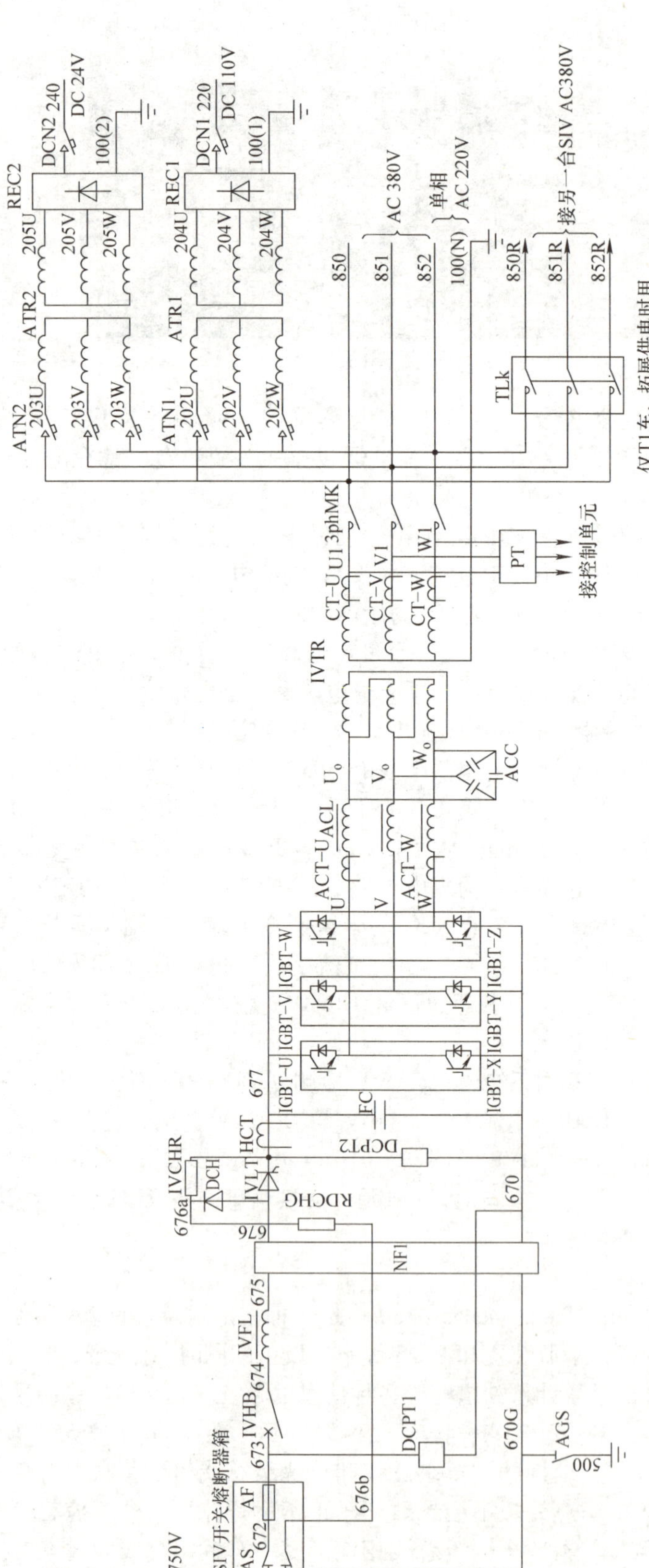

图 1-14　SIV 主电路

口与各子系统连接，传递控制数据、信息数据等，控制各子系统完成相应的功能。

列车和车辆控制分为列车控制级、车辆控制级与子系统控制级三级（包括牵引/制动控制、空气制动、辅助电源、车门控制、乘客信息系统、空调采暖系统等），各控制级均具有冗余结构。制动系统采用 MVB（ESD +）方式通信，辅助供电系统和牵引控制系统采用 RS485（HDLC）方式通信，其他子系统采用 RS485（UART）方式通信。TCMS 系统结构如图 1-15 所示。

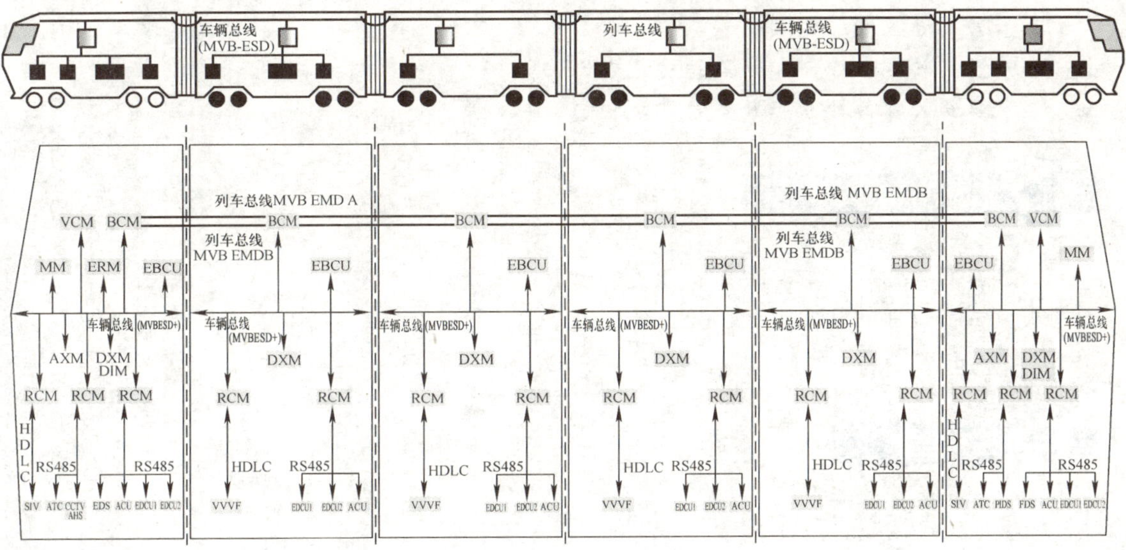

图 1-15 TCMS 系统结构

思考练习题

1. 请说明动车转向架的主要结构。
2. 车钩缓冲装置的主要作用是什么？有哪些形式？
3. 城市轨道交通车辆所用的电动车门有哪些结构形式？
4. 根据制动的情形不同，列车制动有哪些形式？
5. 请描述牵引主电路的工作原理。
6. 简要说明逆变器的功能。

任务二 驾驶室设备

任务说明

电动列车司机的主要操纵作业是在驾驶室内进行，要求必须对驾驶室的布局结构、设备、按钮和开关非常熟悉，能做到伸手便能立即准确无误地到达操作对象的位置，正确、高效地操作。

通过此项任务，学生应能够牢固掌握驾驶室各设备的位置、所有按钮和开关的功能及常规状态。

知识要点

1. 掌握驾驶室的结构。
2. 掌握驾驶室各按钮和开关的功能。
3. 了解驾驶室各按钮和开关的常规状态。

素质和能力要点

1. 熟悉驾驶室的布局及按钮、开关的位置。
2. 能正确识别驾驶室按钮、开关的功能。
3. 培养记忆能力。

任务准备

列车驾驶模拟器。

相关理论

一、概述

列车在每个Tc车前端设有一个驾驶室，驾驶室内设有操纵台等设备。驾驶室与客室之间的间壁上安装有向驾驶室打开的门。驾驶室两侧设有驾驶室侧门，门上有车窗。

驾驶室前方安装有前照灯（DC 24V，氙气灯泡）和防护灯（红色LED，功率不大于15W）。驾驶室前窗玻璃采用高强度、高抗冲击性、带电热夹层的安全玻璃，前窗玻璃附带电动刮水器和遮阳帘。北京地铁昌平线列车的驾驶室主要设备布局如图1-16所示。

除了图1-16中标出的几个主要驾驶室设备外，驾驶室内还有司机座椅、电热取暖设备、空调、左/右侧屏、车载无线电及驾驶室线槽系统等，驾驶室外有刮水器、电笛、终点站显示器、无线电台天线等。这些设备与客室内电气设备及车下电气设备共同完成车辆的牵引、制动、开关门、空调、照明、广播、紧急对讲、视频监视及列车自动控制、列车监控、车辆通信、车辆与地面通信等功能。成都地铁1号线列车的驾驶室设备如图1-17所示。

以上两种车型均为B型列车，若线路运行有地下区段，则在驾驶室前方的左侧设置逃生门。A型列车一般布置有两个操纵台，右侧为主操纵台，左侧是辅助操纵台，主操纵台和辅助操纵台中间是逃生门。北京地铁14号线采用A型车，其驾驶室设备布置如图1-18所示。

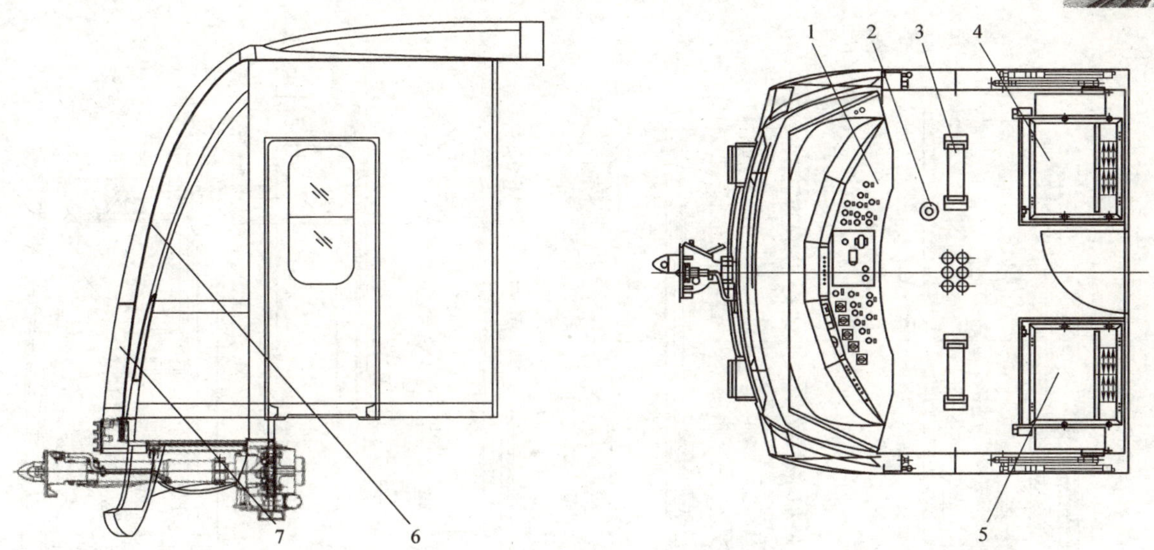

图 1-16 北京地铁昌平线列车驾驶室设备布局

1—操纵台 2—摄像头 3—驾驶室灯 4—驾驶室电气柜 5—信号柜 6—电热玻璃 7—前照灯

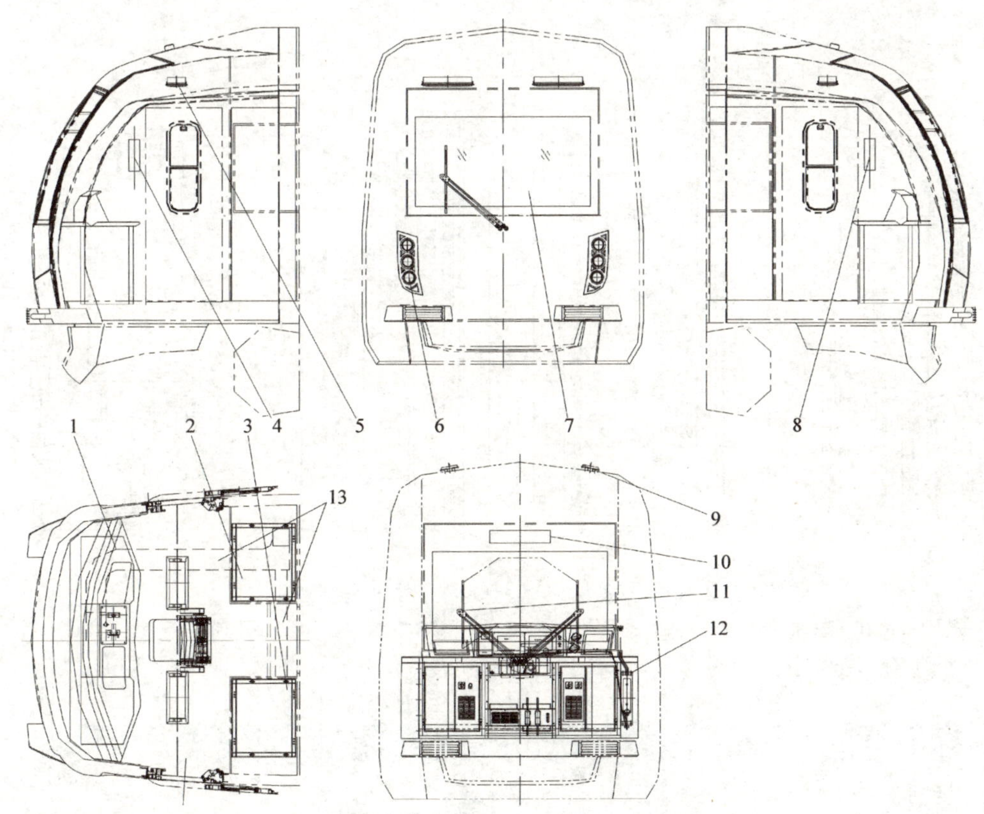

图 1-17 成都地铁 1 号线驾驶室设备

1—操纵台 2—继电器柜 3—信号柜 4—右侧屏 5—驾驶室灯 6—前照灯 7—电热玻璃 8—左侧屏 9—无线电台天线 10—终点站显示器 11—刮水器 12—刮水器水箱 13—驾驶室线槽

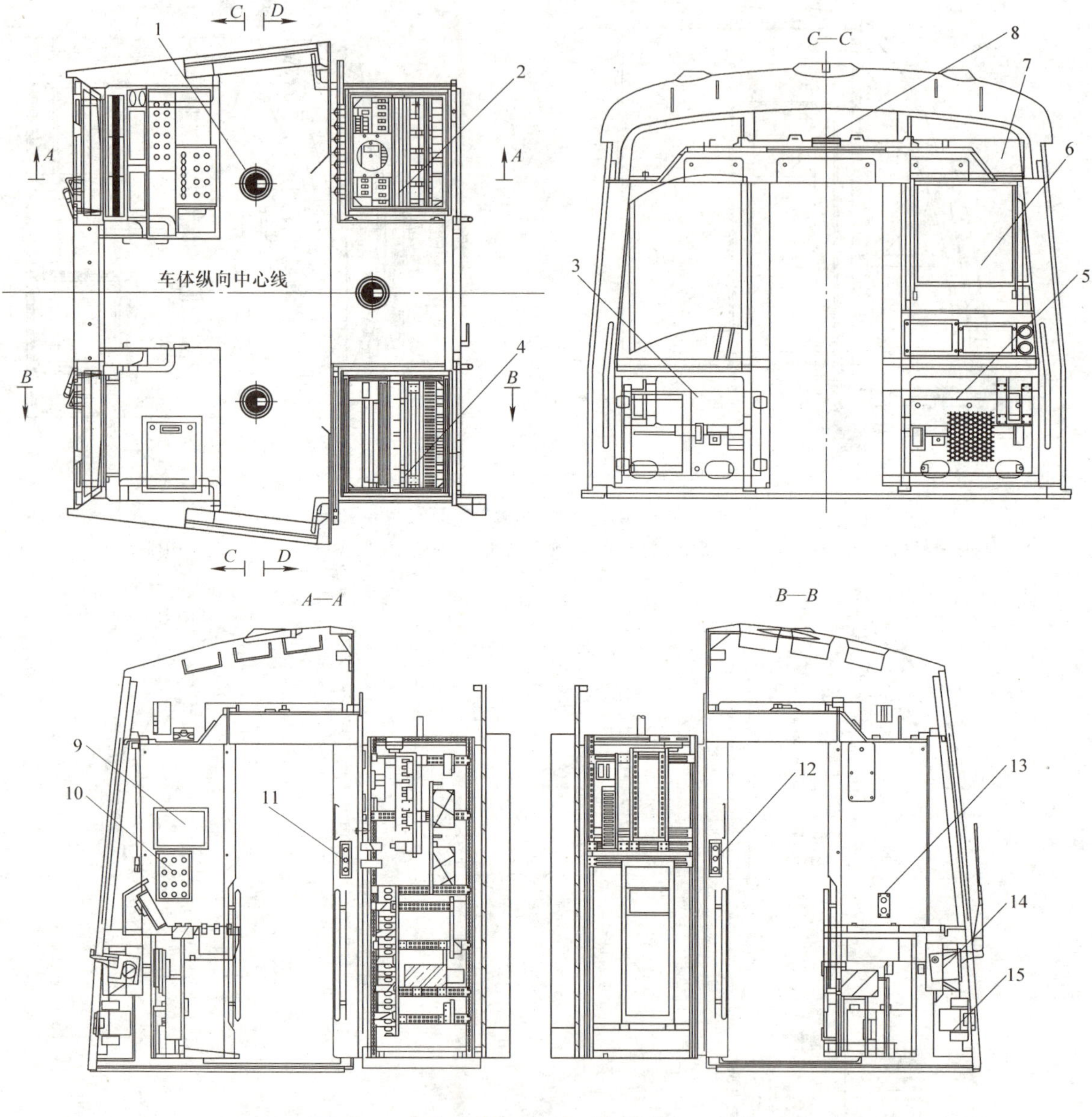

图 1-18　北京地铁 14 号线列车驾驶室设备布置

1—驾驶室顶灯　2—控制柜　3—辅助操纵台　4—综合柜　5—主操纵台　6—遮阳帘　7—终点站显示器　8—广播监听扬声器　9—CCTV 显示屏　10—右侧屏　11—右开关门按钮板　12—左开关门按钮板　13—左侧屏　14—刮水器　15—前照灯及尾灯

小贴士

驾驶室布局中的人机工程学

列车驾驶室是司机的作业场所，在驾驶室的设计中应用人机工程学，目的是使所设计的列车驾驶室不仅能满足司机的作业要求，而且能使司机操作方便、舒适、安全，减少体力疲劳和精神负担。

1. 操纵台面板的设计

列车操纵台是列车运行的人机界面，是列车乃至列车设备系统的集中反映，操纵台上器件设置是否科学合理，对司机能否全面准确地完成驾驶职能有很大影响。

GB/T 6769—2000 中 7.2 规定：正常运行时使用的操纵装置均应靠近司机，尽可能集中在司机操纵台上。UIC617-6 中 OR7.3.2 规定：所有正常运行期间受监视的控制设备，应在司机清晰的视野之内，且尽可能集中在司机操纵台上。GB/T 6769—2000 中 3 规定：司机驾驶室的所有装置可由单人操作（即驾驶室的布置应做到所有装置可单人操作）。

2. 座椅的设计

在驾驶列车时，司机主要采用坐姿工作，座椅的设计与布置直接影响到司机的乘坐舒适性和驾驶室内其他相关设施的布置。合理安置座椅，改善人与座椅之间的关系，能创造一个舒适安全的工作环境。

在设计司机座椅时，要求：①高度可调，范围应该满足不同身高使用者的要求，使用者的脚和腿能保持在舒适位置；②有靠背，靠背应该大小合适，设计成弯曲形，以适合人的腰椎形体，其斜度可根据需要加以调节，使其能分担部分体重及工作受力；③椅面的质地应柔软并具有一定弹性和透气性，以缓冲局部压力，提高舒适度。

3. 降噪

列车噪声的控制和减弱一般是指使驾驶室内的声强在 80dB（A）的状态下，司机能持续工作，听力不受损伤，能接受音响信号。

驾驶室的降噪措施可以通过改善驾驶室墙体的材料和结构来实现，如采用阻尼材料层覆盖侧墙、车顶，敷设吸声材料，使用双层玻璃等。

4. 热环境

驾驶室的温热环境也是决定司机作业效能和健康的重要影响因素。司机所处的环境条件主要包括空气的温度、湿度和风速这三项物理因素。据研究，在夏季 18 ~24℃、冬季 17 ~22℃的条件下，司机的工作效率高、质量好，人机工程学称为温度的“快感带”。通过空调和电暖使驾驶室温度能保持在这一范围，可提高司机的工作效率。

5. 色彩和照明

好的色彩环境有助于提高工作效率，减少或避免差错，而坏的色彩环境将影响人的心理情绪和视觉功能，影响工作效率。驾驶室的色彩配置一般采用较低明度的偏冷色，使司机在视觉和心理上产生柔和安静的感觉，以愉快的情绪、饱满的精神投入工作。而照明环境应根据驾驶室的布局及窗户的方位情况来设计，既要满足工作照明，又要避免眩光。

二、操纵台

操纵台安装在 Tc 车驾驶室内，供司机驾驶列车使用。在功能上，操纵台分为列车牵引控制、制动控制、照明控制（机室及客室照明）、门控制、广播控制、无线电台控制、空调控制、自动列车控制、前照灯控制、刮水器控置、电热控制、列车故障诊断及紧急对讲、视频监视等功能。南车青岛四方机车车辆股份有限公司设计的某列车操纵台如图 1-19 所示。

虽然不同车型的操纵台各不相同，但所遵循的布置原则和实现的功能大致相似，下面以前面提到的北京地铁昌平线、成都地铁1号线、北京地铁14号线的驾驶操纵台为例介绍。

（一）北京地铁昌平线列车操纵台

北京地铁昌平线操纵台为全宽式操纵台，下部柜体采用铝合金型材焊接成形，表面喷漆；台面采用玻璃钢表面喷漆，台面玻璃钢外形轮廓以美工方案为准。显示控制功能区布置指示灯、电台主机控制盒、PIDS控制器、TCMS监控器、信号系统监控器、压力表、CCTV显示器。台面上布置辅助系统控制、门控制、各种灯控制、司控器、紧急制动、ATO发车、强迫泵风、强迫缓解等。台体前侧布置刮水器、喷淋装置、驾驶室电热玻璃、驾驶室电加热等。详细的布置如图1-20所示。

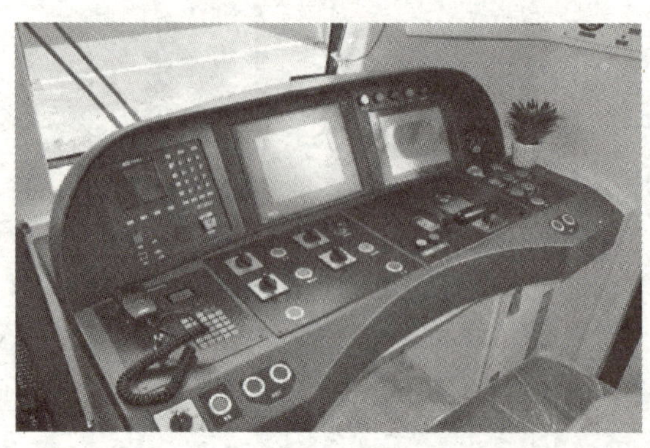

图1-19　某车型的驾驶操纵台

操纵台“信号按钮控制区”的面板布置如图1-21所示，“驾驶室控制区”的面板布置如图1-22所示。

（二）成都地铁1号线列车操纵台

成都地铁1号线列车的操纵台在结构上分为两大部分：台面设备和台下箱柜。操纵台台面采用玻璃钢材料；下部柜体采用铝合金材料，分成左、中、右柜体，相互之间通过螺栓联接。整个操纵台在底部通过螺栓与车体固定。

在功能上，操纵台分为列车牵引控制、制动控制、空压机控制、受电弓控制、照明控制（驾驶室及客室照明）、门控制、无线电台控制、ATC/司机驾驶模式控制、前照灯控制、刮水器控制、电热控制、列车监控、列车广播、紧急对讲、视频监视等功能。

1. 操纵台概述

操纵台台面设有列车监控显示器、信号系统显示器、视频监视显示屏、速度表、双针压力表、无线电台控制器、司机广播控制器、司机控制器、扳键开关、转换开关、按钮及指示灯等。

a)

图1-20　北京地铁昌平线列车操纵台

a）昌平线列车操纵台效果图

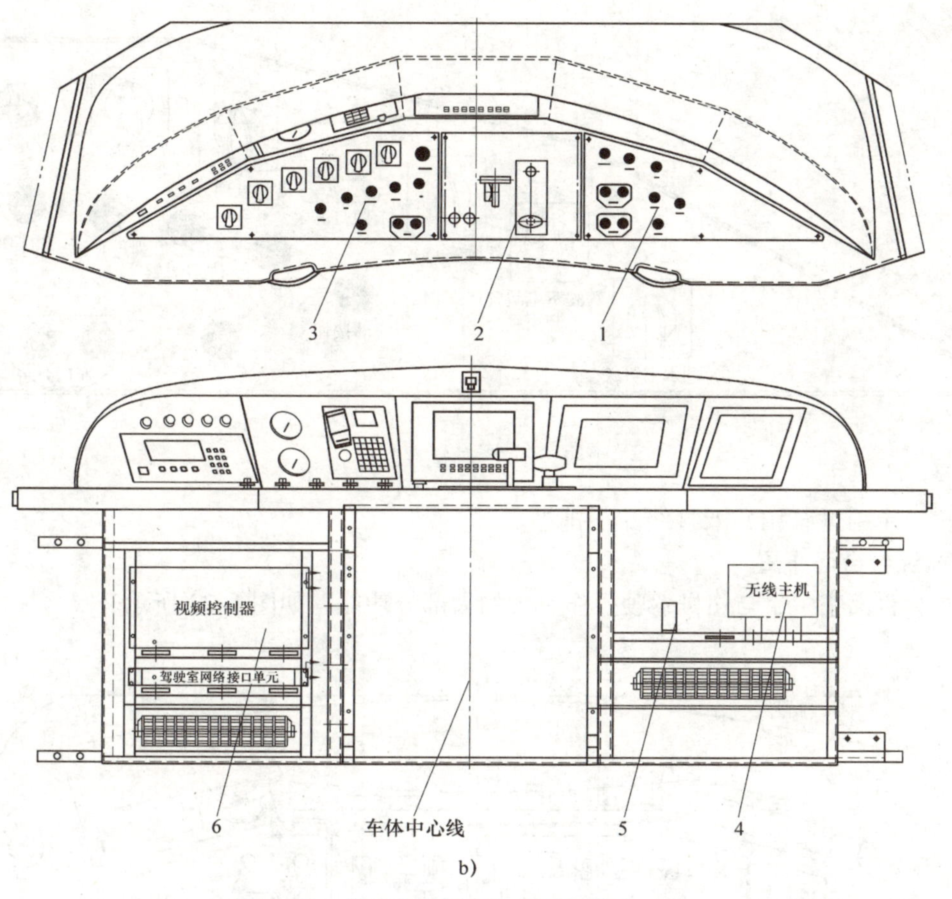

图 1-20　北京地铁昌平线列车操纵台（续）

b）昌平线列车操纵台设备布置

1—信号按钮控制区　2—司机控制器　3—驾驶室控制区　4—无线主机　5—连接器　6—PIDS 设备

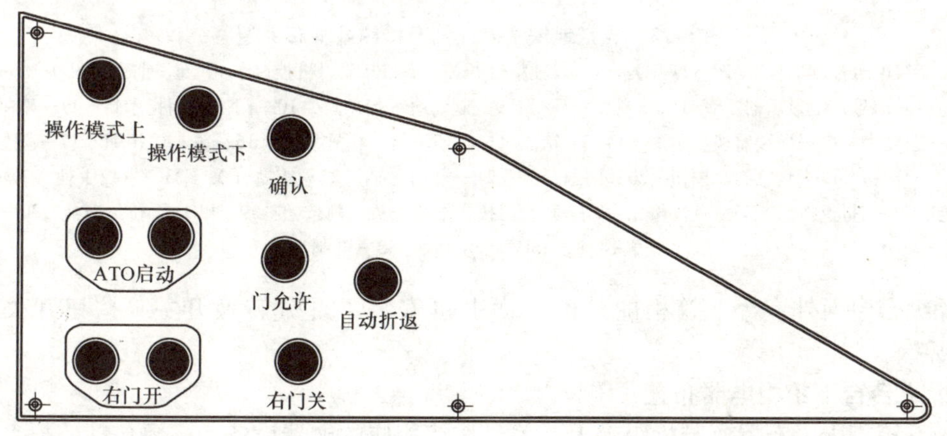

图 1-21　信号按钮控制区

操纵台左侧柜设有广播系统服务器、视频监视系统服务器、无线缓冲器等；中间柜设有驾驶室脚炉和连接器；右侧柜设有无线电语音台主机、无线电数据台主机、PWM 信号发生

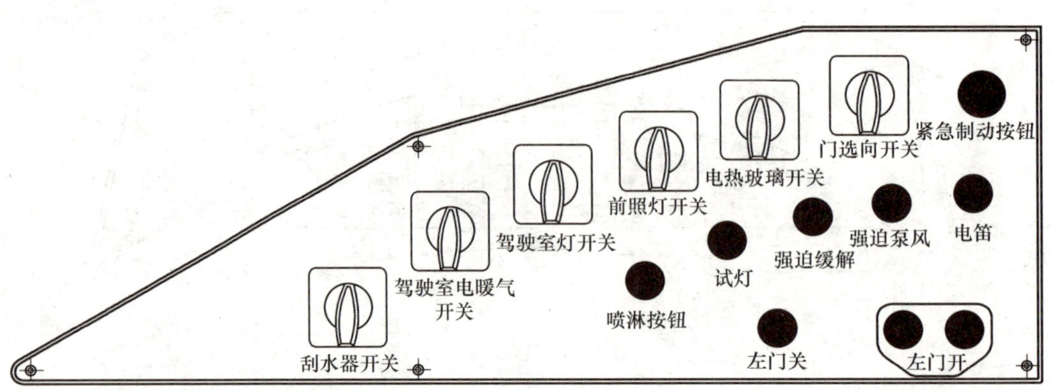

图 1-22　驾驶室控制区

器、HUB（牵引系统用）及接线端子排等。

2. 操纵台台面布置

操纵台台面集中了与司机驾驶操作有关的大部分功能，如图 1-23 所示。

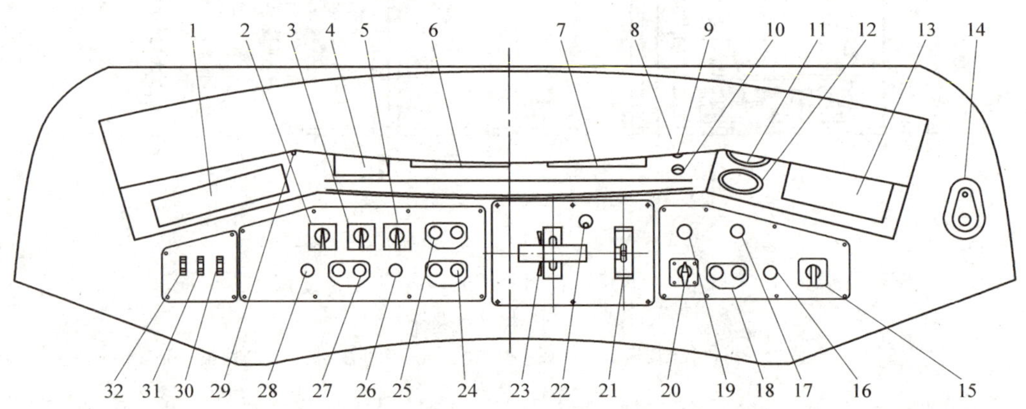

图 1-23　成都地铁 1 号线列车操纵台面板布置

1—无线电台控制器　2—客室灯开关　3—驾驶室灯开关　4—PIDS 司机控制单元　5—前照灯开关　6—TMS 显示器　7—信号系统显示器　8—TCMS 正常指示灯　9—制动缓解指示灯　10—门全关闭指示灯　11—双针压力表　12—速度表　13—视频监视显示屏　14—水箱注水口　15—信号模式开关　16—关右门按钮　17—降弓按钮　18—开右门按钮　19—紧急制动按钮　20—门选开关　21—方向手柄　22—钥匙开关　23—主控手柄　24—ATO 发车按钮　25—折返按钮　26—鸣笛按钮　27—开左门按钮　28—关左门按钮　29—PIDS 手持传声器　30—空压机起动开关　31—SIV 起动开关　32—电制动开关

除操纵台台面外，台下箱柜的外侧立面上也安装了部分转换开关、按钮开关等，如图 1-24所示。

3. 操纵台台下箱柜电器布置

在台下箱柜内，布置有与操纵台上开关、按钮相应的电器设备，主要包括广播系统服务器、视频监视系统服务器、无线缓冲器、驾驶室脚炉、连接器、无线电语音台主机、无线电数据台主机、PWM 信号发生器、HUB（牵引系统用）及接线端子排等，具体布置简图如图 1-25所示。

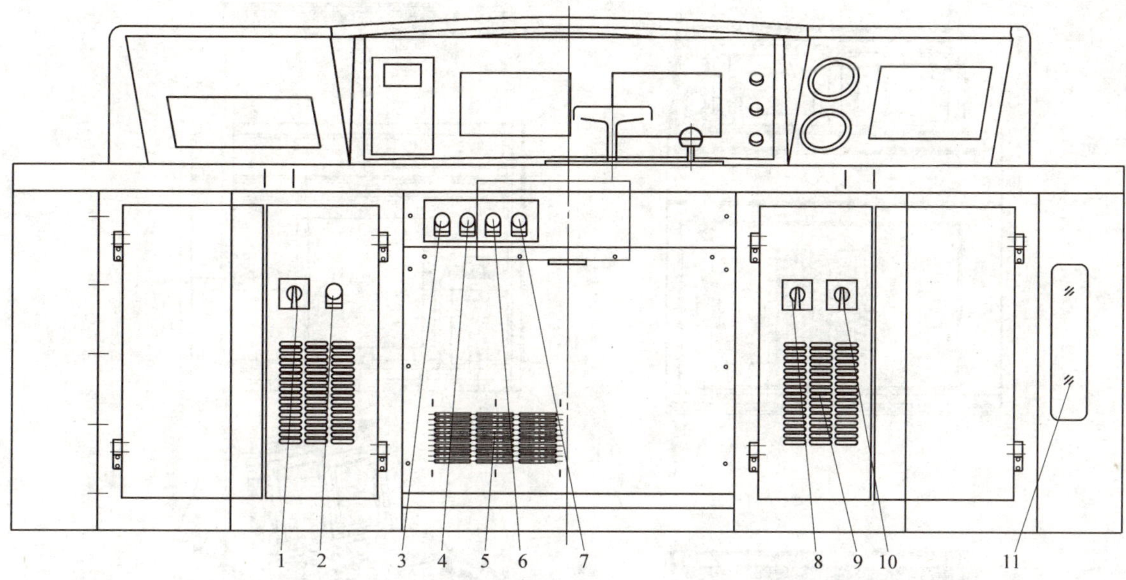

图 1-24 成都地铁 1 号线列车操纵台柜体外部布置

1—刮水器开关 2—喷淋按钮 3—升弓按钮 4—复位按钮 5—驾驶室脚炉 6—停放制动施加/缓解按钮 7—强迫缓解按钮 8—驾驶室电暖器开关 9—驾驶室电暖器 10—驾驶室脚炉开关 11—水箱水标观测窗

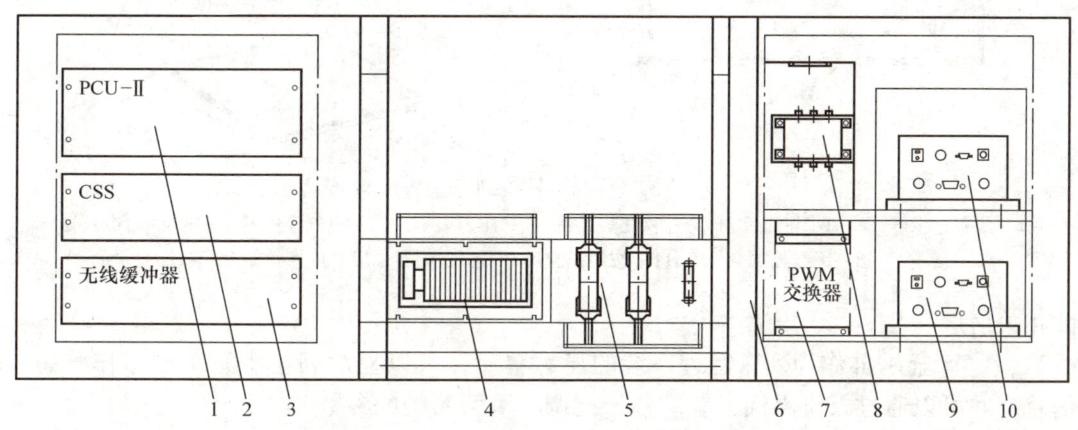

图 1-25 操纵台台下箱柜电器布置

1—广播系统服务器 2—视频监视系统服务器 3—无线缓冲器 4—驾驶室脚炉 5—连接器 6—端子排 7—PWM 信号发生器 8—HUB 9—无线电数据台主机 10—无线电语音台主机

（三）北京地铁 14 号线列车操纵台

1. 主操纵台

主操纵台作为司机驾驶的重要设备，完全符合 UIC651 和人机工程学的设计。操纵台面上设置有 TCMS 显示屏、信号显示屏、双针压力表、网压表、广播控制盒、无线电台控制盒、车辆控制相关指示灯、司机控制器、操纵台按钮板等设备；主操纵台内部设置有台体电气连接器、操纵台电热器。主操纵台布置如图 1-26 所示。

1）信号显示屏作为信号系统的输入和显示单元，可以显示列车在 ATO 等自动驾驶模式

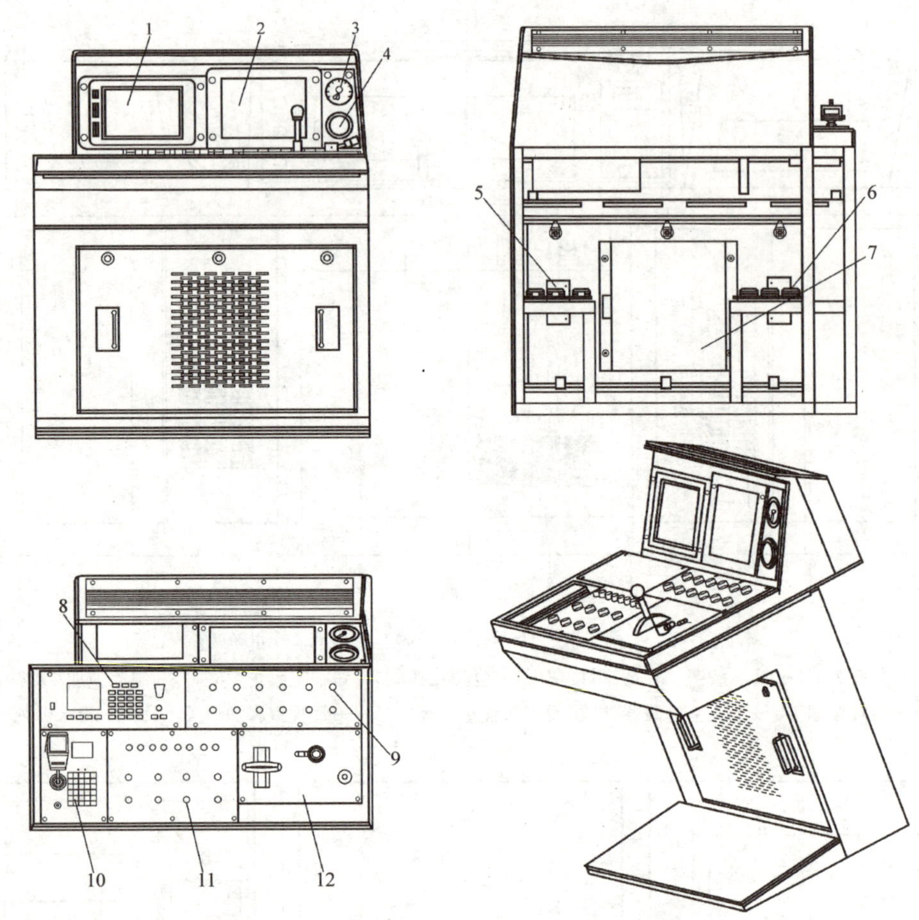

图 1-26　北京地铁 14 号线列车主操纵台布置

1—信号显示屏　2—TCMS 显示屏　3—网压表　4—双针压力表　5、6—电气连接器　7—操纵台电热器　8—无线控制盒　9、11—按钮板　10—司机控制器　12—广播控制盒

下的相关信息。

2）TCMS 显示屏作为列车管理系统的显示单元，可以显示列车子系统的工作状态、故障信息，并可以通过人机界面设置广播、空调、牵引系统的参数。

3）广播控制盒作为广播系统的输入和显示单元，在半自动广播时可以通过广播控制盒进行起点站、终点站、越站、预录紧急广播的设置播放，可以显示紧急报警位置、起始站、终点站、当前站及广播状态。

4）无线电台控制盒作为无线系统的输入和显示单元，司机通过无线控制盒与 OCC 控制中心进行通话。

5）车辆控制指示灯区域位于按钮板 11 上方，显示紧急制动施加、制动不缓解、停放制动未缓解、ATP 切除、客室门关好、客室门旁路等状态。

6）双针压力表用来显示制动系统总风压力及制动缸压力值。

7）网压表用来显示接触网电压值。

8）按钮板 11、按钮板 9 上设置了受电弓升按钮、受电弓降按钮、强迫缓解按钮、紧急

制动按钮、电笛按钮、刮水器水泵按钮、开闭门按钮、遮阳帘开关、刮水器开关、前灯开关、高速断路器开关、开左客室门按钮及信号系统相关按钮。

2. 辅助操纵台

辅助操纵台图样如图1-27所示，辅导操纵台台面上布置有工具箱，辅导操纵台台体内部布置有刮水器水箱、无线电台主机、烟火报警主机。台体外部设有灭火器，如图1-27所示。

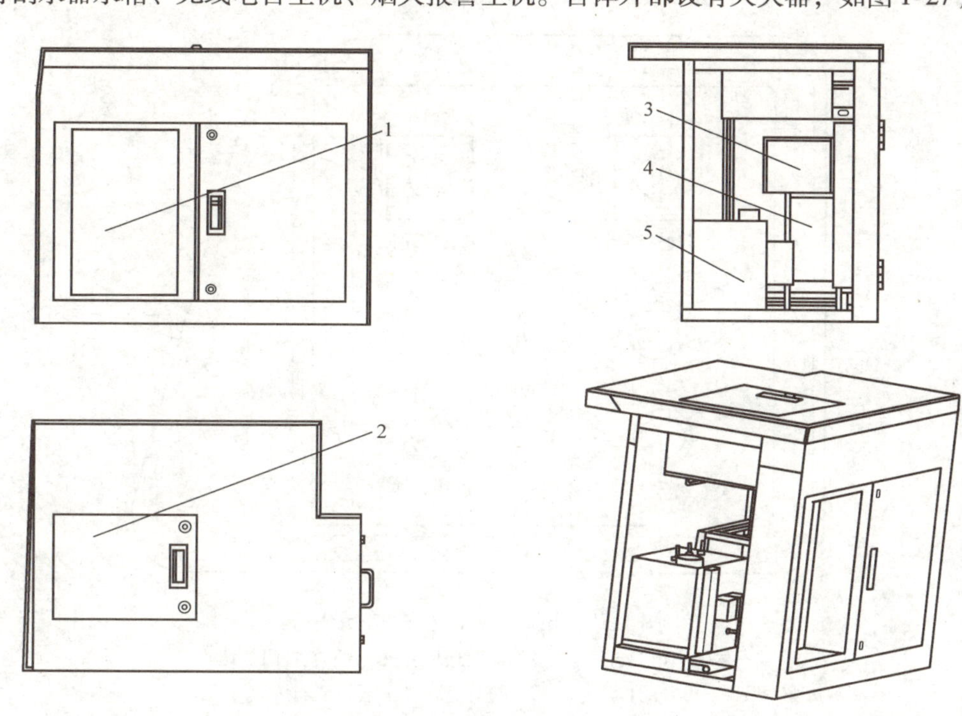

图1-27　北京地铁14号线列车辅助操纵台

1—灭火器位置　2—工具箱　3—烟火报警主机　4—无线电台主机　5—刮水器水箱

三、左/右侧墙

在驾驶室的左右侧墙上，还装有一些控制开关、按钮和仪表等，如图1-28所示。

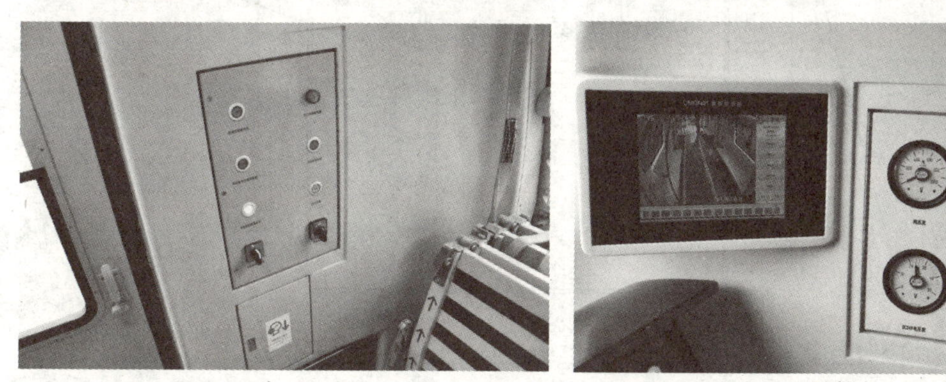

a)　　b)

图1-28　左/右侧墙的开关、按钮和仪表

a）驾驶室左侧墙　b）驾驶室右侧墙

对于地下线列车来说，驾驶室前方必须安装紧急逃生门，所以操纵台的宽度小于无逃生门列车的操纵台，一些开关和按钮（如客室电热、门关好指示灯）布置在墙面上，CCTV 监视屏也挂于右侧墙上。

为方便司机开关门作业，左右侧墙上分别有左右客室车门的开关按钮，BJD01 型列车的左侧屏如图 1-29 所示，右侧屏如图 1-30 所示。

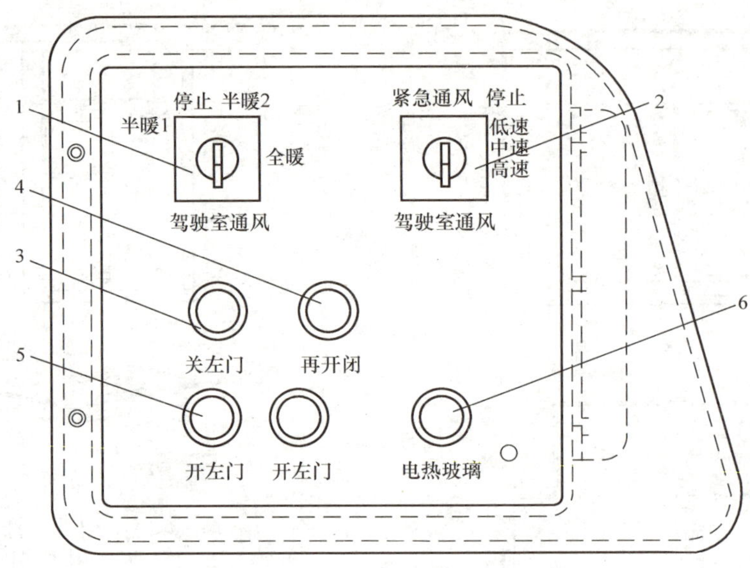

图 1-29 BJD01 型车左侧屏布置

1—驾驶室电热开关 2—驾驶室通风开关 3—关左门按钮
4—再开闭按钮 5—开左门按钮 6—电热玻璃按钮

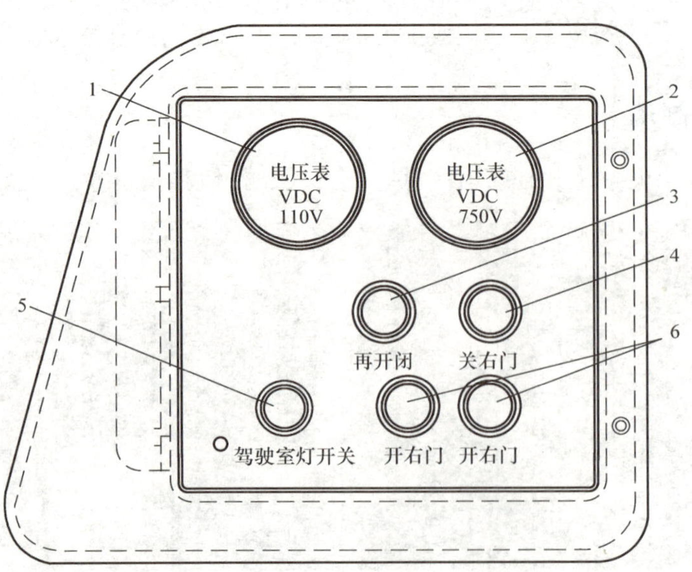

图 1-30 BJD01 型车右侧屏布置

1—DC 110V 电压表 2—DC 750V 电压表 3—再开闭按钮
4—关右门按钮 5—驾驶室灯开关 6—开右门按钮

四、其他设备

（一）继电器柜

继电器柜一般设在驾驶室后部的右侧，负责列车监控系统（也称“列车管理系统”，Train Control and Management System，TCMS）、列车起/停控制、列车牵引/制动控制、列车门控制等逻辑控制，及列车直流配电等功能。北京地铁昌平线列车继电器柜如图 1-31 所示。

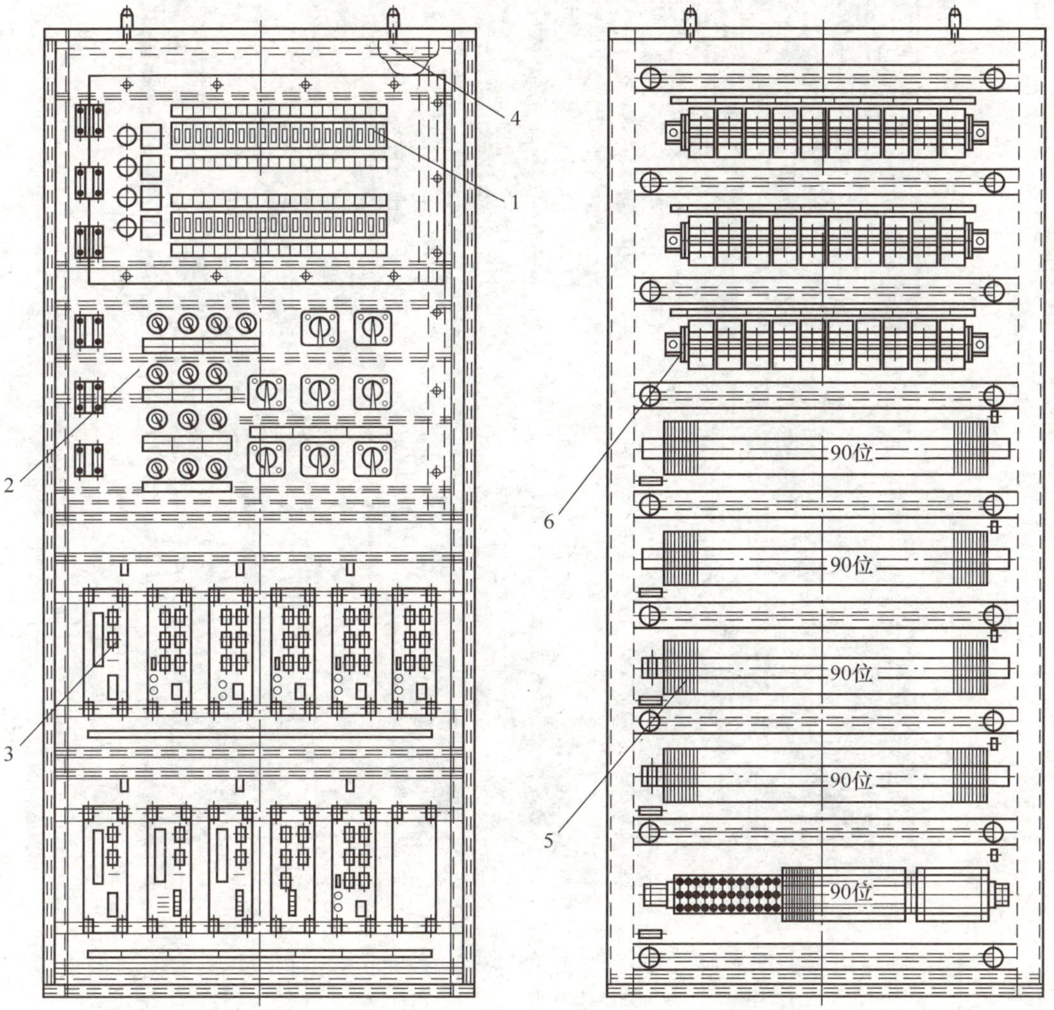

图 1-31　北京地铁昌平线列车继电器柜

1—断路器组件　2—开关组件　3—列车网络系统控制模块　4—吸入式探头
5—端子排组件　6—继电器组件

断路器的功能是过电流保护；开关组件的功能为强制操作及紧急操作；列车网络系统控制模块的功能为列车运行信息及主要设备状态监视和列车诊断系统；吸入式探头为烟火报警探头；端子排组件和继电器组件均为车辆所用。

断路器组件和开关组件与列车操作密切相关，如蓄电池投入开关、蓄电池断开开关等，还有各个旁路开关，它们与断路器组件一样，通常在非正常运营状态或列车故障状态下使用。BJD01 型车的断路器组件和开关组件如图 1-32 所示。

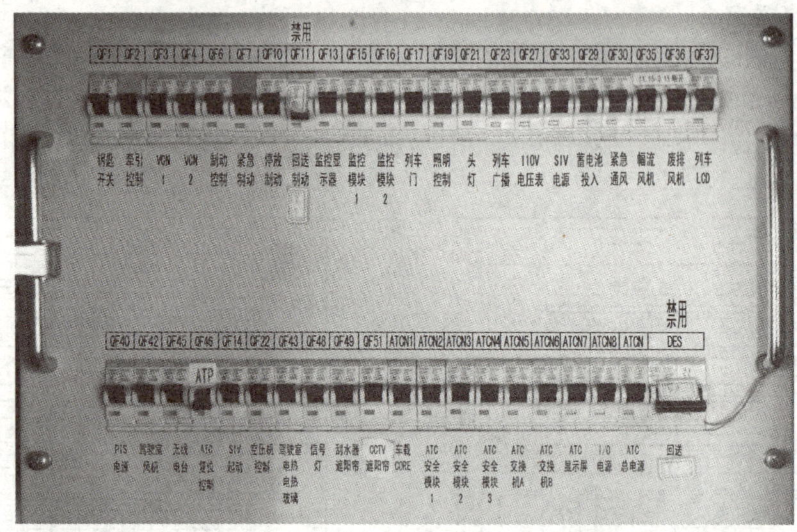

a)

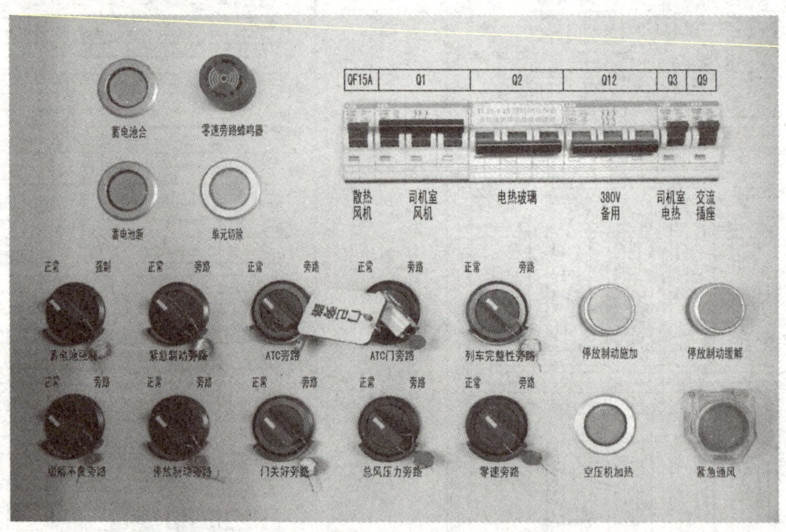

b)

图 1-32　BJD01 型车的断路器组件和开关组件

a）断路器组件　b）开关组件

（二）信号柜

信号柜即综合柜，设在驾驶室后部的左侧。信号柜负责列车自动防护及自动驾驶等。BJD01 型车信号柜设备布置如图 1-33 所示。

（三）前照灯

前照灯主要负责线路照明和信号指示。

前照灯采用整体密封式结构，包括远光灯、近光灯和防护灯。远光、近光灯泡型号均为 DC 24V、35W 氙气灯泡；防护灯采用红色发光二极管，DC 24V 供电（功率不大于 15W）。

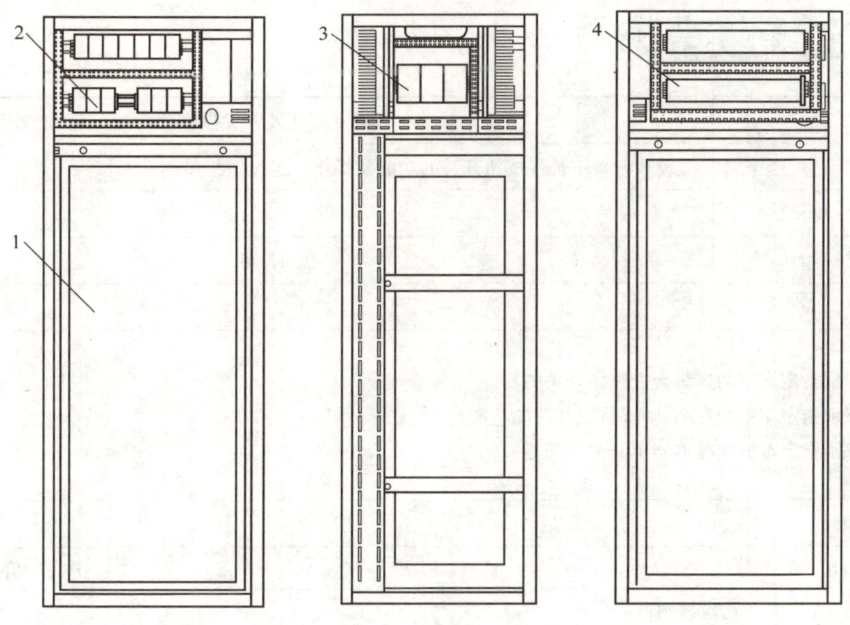

图 1-33 信号柜设备布置

1—车载 ATC 机柜 2—正面继电器屏 3—侧面继电器屏 4—接线屏

前照灯在功能上满足线路照明和防护灯。远光灯和近光灯采用开关控制供电方式，在操纵台上设有前照灯选择开关，可根据需要选择远光或者近光。

防护灯属于信号灯，其由列车的头尾转换自动控制。控制逻辑为：主控端激活时，列车后端的防护灯亮。前照灯组成如图 1-34 所示。

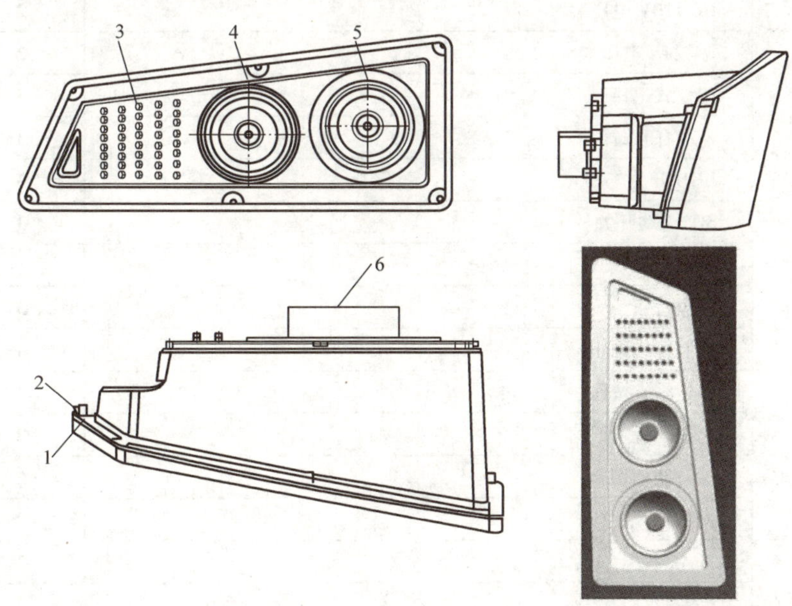

图 1-34 前照灯结构图

1—密封垫 2—安装框 3—尾灯 4—远光灯 5—近光灯 6—滤波器

实践训练与项目考核

任务	驾驶室按钮及开关操作		
考核说明	教师考核组长各按钮开关的功能及操作，组长对组员逐一考核		
班　级		姓　名	
学习小组		考核时间	

考核目标

1. 能正确识别指定车型的操纵台上按钮开关的功能
2. 能正确识别指定车型的左/右侧屏按钮开关的功能
3. 能正确识别指定车型的继电器柜开关的功能

考核内容

考核项目	考核标准	分值	得分
操纵台按钮开关	司机控制器	5	
	钥匙开关	3	
	驾驶模式选择	5	
	方向选择开关	3	
	紧急制动按钮	3	
	网压表	5	
	双针压力表	5	
	DC 110V 电压表	2	
	DC 24V 电压表	2	
	门模式选择	5	
	左/右门选择	3	
	BHB 开关	3	
	SIV 起动开关	3	
	ATO 启动	3	
	复位按钮	3	
	强制泵风按钮	3	
	强迫缓解按钮	3	
	电制动投入开关	2	
	保持制动切除	2	
	刮水器开关	2	
左/右侧屏按钮开关	开左/右门	2	
	关左/右门	2	
	再开闭	3	

（续）

考核项目	考核标准	分　值	得　分
继电器柜开关	蓄电池合	2	
	蓄电池断	2	
	停放制动施加	3	
	停放制动缓解	3	
	单元切除	3	
	各种旁路开关	15	
指导教师意见：			
任务完成人签字：　日期：　年　月　日 指导教师签字：　日期：　年　月　日			

注：在进行考核时，考核项目可以实际练习的操纵台型号为准。

拓展与提高

BJD01 型列车操纵台

操纵台只装在 Tc 车上，供司机驾驶列车用。

在结构上，整个操纵台分两大部分：台面设备和台下箱柜。操纵台台面采用玻璃钢材料；台下箱柜框架采用钢板材料，箱柜围板采用玻璃钢材料。整个操纵台在底部通过螺栓与车体固定。

在功能上，操纵台分为列车牵引控制、制动控制、照明控制（驾驶室及客室照明）、门控制、无线电台控制、自动列车控制、前照灯控制、多媒体控制及列车故障诊断等功能。

操纵台台面设有信号系统显示屏、监控系统显示屏、视频监控显示屏、无线电台控制器、双针压力表、司机控制器、广播控制盒、司机控制单元、按钮及指示灯等。

操纵台左侧柜设有驾驶室交换机、媒体播放主机、CCTV 主机、广播系统主机；右侧柜内有 UPS 电源、无线电台主机和刮水器水箱。操纵台台面集中了与驾驶操作有关的大部分功能，如图 1-35 所示。

操纵台台下箱柜电器设备主要有：驾驶室交换机、媒体播放主机、CCTV 主机、广播系统主机、车载电台主机、刮水器水箱和 UPS 电源。具体布置如图 1-36 所示。

控制柜设在驾驶室后面的右侧，负责本车直流配电、列车牵引制动等逻辑控制、广播系统控制中心及车辆电气节点。控制柜设备布置如图 1-37 所示，控制柜设备对照见表 1-1。

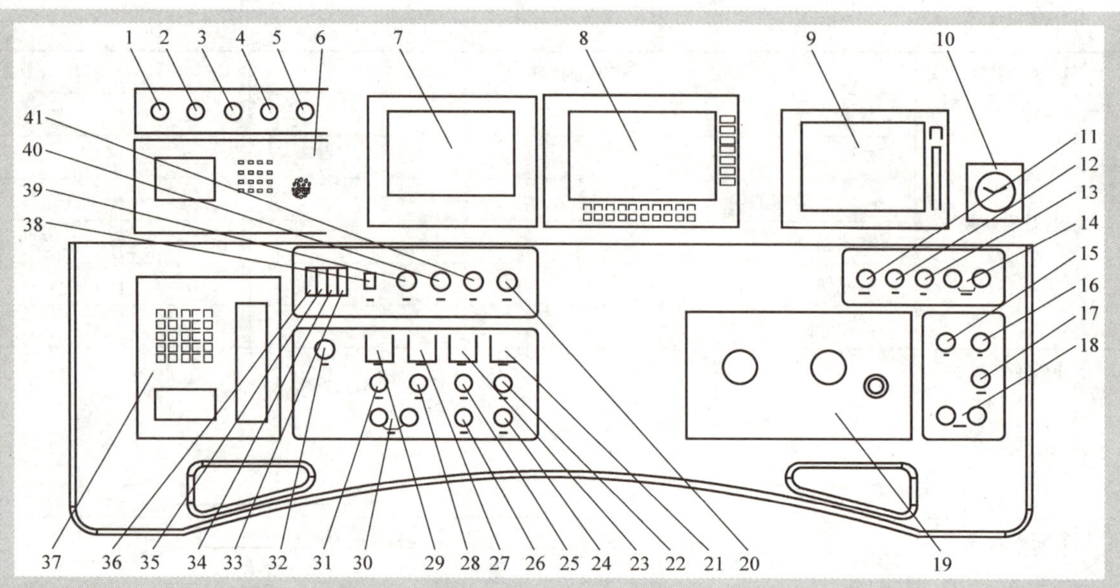

图 1-35 BJD01 型列车操纵台面板布置

1—警惕蜂鸣器 2—门允许灯 3—CBTC/BM 指示灯 4—开门灯 5—关门灯 6—车载电台控制盒 7—信号系统显示屏 8—监控系统显示屏 9—视频监控显示屏 10—双针压力表 11—CBTC/BM 按钮 12—RM 按钮 13—ATB 按钮 14—ATO 按钮 15—洗车按钮 16—复位按钮 17—关右门按钮 18—开右门按钮 19—司机控制器 20—SIV 起动按钮 21—头灯转换开关 22—强制泵风按钮 23—刮水器选择开关 24—电笛按钮 25—仪表灯按钮 26—喷淋按钮 27—开门模式选择 28—备用 29—左右门选择 30—开左门按钮 31—关左门按钮 32—紧急制动按钮 33—电制动投入 34—BHB 开关 35—空压机开关 36—客室灯开关 37—司机控制单元 38—遮阳帘开关 39—紧急牵引按钮 40—保持制动切除 41—强迫缓解按钮

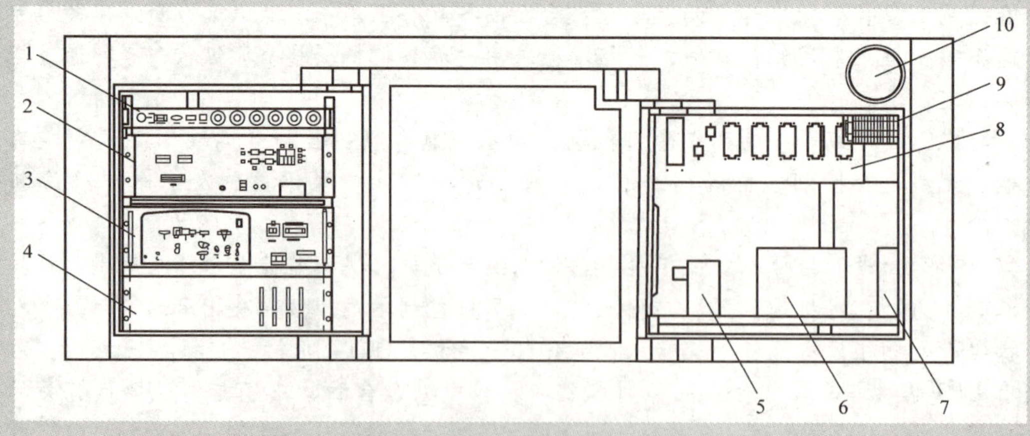

图 1-36 操纵台台下箱柜电器布置

1—驾驶室交换机 2—媒体播放主机 3—CCTV 主机 4—广播系统主机 5—UPS 电源 6—车载电台主机 7—刮水器水箱 8—连机器组成 9—端子排 10—信号系统扬声器

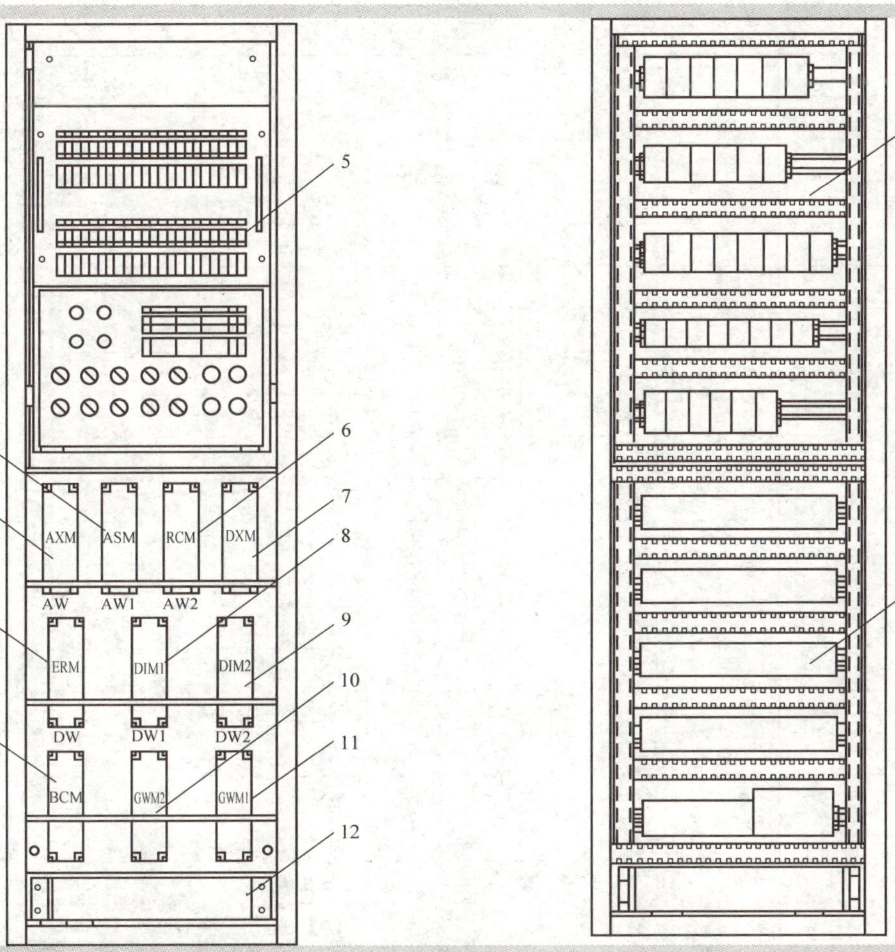

图 1-37　控制柜设备布置

1—BCM　2—ERM　3—AXM　4—ASM　5—开关屏　6—RCM　7—DXM　8—DIM1　9—DIM2　10—GWM2　11—GWM1　12—车载 PIS 主机　13—接线屏　14—继电器屏

表 1-1　控制柜设备对照

序　　号	代　　号	名　　称	数　　量
1	QF1	钥匙开关断路器	1
2	QF2	牵引控制断路器	1
3	QF3	GWM1 电源断路器	1
4	QF4	GWM2 电源断路器	1
5	QF6	制动控制断路器	1
6	QF7	紧急制动断路器	1
7	QF10	停放制动断路器	1
8	QF11	回送制动断路器	1
9	QF13	监控显示器断路器	1

（续）

序 号	代 号	名 称	数 量
10	QF15	监控模块 1 断路器	1
11	QF16	监控模块 2 断路器	1
12	QF17	列车门断路器	1
13	QF19	照明控制断路器	1
14	QF21	头灯断路器	1
15	QF23	列车广播断路器	1
16	QF27	110V 电压表断路器	1
17	QF33	SIV 电源断路器	1
18	QF29	蓄电池投入断路器	1
19	QF30	紧急通风断路器	1
20	QF35	幅流风机断路器	1
21	QF36	废排风机断路器	1
22	QF37	列车 LCD 断路器	1
23	QF40	PIS 电源断路器	1
24	QF42	驾驶室风机断路器	1
25	QF45	无线电台断路器	1
26	QF46	ATC 电源复位控制断路器	1
27	QF14	SIV 起动断路器	1
28	QF22	空压机控制断路器	1
29	QF43	驾驶室电热、电热玻璃断路器	1
30	QF48	信号灯断路器	1
31	QF49	刮水器断路器	1
32	QF51	24V 备用断路器	1
33	ATCN1	ATC 车载 CORE 断路器	1
34	ATCN2	ATC 安全模块 1 断路器	1
35	ATCN3	ATC 安全模块 2 断路器	1
36	ATCN4	ATC 安全模块 3 断路器	1
37	ATCN5	ATC 交换机 B 断路器	1
38	ATCN6	ATC 交换机 A 断路器	1
39	ATCN7	ATC 显示屏断路器	1
40	ATCN8	ATC I/O 电路断路器	1
41	ATCN	ATC 总电源	1
42	QF15A	散热风机断路器	1
43	DES	回送开关	1
44	Q1	驾驶室风机电源断路器	1

（续）

序　号	代　号	名　称	数　量
45	Q2	电热玻璃电源断路器	1
46	Q3	驾驶室电热电源断路器	1
47	Q9	交流插座断路器	1
48	Q12	380V 备用断路器	1
49	SB1	蓄电池强投旋钮	1
50	ATCBPS	ATC 旁路旋钮	1
51	DBPS	ATC 门旁路旋钮	1
52	DRBPS	门关好旁路旋钮	1
53	SK2	零速旁路旋钮	1
54	BNBPS	缓解不良旁路旋钮	1
55	PBBPS	停放制动旁路旋钮	1
56	ESS	紧急制动旁路旋钮	1
57	TIS	列车完整性旁路旋钮	1
58	MRBPS	总风压力旁路旋钮	1
59	BATC	蓄电池合按钮	1
60	BATO	蓄电池断按钮	1
61	SA6	紧急通风按钮	1
62	CPHS	空压机加热按钮	1
63	HA2	零速旁路蜂鸣器	11
64	PBS-A	停放制动施加按钮	1
65	PBS-R	停放制动缓解按钮	1
66	MCOS	单元切除按钮	1

项目二　司机交接班作业

任务一　出退勤及交接班作业

任务说明

出勤作业是电动列车司机一天工作的第一项内容，从出勤作业开始，司机就应当进入严谨守时、有条不紊的工作状态。出勤作业在备班室（或运转值班室）中完成，主要任务是领取列车钥匙、查看当天驾驶作业流程、准备行车备品等。

退勤作业是电动列车司机一天工作的最后一项内容。退勤作业在备班室（或运转值班室）中完成，主要任务是汇报车辆状况、运行情况，上交列车钥匙、行车备品等。

交接班作业指电动列车司机在工作中与其他司机完成任务交接，主要交接车次、车号、列车状态、行车备品、继续有效的调度命令、行车注意事项等。

通过此项任务，学生能够熟练进行出勤作业，达到企业对地铁员工的出勤要求。

知识要点

1. 熟记出勤程序及注意事项。
2. 掌握退勤制度及注意事项。
3. 熟记交接班的交接内容。

素质和能力要点

1. 能严格完成司机出勤前的准备工作。
2. 能在指定地点，正确完成司机出勤流程。
3. 能在指定地点，正确办理司机退勤手续。
4. 能在指定地点，正确完成司机交接班作业。
5. 严格履行出乘规则，保证作业实施质量，确保行车安全。

行车备品（司机包、司机手账、操纵台激活钥匙、三角钥匙、四角钥匙、手持电台、手电、轮值表、列车状态记录单）；列车驾驶模拟器；调控中心（或轮乘值班室）。

一、出勤

电动列车司机的出勤要做到：一备、二准、三阅、四报告、五记。

一备，即做好值乘准备；二准，即准时出勤；三阅，即认真阅读有关行车命令、通知及安全注意事项；四报告，即出勤轮乘组按照规定时间共同到值班室窗口前，依次出勤；五记：对值班员传达的有关命令及事项记入司机手账，并由值班员签字盖章认定。

（一）出勤前的准备

出勤前的准备工作是为了保证司机在值乘工作中精神良好，随身携带各种行车备品是为了加强管理，抄写有关文件命令指示是为了对乘客负责。

1）出勤前要充分休息，担当前一天夜班任务和第二天首班车任务的乘务人员，出勤前必须按规定到车辆段值乘公寓或备班室休息不少于4h。出勤调度员要严格把关。班前8h和班中严禁饮酒，以饱满的精神状态投入工作。

2）按规定穿着制服，并随身携带《技术管理规程》、《电动列车操纵规则》、《突发事件应急处置预案》、驾驶证、司机手账、笔等备品，如图2-1所示。

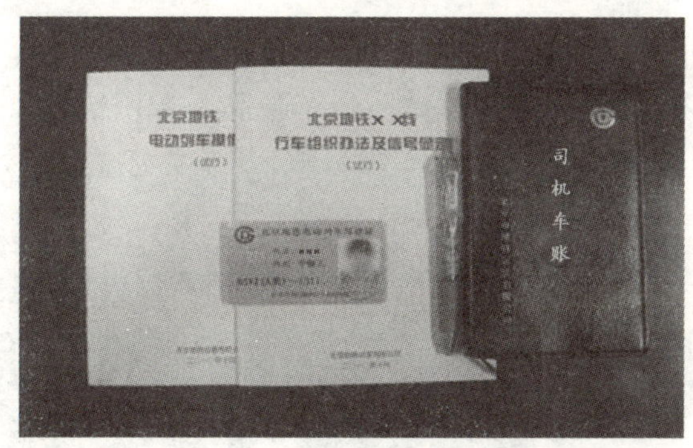

图2-1　行车备品

3）出勤时，司机与学习司机一起认真了解、抄阅有关行车命令、指示及注意事项并透彻理解。对值班人员传达的重要行车命令或通知要及时记录在司机手账，并由值班人员签字确认，如图2-2所示。

（二）出勤过程

1. 出勤地点

在车辆段（或停车场）的调控中心备班室或轮乘站备班室。

图 2-2　阅读通知并抄阅重要命令

2. 准时出勤

在车辆段（或停车场）出勤时，应于发车前 40min 到达调控中心出勤；在轮乘站出勤时，应于接车前 20min 到达轮乘值班室出勤。出勤时，左手托帽，帽顶向上，帽徽向前，手握帽檐，端正站立，如图 2-3 所示。

3. 唱诵

出勤轮乘组按规定时间到达出勤地点签到，向当值人员报告组号、姓名及当日任务表号，并认真阅读行车注意事项及重要通知。出勤轮乘组向当值人员唱诵“××组××人担当平（节、假）日××轮乘图，××时××分，申请出勤。”值班人员确认司机符合值乘条件，核对出勤正确后回答“可以出勤”，并传达有关行车注意事项，发放各种行车备品。

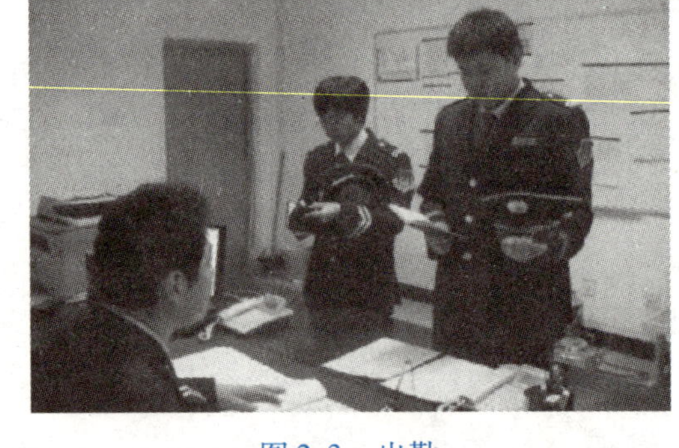

图 2-3　出勤

上车携带物品：司机包、手电、三角钥匙、列车时刻表、手账等（必须放置在值乘端），行车备品：专用钥匙、手持电台、运行图、列车状态记录单，如图 2-4 所示。

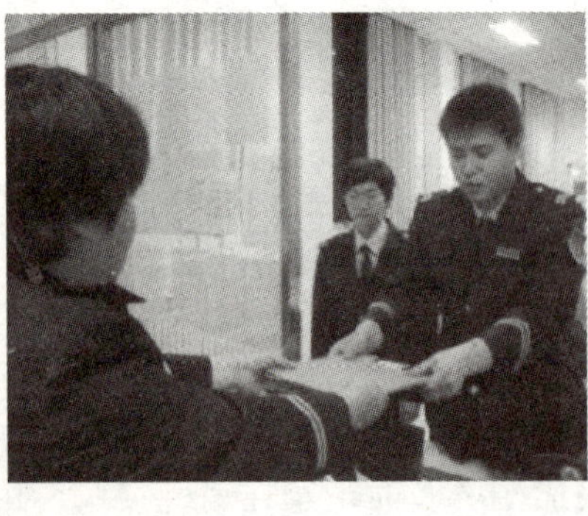
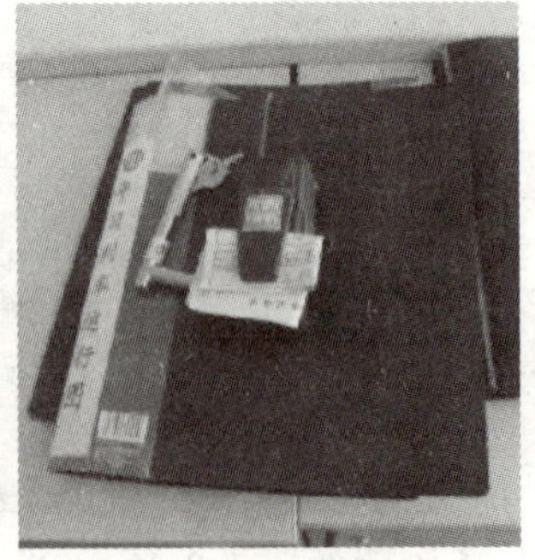

图 2-4　发放行车备品

认真检查行车备品：核对列车日志内容、车体号码及所停股道；确认手持电台作用是否良好，并调至相应频段；检查四角钥匙和激活钥匙是否齐全及运行时刻表，如图 2-5 所示。

注意：如当值人员需要对轮乘司机进行酒精或体温抽检时，出勤人员需主动配合。

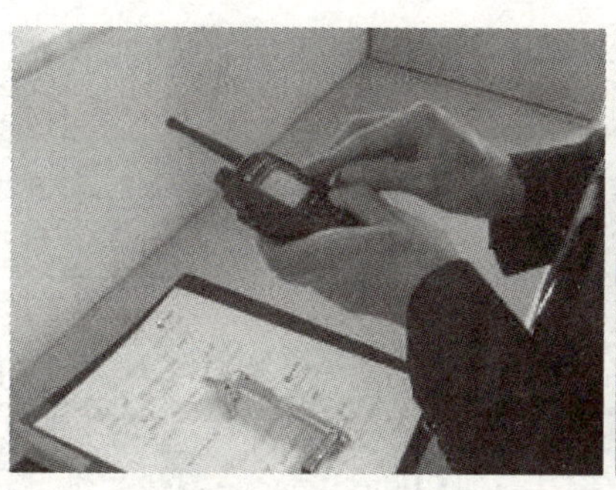
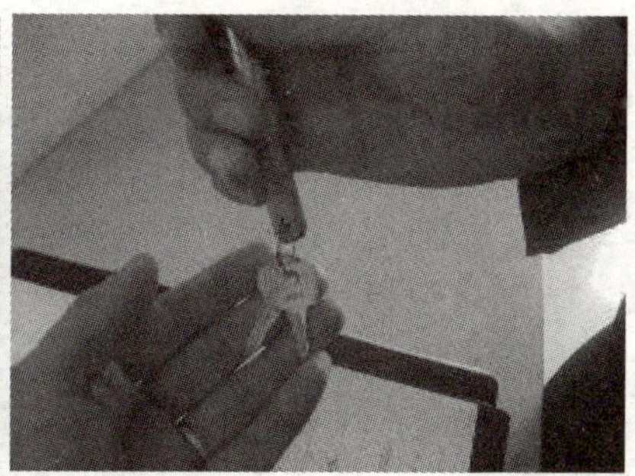

图 2-5　检查行车备品

4. 预备

轮乘站预备人员做好随时替班准备，做到随叫随到，并负责保持打扫轮乘站休息室及更衣室的卫生。

车辆段内担当第一预备的人员交接班时，接班人员要首先上车重新确认车辆状态，之后一人在车上待命，另一人在调控备班室待命，有事离开时要告知调控人员。

段内担当预备人员负责保持打扫调控备班室的卫生。

5. 二次出勤

所接列车进站前 3min（发车前 7min）到轮乘值班室轮乘组唱诵“××组，接上（下）行，××××次”。值班人员认真核对后回答“可以接车，注意安全”。轮乘人员应于列车到达时刻前 1min 到接车位置。

二、退勤

1. 班中退勤

每次值乘后，轮乘人员应立即到达轮乘值班室（调控中心）退勤，唱诵“××组值乘×××车××××次，列车运行正常，下次出勤时间××时××分”。值班员确认后答“注意接车时间”。

2. 及时报告

运行中发生事故、服务纠纷、车辆设备及其他有必要说明的问题时，必须上报，如×××车××表号××××次×时×分，在××站，发生××问题，如何处理，结果如何，是否晚点。并根据需要写出书面报告，如图 2-6 所示。

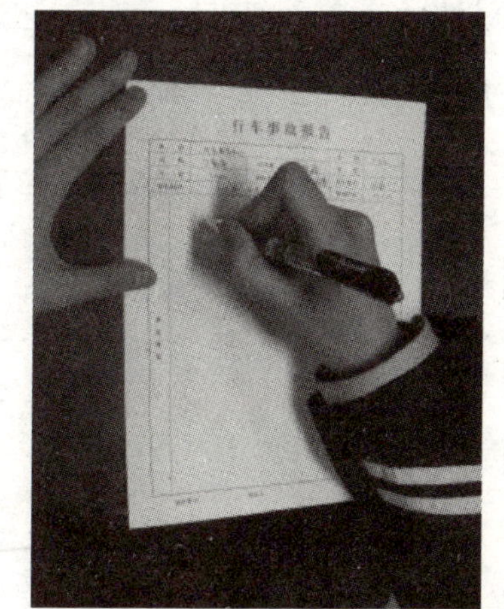

图 2-6　填写行车事故报告

3. 轮乘结束退勤

轮乘人员按规定着装到达调控中心或轮乘值班室，将所要说明的事件及时报告当值人员，必要时填写事故报告，将三角钥匙及行车备品交回。唱诵“××组担当××表号×××车，列车运行正常，轮乘结束”（交回司机交路报单），然后唱诵“××组××人×年×月×日，担当白（夜）××、×时×分，××（车辆段、停车场）出勤”，并由值班人员核对无误后在司机手账上签章，回答“出勤时间、地点正确，可以退勤”，如图 2-7 所示。

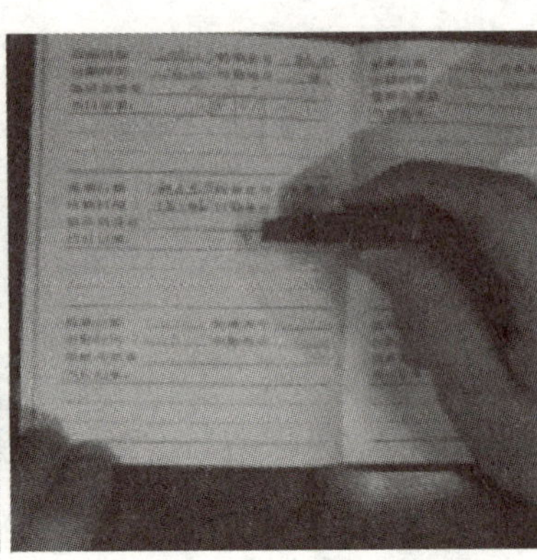

图 2-7　退勤

三、交接班

1. 交接班注意事项

交接班做到：一听、二查、三交接。

一听：听交班人员交接运营情况、车辆状况及有效命令等事项。

二查：认真查看有关命令、运营情况、车辆状况、故障单及工具备品。

三交接：端正站立、目迎、两转体。

1）端正站立。交接人员站在规定位置，端正站立。两手自然下垂，两脚并拢。

2）目迎。接班人员双目平视进站列车。

3）两转体。接班人员在规定位置站立，待列车进站时面向来车方向端正站立，目迎列车进站。当进站列车经过后立即转体面向列车车门，并注意监听列车有无异响。

2. 交接内容

1）确认列车表号和车次。

2）列车运行时刻和运行早、晚点情况。

3）故障记录单和司机报单。

4）驾驶室门钥匙和备品齐全，工具箱锁闭良好。

5）列车车辆技术状况。

6）继续有效的调度命令。

7）有关行车注意事项。

8）段内预备车交接做到：双方共同试车确认。

3. 交接班流程

（1）轮乘站交接班　接班人员需提前 1 ~ 3min 到达指定地点，待列车进站前在头端墙位置面对轨道方向站立，监护列车进站；交班人员确认车门及安全门开启状态后，与接班人员进行列车的交接。交接内容包括车次、列车状态、运行模式、行调命令（必要时进行复诵）及行车备品，如图 2-8 所示。

接班人员进行站台关门作业并确认发车条件，驾驶列车继续运行，如图 2-9 所示；交班人员需站立目送列车驶离车站，待列车正常发车后，方可离开。

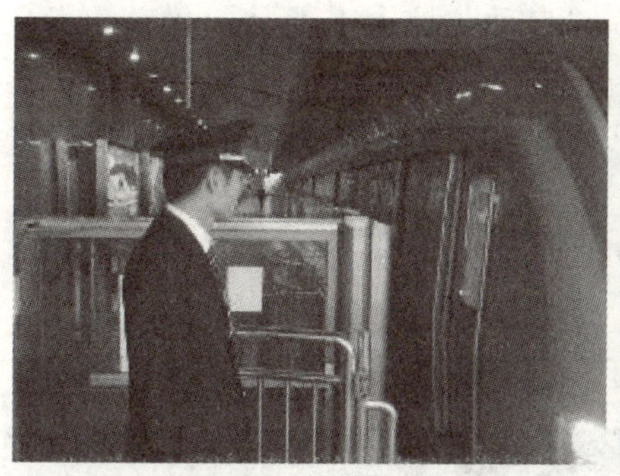

图 2-8　轮乘站交接班

图 2-9　接班人员继续运行列车

（2）终点站交接班　终点站交接班分为两种情况：车头交接（协助折返方式）和车尾交接（双端换控折返方式）。

1）车头交接。

① 列车进站前，接班人员在站台头端位置面对轨道方向站立，监护列车进站。

② 交班人员确认车门、安全门开启状态后，开门与接班人员进行相关内容的交接。

③ 接班人员对相关内容确认，必要时进行复诵，经交班人员确认后交还三角钥匙。

④ 交班人员下车，在站台等候列车发车。

⑤ 接班人员在站台等候“一切妥当”手信号进行关门及入库作业。

⑥ 交班人员站立目送列车驶离车站，方可离开，退勤。

2）车尾交接。

① 接车。接班轮乘组二次出勤后，轮乘组到达规定接班地点，站立于屏蔽门外，面向来车方向，迎接列车进站，确认列车状况及车号，列车停稳后向车门转体，准备交接，如图 2-10 所示。

② 开门。交班轮乘组在停车后，“列车自

图 2-10　接车

动驾驶”模式下列车自动开启相应站台侧车门。“自动防护人工驾驶”模式下开门选择模式在“手动”位，手动打开列车相应站台侧车门。

③ 换端。交班轮乘组进行更换操纵台作业时，按列车在站台开门换端的操作步骤进行操作。

a. 人工或自动驾驶（确认 ATO 的情况下），列车在站台规定位置停车，司机确认开门方向正确后，车门打开。

b. 终端（A 端）驾驶室的“自动折返”灯闪烁。

c. 司机确认（A 端）驾驶室“自动折返”按钮。

d. （A 端）驾驶室“自动折返”灯亮灯。

e. 司机按压（A 端）驾驶室的换端电路按钮，如图 2-11 所示。

f. 司机关闭驾驶室的“激活钥匙”开关。

g. 司机走到始端（B 端）驾驶室（或换司机）。

h. （B 端）驾驶室的“自动折返”灯亮灯。

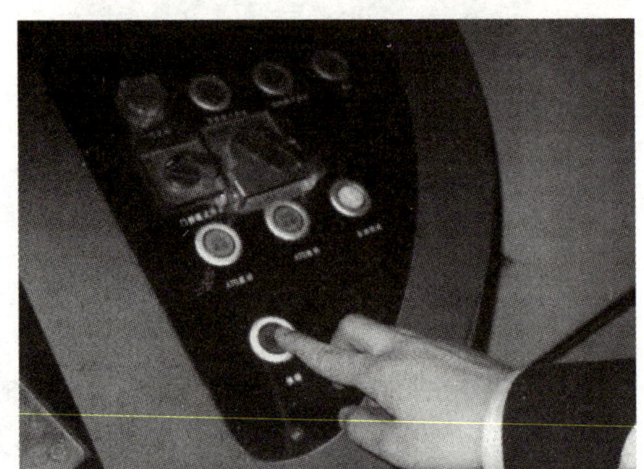

图 2-11　驾驶室换端电路按钮

i. 司机激活（B 端）驾驶室的“激活钥匙”开关。

j. 人工或自动驾驶（确认 ATO 的情况下），列车可继续运行。

注意：司机在确认进行开门折返作业时，关闭本端钥匙必须按压换端电路按钮，以避免在折返过程中车门关闭导致乘客被夹伤。呼唤时要做到：声音洪亮，吐字清晰，手臂伸直，保持 2s。

④ 交接。交班组拿好行车备品，戴好帽子，锁好驾驶室通道门。从客室内走到下行车头驾驶室内，恢复好操纵台：打开“激活钥匙”，并按顺序闭合负载开关，通过信号显示屏和监控显示屏确认车辆状态后，看到车站工作人员的关门手信号，关闭侧式站台车门后（按关门作业的规定内容执行），再开启相应站台侧车门，下车与接班轮乘组相对站立进行交接。

接班轮乘组说“接××××次”，交班轮乘组说“××××次，正点到达，车况良好，备品齐全。”如果有车辆故障、行车问题和继续有效命令须及时交接清楚。

交班轮乘组面对列车，接班轮乘组进入驾驶室确认备品及列车状况后回答“备品齐全，车况良好”，或发现问题后及时与交班轮乘组确认。交班轮乘组交接清楚后，回轮乘站退勤。接班轮乘组交接完毕，确认车辆状态后，等待发车。

⑤ 发车。到达运行图规定时刻时，接车轮乘组关闭列车车门，按 TDT（关于 TDT 的显示规则详见项目五）指示发车，如图 2-12 所示。

注意：列车在始发站停车后，确认列车广播系统正常自动转换后，按“确认”键，如图 2-13 所示。

图 2-12　发车倒计时

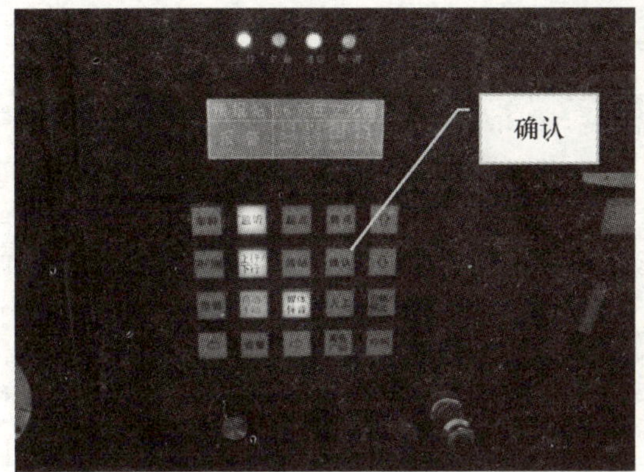

图 2-13　列车广播系统

小贴士

交接班时如遇列车故障，不进行交接，处理完毕再交接列车。列车因故掉线时，一般由故障列车司机开车回段（场），如运营调整需要服从当值安排。

实践训练与项目考核

任务	出退勤、交接班作业		
考核说明	教师考核组长操作步骤及内容，组长对组员逐一考核		
班　　级		姓　　名	
学 习 小 组		考 核 时 间	

考核目标

1. 能严格完成司机出勤前的准备工作
2. 能在指定地点，正确完成司机出勤流程
3. 能在指定地点，正确办理司机退勤手续
4. 能在指定地点，正确完成司机交接班作业
5. 能正确执行呼唤应答制度
6. 严格履行出乘规则，保证作业实施质量，确保行车安全

考核内容

考 核 项 目	考 核 标 准		分　值	得　分
出勤	出勤前准备	着装正确、整洁，仪容合格	2	
		行车备品齐全	4	
		抄阅重要行车命令或通知	2	

（续）

<table>
<tr><th>考核项目</th><th colspan="2">考核标准</th><th>分值</th><th>得分</th></tr>
<tr><td rowspan="7">出勤</td><td rowspan="7">出勤</td><td>出勤地点描述</td><td>2</td><td></td></tr>
<tr><td>出勤时间描述</td><td>2</td><td></td></tr>
<tr><td>站姿规范</td><td>2</td><td></td></tr>
<tr><td>签到规范</td><td>2</td><td></td></tr>
<tr><td>唱诵内容正确</td><td>6</td><td></td></tr>
<tr><td>行车备品检查（备品是否齐全，确认手持电台作用是否良好，若良好，调至相应频段）</td><td>6</td><td></td></tr>
<tr><td>确认列车车号及所停股道</td><td>2</td><td></td></tr>
<tr><td rowspan="18">交接班</td><td rowspan="4">轮乘站交接班（双人配合）</td><td>监护列车进站（接车位置，转体）</td><td>2</td><td></td></tr>
<tr><td>交班人员交接汇报</td><td>4</td><td></td></tr>
<tr><td>接班人员复诵行调命令，检查备件</td><td>2</td><td></td></tr>
<tr><td>接班人员确认发车条件，继续运营</td><td>2</td><td></td></tr>
<tr><td rowspan="6">终点站车头交接（双人配合）</td><td>接班人员在规定位置监护列车进站，转体</td><td>2</td><td></td></tr>
<tr><td>交班人员确认车门、安全门开启状态（手指呼唤正确）</td><td>4</td><td></td></tr>
<tr><td>交班人员交接相关内容</td><td>4</td><td></td></tr>
<tr><td>接班人员复诵行调命令，检查备件</td><td>4</td><td></td></tr>
<tr><td>交班人员带好行车备品前往另一端，对列车出库过程进行监护及驾驶（手动折返时）</td><td>4</td><td></td></tr>
<tr><td>接班人员在站台等候“一切妥当”手信号进行关门及入库作业</td><td>2</td><td></td></tr>
<tr><td rowspan="8">终点站车尾交接（双人配合）</td><td>接班人员到达规定接班地点</td><td>2</td><td></td></tr>
<tr><td>交班人员开门操作</td><td>2</td><td></td></tr>
<tr><td>交班人员换端操作</td><td>4</td><td></td></tr>
<tr><td>交班人员整理复位，前往另一端驾驶室</td><td>4</td><td></td></tr>
<tr><td>关门操作</td><td>1</td><td></td></tr>
<tr><td>开启站台侧车门</td><td>1</td><td></td></tr>
<tr><td>相关内容交接（接班人员复诵，检查备件）</td><td>4</td><td></td></tr>
<tr><td>接班人员按 TDT 发车</td><td>2</td><td></td></tr>
<tr><td rowspan="5">退勤</td><td colspan="2">按规定着装，到规定地点退勤</td><td>2</td><td></td></tr>
<tr><td colspan="2">填写事故报告</td><td>5</td><td></td></tr>
<tr><td colspan="2">上交行车备品</td><td>2</td><td></td></tr>
<tr><td colspan="2">唱诵</td><td>8</td><td></td></tr>
<tr><td colspan="2">司机手账签章、签退</td><td>3</td><td></td></tr>
<tr><td colspan="5">指导教师意见：</td></tr>
<tr><td colspan="5">任务完成人签字：　　　　　　　　日期：　年　月　日
指导教师签字：　　　　　　　　日期：　年　月　日</td></tr>
</table>

任务二 填写记录单和报表

任务说明

在司机值乘的过程中，需要填写各种记录单和报表，如《列车故障记录单》、《调度命令记录单》、《行车事故报告》等，以对工作中的事件进行准确记录。

通过本任务的学习和训练，学生能正确、规范填写各类记录单和报表。

知识要点

1. 掌握司机手账的作用和使用规则。
2. 熟悉司机报单的作用和填写规则。
3. 熟悉故障记录单的规范化填写。
4. 熟悉行车事故报告的填写规则。

素质和能力要点

1. 能规范使用司机手账。
2. 能规范填写司机报单。
3. 能规范填写故障记录单。
4. 能规范填写事故报告。

任务准备

司机手账、司机报单、故障记录单、行车事故报告单。

相关理论

一、司机手账

“手账”一词源于日本，是用来记录备忘信息的笔记本，用以安排自己每天的工作、生活，兼具日记功能。司机手账用于记录司机当天的工作任务，当日有效的调度命令，及通知的注意事项等，如图 2-14 所示。

司机手账人手一本，且每一本手账都有本乘务中心颁发的唯一编号。司机手账内容包括：司机个人信息资料（需司机自行如实填写）；行车通信电话（各条线路的行车调度电

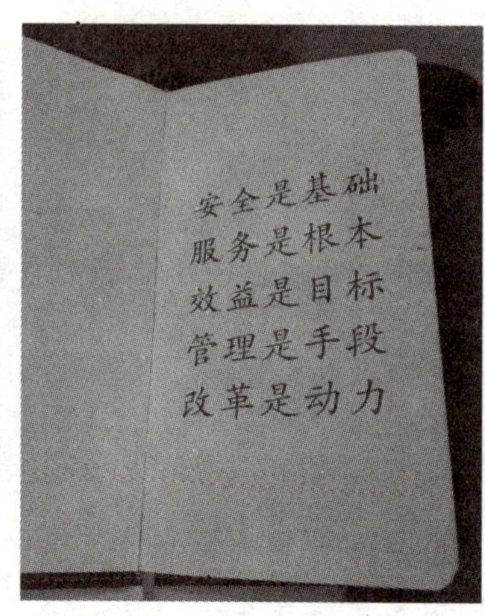

图 2-14　司机手账封皮及扉页

话，各车辆段的车场调度电话，及各线路各车站的行车综控电话）；本线行车基地电话一览表，如图 2-15 所示。

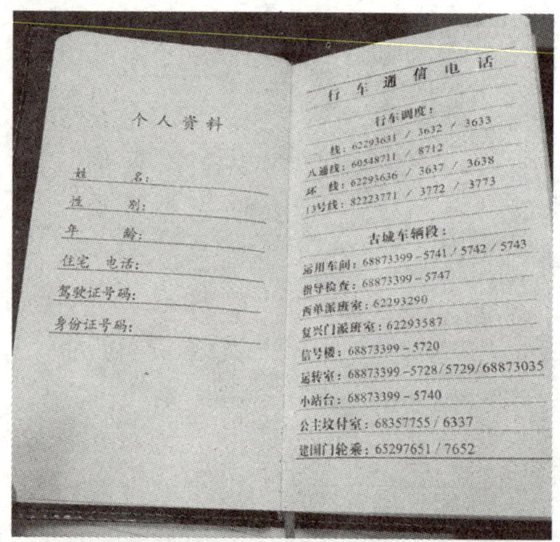

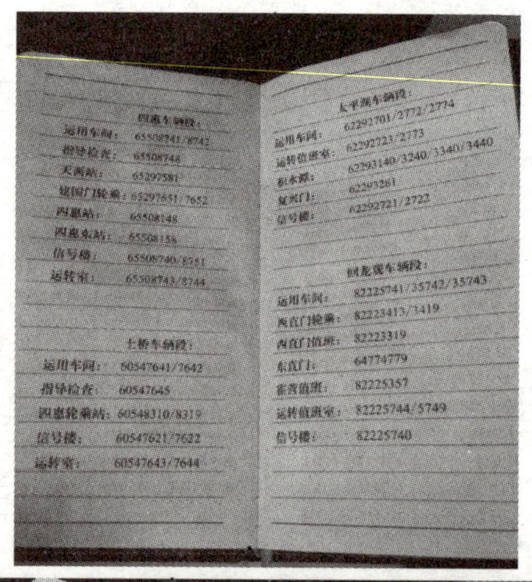

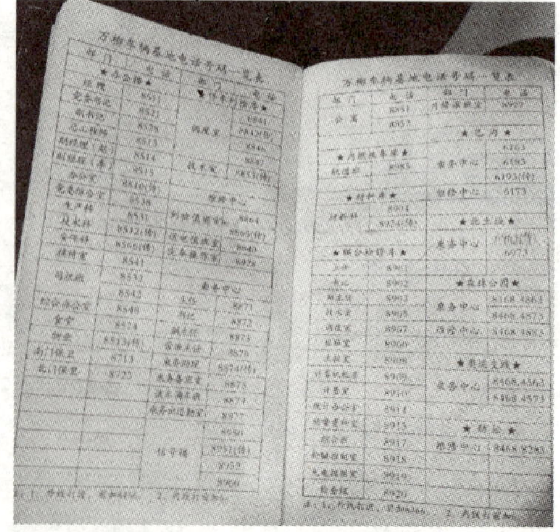

图 2-15　司机手账的固定部分

地铁司机采取轮乘制，白班、夜班、早班、休息四班倒，司机每天的出乘任务依照本线路乘务中心设定的位置图表进行，图 2-16 即表示北京地铁 10 号线编号为 SX1307 号的双休位置图，其中，表号指列车的车底号，位置“49 白”代表司机当日值乘的任务，即双休 49 号白班，那么第二天，此司机值乘任务是 SX49 夜，第三天的值乘任务为 PR49 早，第四天休息，依次类推。

10号线						SX1307	
位置	出勤时间	接车地点	接车时间	表号	车　次	交车时间	地点
49白	7:48	宋	8:08	46	2055 2089	9:53	宋
		宋	10:11	22	2094 2122	11:56	宋
		宋	12:27	59	2128 2148	14:11	宋
		宋	14:32	36	2152 2175	16:17	宋
位置	出勤时间	接车地点	接车时间	表号	车　次	交车时间	地点
49夜	16:21	宋	16:41	71	2185 2219	18:25	宋
		宋	18:57	76	2228 2254	20:44	宋
		宋	21:03	78	2258 2662	22:15	五路2
位置	出勤时间	接车地点	接车时间	表号	车　次	交车时间	地点
49早	4:21	五路1	5:01	7	1603 1004 1023	6:58	巴
		巴	7:12	11	1027 1060	8:57	巴

图 2-16　双休位置图例

为了保证司机准确履行值乘任务，需要司机在本次值乘任务退勤时填写下一个值乘任务，在司机手账上填写本次值乘任务的退勤时间、下个任务的值乘日期、时间、地点、运行图表号、位置图号等内容，乘务中心值班人员核对无误后在司机手账上签章并允许退勤。在下次出勤前完成身体状况及当班记事填写。其中当班记事除了要填写本次值乘任务的详细信息外，还要认真阅读并抄录行车注意事项及重要通知，对于长期有效的调度命令或紧急要求，要抄录在手账的后两页，作为长期参考。填写完成后由乘务中心值班员盖章生效。运行过程中需详细记录本班次内列车安全运行情况。手账抄写范本如图 2-17 所示，早班、白班、晚班的出勤格式相同。

手账抄写范本（早班出勤）

值乘人员　张三　李四

出勤日期　2013年6月5日　出勤时间　04:02

出勤地点　万柳　位置图号　平日1早

身体状况　符合安全运营要求

退勤日期　2013年6月4日　值班员签章

当班记事：

接车地点	接车时间	表号	车次	交车时间	地点
万段	4:42	2	2600-2001-2006	5:38	宋
宋	5:52	8	2011-2057	7:36	宋

调度通知（2013）第004号

草桥站—角门西站上行区间，K36+830至K36+320区段，

角门西站—草桥站下行区间，K36+380至K36+890区段，

列车限速40km/h

此处填写当日有效的调度命令及通知的注意事项

图 2-17　手账抄写范本

小练习

2013 年 7 月 31 日，出勤位置 36 白，请根据图 2-18 填写司机手账。

行车调度员通知：1. 草桥—角门西上行区间 K36 + 830 至 K36 + 320 区段，列车限速 40km/h。

2. 角门西—草桥下行区间 K36 + 380 至 K36 + 890 区段列车限速 40km/h。

注意事项：1. 认真确认车门、屏蔽门开启状态，及乘降情况。

2. 列车在站停车出现降级，必须重新开启车门、屏蔽门。

3. 认真确认车门、屏蔽门间隙安全可靠。

4. 回空列车在站通过时，确认最高限速 55km/h，且实际速度低于 10km/h，方可干预通过，如最高限速不在 55km/h，应停车确认授权。

位置	出勤时间	接车地点	接车时间	表号	车　次	交车时间	地点
35早	6:08	万柳2	6:48	63	2632 2042 2059	7:41	宋
		宋	7:55	14	2065 2111	9:39	宋

10号线						PR1306	
位置	出勤时间	接车地点	接车时间	表号	车　次	交车时间	地点
36白	9:32	巴	9:52	48	1112 1135	11:37	巴
		巴	11:59	4	1140 1163	13:43	巴
		巴	14:06	12	1168 1191	15:50	巴
		巴	16:13	23	1197 1244	17:57	巴

图 2-18　平日位置图例

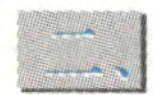

二、司机报单

司机报单重点记录乘务人员工作日的运行情况和运行公里，包括班组、车号、车次、始发站和到达站、始发到达时间、运行情况等。某地铁公司的司机报单见表 2-1。

表 2-1　司机报单

年　　月　　日

班		司　机			副　司　机		
第　　轮乘组		副司机			学员		
车号	表号	车次	始发		到达	运行情况	
						运行列数	运行公里

按照表 2-1 填写的司机报单范本如图 2-19 所示。

司机报单　2013年6月30日

B班		司机			副司机	
第D5轮乘组		副司机			学员	
车号	表号	车次	始发		到达	运行情况
	32#	2074	宋 9:00		首 10:28	
		2104	首 10:30		宋 10:45	
	36#	2109	宋 11:04		首 12:31	
		2132	首 12:32		宋 12:48	
	44#	2137	宋 13:14		首 14:42	
		2157	首 14:43		宋 14:58	
	50#	2161	宋 15:19		首 16:47	
		2194	首 16:50		宋 17:05	
						运行列数 运行公里

图 2-19　司机报单（范本）

填写司机报单应注意：

1）按规定格式填写值乘人员姓名、日期、实际始发、到达时刻、走行公里等。

2）将实际始发、到达时刻及晚点原因记录清楚。

三、行车事故报告

发生或防止行车事故后，要在当日按照《行车事故报告》格式要求（图 2-20），将事故经过详细、如实填写清楚，经乘务中心值班人员或带班主任审查登记后方可退勤。

填写行车事故报告要注意：

1）完整填写单位、姓名、车号、车次、发生事件的起始时间及恢复时间、地点、事故概况及签名。

2）字迹工整，语言简洁，叙述事件清楚、翔实、准确。

3）一式两份（复写）。

行车事故报告

单　位	××乘务中心			车　号	
司　机	张三	副 司 机	李四	学　员	
车　次		事故名称		发生地点	
发生时间	年　月　日　时　分			恢复时间	
事故概况	×××车××次×时×分，在××站，发生××问题，如何处理，结果如何，是否晚点。				

图 2-20　行车事故报告

四、电动列车运行故障记录单

每列车都有一张运行故障记录单，司机需在交班前填写好列车故障记录单。填写内容为：车号、日期、姓名、时间、车次、故障部位、故障现象及处理情况等，以备后续值乘司机参考和维修人员的检修。电动列车运行故障记录单的范本如图 2-21 所示。

序号“1”的第一栏是在列车出库前填写的临修时间，从序号“2”开始，记录列车在运行过程中发生的故障。报修时间之所以为“××次至××次”，是要求填写司机值乘时负责这辆车跑的两个车次（上下行合起来为一圈，一圈有两个车次）。

电动列车运行故障记录单（范本）

1	车号	10066	操纵车号	1号	出库时间	4 时 40 分
	司机	张三	副司机	李四	报修时间	填写实际出现故障时间
故障现象： 静动态试车良好，工具箱铅封良好，驾驶室内备品齐全，摄像头位置及两端监控良好						
2	车号	10066	操纵车号	1号	运行时间	4时 40分至 6时 37分
	司机	张三	副司机	李四	报修时间	1600 次 至 1031 次
故障现象： 遇故障时此处填写故障发生的时间、车次、地点、故障现象，同时上报技术支持人员。 如：6时31 分 1031 次××站 5 号车右三车门关不上，已隔离。						
3	车号		操纵车号		运行时间	时 分至 时 分
	司机		副司机		报修时间	次 至 次
4	车号		操纵车号		运行时间	时 分至 时 分
	司机		副司机		报修时间	次 至 次

图 2-21　电动列车运行故障记录单的范本

实践训练与项目考核

任务	填写记录单和报表		
考核说明	教师逐一检查学生填报情况		
班　　级		姓　　名	
学 习 小 组		考 核 时 间	
考核目标			
1. 能规范使用司机手账 2. 能规范填写司机报单 3. 能规范填写行车事故报告 4. 能规范填写电动列车故障记录单			

（续）

考核内容			
考核项目	考核标准	分值	得分
填写司机手账	个人信息资料完整正确	5	
	出勤、当班记事、退勤等信息完整	6	
	抄录行车注意事项及重要通知	8	
	字迹工整	4	
填写司机报单	日期正确	3	
	能根据自己当日实际运行情况填写表号、车次、始发和到达时间及地点、走行公里等	10	
	字迹工整	4	
填写行车事故报告	列车号、操纵车号正确	4	
	出库/运行时间精确到“分”	4	
	“报修时间”一栏的车次范围正确	4	
	故障现象描述清楚、翔实、准确	10	
	字迹工整	4	
填写电动列车故障记录单	单位、车号、姓名、车次完整	4	
	事故名称、发生地点正确无误	6	
	发生时间精确到“分”	4	
	恢复时间准确	4	
	事故概况描述清楚、翔实、准确	10	
	字迹工整，一式两份（复写）	6	
指导教师意见：			
任务完成人签字：	日期： 年 月 日		
指导教师签字：	日期： 年 月 日		

任务三　读懂列车运行图和周转图

任务说明

列车运行图和周转图是表示运营线路上开行列车计划的重要文件，是行车组织的基础，司机必须能读懂和掌握列车运行图、周转图，根据运行计划，保证列车正点运行。

通过本任务的学习和训练，学生能正确阅读地铁企业中的列车运行图、时刻表和周转图。

知识要点

1. 掌握列车运行图的作用、分类、要素。
2. 理解列车运行图的编制原则及编制要素。
3. 掌握列车时刻表的作用、分类、要素。
4. 掌握列车周转图。

素质和能力要点

1. 能读懂实际的运行图。
2. 能读懂实际的时刻表。
3. 能读懂实际的列车周转图。

任务准备

列车运行图、列车时刻表、列车周转图。

项目实施

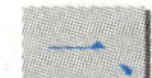

一、行车基础

（一）列车上、下行规定

城市轨道交通线路均为右侧行车的双线线路，上、下行是指城市轨道交通列车运行的两个方向。以北京地铁为例，一般地，由东向西为下行，由西向东为上行；由北向南为下行，由南向北为上行；对于环线，顺时针为下行，逆时针为上行。我国最早建立的北京地铁在最开始一期工程的时候，北京站到苹果园，遵从铁路以北京站为上行。独立运营以后，1 号线照旧以苹果园为下行，形成以东为上的惯例。2 号线也照旧以一期工程长椿街—北京站方向为上行，形成环线外环上行的惯例。

（二）车次定义

车次是为区别列车种类、性质和运行方向，对每一列列车赋予的号码或代号。

1. 列车种类及等级

根据列车的性质和用途不同，将城市轨道交通列车分为客运列车、临时加开列车、调试列车、救援列车、回空列车、施工列车。

用于旅客运输的列车称为客运列车。客运列车、救援列车、回空列车、调试列车，由行车调度员批准。

临时加开列车是指为应对节假日、重大活动、极端天气等造成的突发性大客流，而临时加开的列车车次，以缓解特定客运列车的运输压力。临时加开列车过了客流高峰期就会取消。

调试列车是指新线开通后，列车上线调试，用于对新线的限界、接触网、信号系统，及对列车的各项性能数据进行验证；电动客车每当完成规定的修程后，都要以静态和动态调试方式进行试运行，确认达到规定指标后，才能投入运营线上载客运行；列车在运行中发生较大故障修复后也是要进行调试。根据设计要求，调试列车应在试车线上进行调试，而不应到运营线路上进行调试，这是因为既影响运营秩序又影响安全。但由于某些车辆段的调车线尚未完善，只能安排在运营线上调试。

城市轨道交通担任救援任务的列车通常是指故障列车的后续客车。救援列车需要进行站台清客、与故障列车连挂作业，将故障车推送至存车线或折返线（有条件时可以直接回车辆段）。救援任务结束，救援列车重新投入运营服务。

回空列车是指在站清人回段的列车、轨道车、个别清人折返回段的车次等。

施工列车是指向施工封锁区间开行的，用于线路施工、维修抢险、清扫检查等作业的列车。施工列车一般是内燃机车或蓄电池牵引车，根据不同的施工目的，配置不同的施工设备。施工列车、内燃机车、跨越调度区段运行的电动列车由使用单位申请，总调度室调度员批准。

为正确制定列车运行计划，掌握列车运行，按列车的性质将列车进行等级的划分，分别为：第一类专用列车，第二类客运列车和临时加开列车，第三类调试列车，第四类回空列车，第五类施工列车，另外救援列车可根据情况优先开行。行车调度人员在进行列车运行调整中所遵循的优先原则与列车等级相对应。

2. 车次编制规则

以北京地铁为例，城市轨道交通列车车次以十进制四位数表示。

1）首位表示列车开行方向（“1”为下行，“2”为上行）。

2）第二位表示列车性质：

“0～4”表示计划客运列车，即2001～2399，1001～1399；

“5”表示临时加开客运列车，即2501～2599，1501～1599；

“6”表示调试列车，即2601～2699，1601～1699；

“7”表示救援列车，即2701～2799，1701～1799；

“8”表示回空列车，即2801～2899，1801～1899；

“9”表示施工列车，即2901～2999，1901～1999。

3）第三、四位表示列车运行顺序号。

小练习

在运行图中，车次号“2233”代表什么含义？

二、列车运行图

列车运行图是列车运行的时间与空间关系的图解，它是表示列车在各区间运行及在各车

站停车或通过状态的二维线条图。列车运行图是地铁运营工作的综合计划和行车组织的基础，是协调各部门和单位按一定程序进行活动的工具。车站按列车运行图安排接发列车、组织客运工作。行车调度部门按列车运行图指挥列车运行。车辆段根据列车运行图确定每天需要的车组数和运行时刻，制定车组的检修和乘务司机的值乘制度。供电、通信信号、机电、工务等部门根据列车运行图的规定时刻安排施工计划和检修计划。

列车运行图规定了各次列车占用区间的顺序，各次列车在区间的运行时分，在车站的到达、出发或通过的时刻，在车站的停站时间和在折返站的折返作业时间，以及列车交路和列车出入车辆段时刻等，能直观地显示出各次列车在时间上和空间上的相互位置和对应关系。从直观上看，列车运行图是地铁线路上各列车在各区间的运行时刻及在各站的到发时刻的一种图解形式，而且是与安全行车条件和技术标准密切相结合的一种图解形式；从理论上讲，就是直角坐标原理在列车运行上的运用，在列车运行图上以“线”表示“点”在平面上的移动，从而表示出列车在运行图上的运行轨迹，也表示在站停车时间、区间运行时间、转线、出入段及列车运行方向。所以，归纳来说，列车运行图是运用坐标原理表示列车运行的一种图解形式。

列车运行图有两种输出形式：图解表和时刻表（表 2-2）。图解表又称为时距图（图 2-22），即普遍意义的列车运行图。时刻表将运行图中的时间变成真实的时间点，可以直观地看到发车时间及发车地点，在发生突发事件后车辆正常运行秩序打乱，有助于及时调整列车运行秩序。根据阅读对象的不同，时刻表又分为车站时刻表和车次时刻表。车站时刻表针对乘客，车次时刻表适用于地铁内部员工，两者形式有所区别，但内容基本一致。

表 2-2 北京地铁 1 号线列车首末车时刻表

站 名	往四惠东方向		往苹果园方向	
	首车时间	末车时间	首车时间	末车时间
苹果园	5：10	22：55	………	………
古城	4：58	22：59	5：35	0：06
八角游乐园	5：01	23：02	5：32	0：03
⋮	⋮	⋮	⋮	⋮
大望路	5：34	23：45	4：59	23：20
四惠	5：37	23：48	4：56	23：17
四惠东	………	………	5：05	23：15

（一）列车运行图的图解

目前我国所采用的列车运行图都是以横轴表示时间，纵轴表示距离。图上的水平线是一簇平行的不等分线，将纵轴线按一定比例加以划分，代表车站的中心线，车站中心线用细线表示，换乘站、折返站和终点站中心线用粗线表示；垂直线是一簇平行的等分线，表示时间分段，斜直线表示列车的运行，称为列车运行线，下行列车的运行线由左上方向右下方倾斜，上行列车的运行线由左下方向右上方倾斜；列车运行图上，列车运行线与车站的交点即表示该列车到达、出发或通过的时刻；表示时刻的数字具体填记位置：所有表示时刻的数字，都填写在列车运行线与横线相交的钝角内，列车通过车站的时刻，一般填写在出站一端

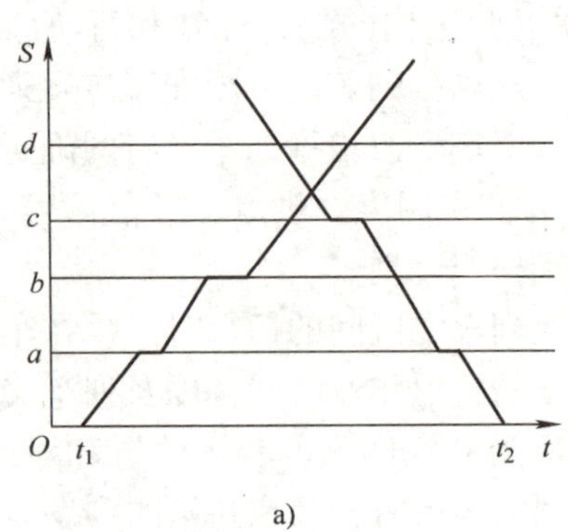

a)

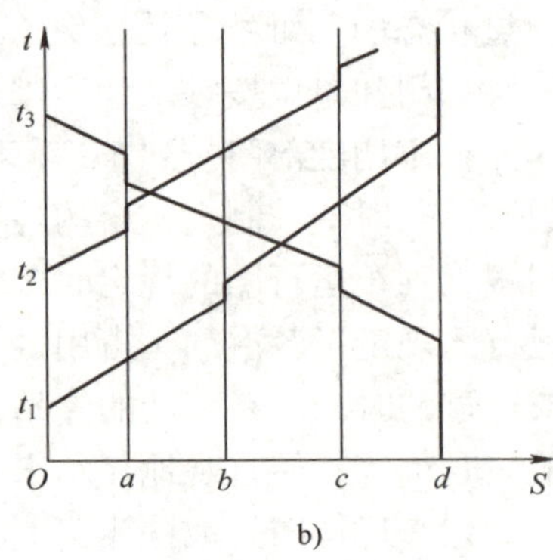

b)

图 2-22　列车运行图图解表示意图

a）横轴表示时间，纵轴表示距离　b）纵轴表示时间，横轴表示距离

的钝角内；车次的规定：上行列车车次为双数，下行列车车次为单数；车次填记位置：标在区段的首末两端区间相应列车运行线的上方，如图 2-23 所示。

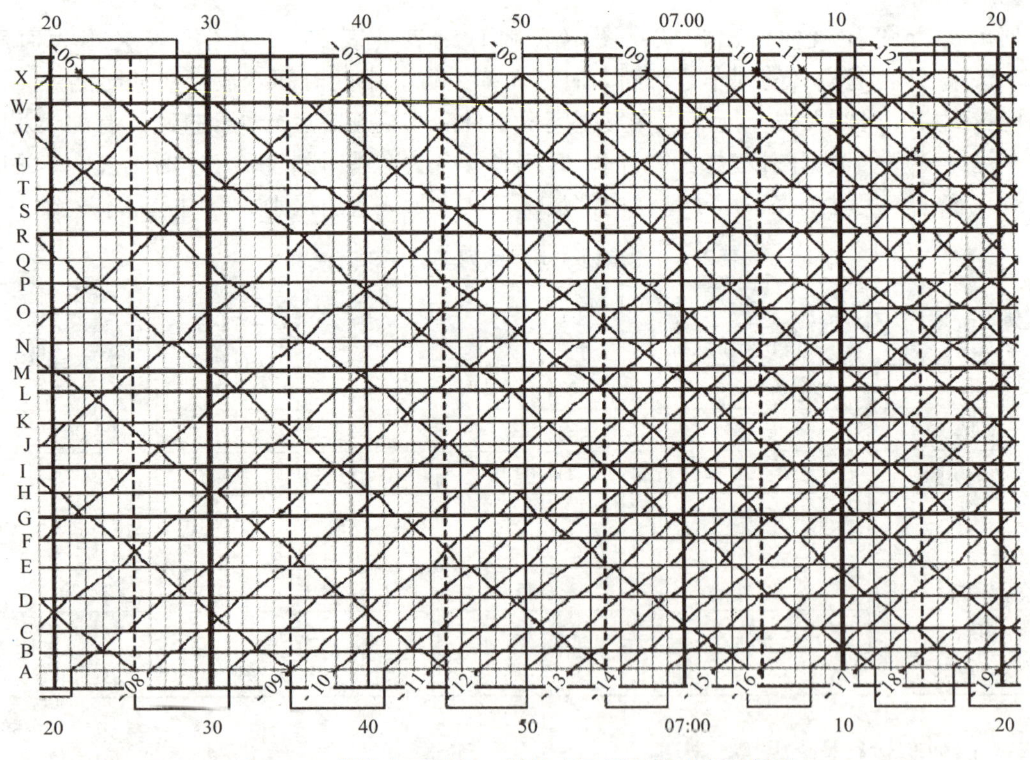

图 2-23　横轴表示时间、纵轴表示距离的列车运行图

（二）列车运行图的分类

在列车运行图的实际编制中，根据地铁各线路的技术设备、列车运行速度、上下行列车开行数量和闭塞方式的不同，列车运行图可分为各种类型。

按区间正线数目的不同，列车运行图可分为单线运行图、复线运行图、单复线运行图。

按照列车运行速度的不同，运行图可分为平行运行图和非平行运行图。

按照上下行方向列车数目的不同，运行图又可分为成对运行图和不成对运行图。

按照同方向列车的行车方式的不同，运行图可分为连发运行图和追踪运行图。

按时间轴的刻度分，运行图可分为一分格运行图、二分格运行图、十分格运行图和小时格运行图。

按使用范围分，运行图可分为日常运行图、节假日运行图、其他特殊运行图。

以上所归纳的种类，都是建立在分析列车运行图的某一特殊性基础上的。实际上，每一条运营线的列车运行图都具有若干方面的特点。例如，北京地铁 1 号线是采用双线、平行、成对和追踪运行图类型，北京地铁 2 号线和 13 号线则是采用双线、平行、不成对和追踪运行图类型。

（三）运行图的编制要素

列车运行图要素是指铺画运行图时必须遵守的一些标准。列车运行图的组成要素从内容上可分为三大类，即时间要素、数量要素和相关要素。

1. 时间要素

时间要素是地铁列车运行图最基本的组成部分，是构成运行图的基本要素。有：区间运行时分、停站时分、折返时分、调车时分、列车出入车辆段停车库时分、列车出入车辆段作业时间、车站连发间隔时间、车站间隔时间、追踪列车间隔时间、营业时间、接触轨停送电时间等。

2. 数量要素

数量要素是地铁列车运行图的重要条件因素，是客观存在的一些数量指标，它直接影响列车运行图的全部内容。包括客流、全天客流分布、断面客流量、最大断面客流量、高峰小时最大断面客流量、要求满载率、平均满载率、平均运用电动客车组数、运用列车回段组数及库停时间、电动客车连续运用圈数、车站吞吐能力等。

3. 相关要素

相关要素所含的内容较为广泛，涉及面较大，对编制列车运行图有直接影响，也可以说是密切相关的。而且很多问题都是管理方面的问题。所以，编制列车运行图时必须给予充分考虑。当然这种考虑必须是在满足时间及数量两大要素的前提下。包括：与路面公共交通的衔接、客车检修作业的要求、调试车开行、乘务制度、行车组织办法、存车线存车能力、区间及车站通过能力、通勤车的开行、轨道车的开行、换乘站的均衡换乘、其他因素（如线路设计缺陷、车辆段设置、设备落后等方面的因素）。

三、列车周转图

列车周转图也是乘务部门组织运输生产活动的基础。具体地说，列车周转图是列车的工作计划，也是列车司机和列车整备（地勤检查）人员的工作计划，它是根据列车运行图、列车交路及所采用的乘务制度进行编制的，它的具体要求是：

1）保证列车运行图和运输方案的实施，及时提供全部运输任务所需的列车。

2）经济合理地使用列车，保证完成计划效率指标。

3）严格贯彻《劳动法》，合理安排列车乘务组的劳动及休息时间。

4）安排好本段内列车的整备作业时间及列车在段内的整备检修时间。

列车周转图一般采用小时格的运行图图表进行铺画。在表示区段距离的纵坐标上，不像列车运行图那样要画出每个区间站的分界水平线，而只是画出列车始发站、中间换班站、大站及到达站的分界水平线，并在周转图的左侧写上站名，标明区段长度。同时在列车周转图最上方写明列车的周转区段、周转图实行日期、列车使用效率等参数。另外，在列车周转图的上方和下方，用不重叠的横线（库停线）表示列车在本段和折返段库内的停留时间范围。列车周转图中的列车运行线与列车运行图中的表示方法一样。

地铁系统中应用的列车周转图纵坐标表示距离，横坐标表示时间，也称为车底交路图，代表一列列车一天的工作计划，作为本列车的车底点牌，供乘务人员参考行车。图 2-24 所示为北京地铁某线路的一张列车周转图。

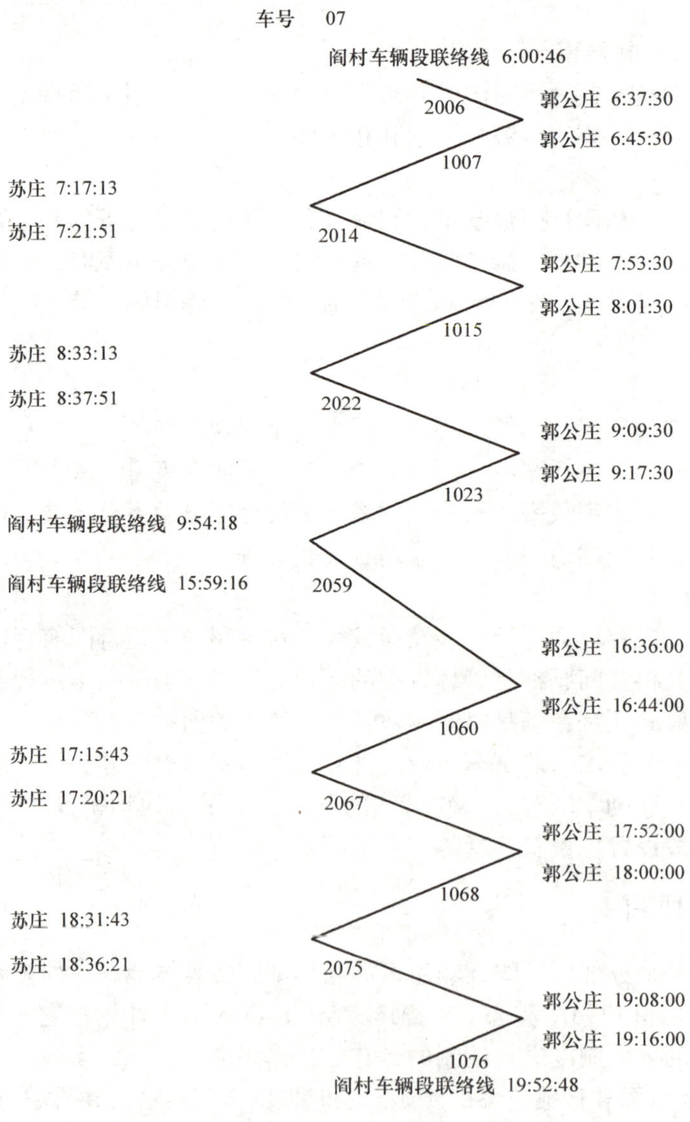

图 2-24 列车周转图

图 2-24 中，执行该任务的司机从早上 6：00：46 开始一天的工作，开行的第一趟列车的车次为 2006，折返作业完成后车次变为 1007，如此以往。从图 2-24 中，可以直观地看到

在始终发车站的到达时间和上下行运行时间，但是不能显示每站的到达时间和停站时间。

列车周转图与列车运行图不同，运行图能表现出线路上所有列车的开行计划、每次列车的各个时间要素，周转图在实际运营中，主要是用于司机执行工作任务，表现工作过程及对应的车次、圈数和整体运行时间。图 2-25 是北京地铁某线路不同表号下的周转图。

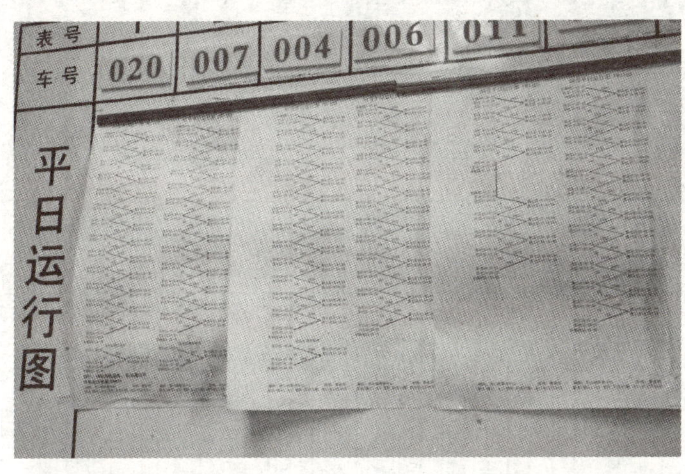

a)

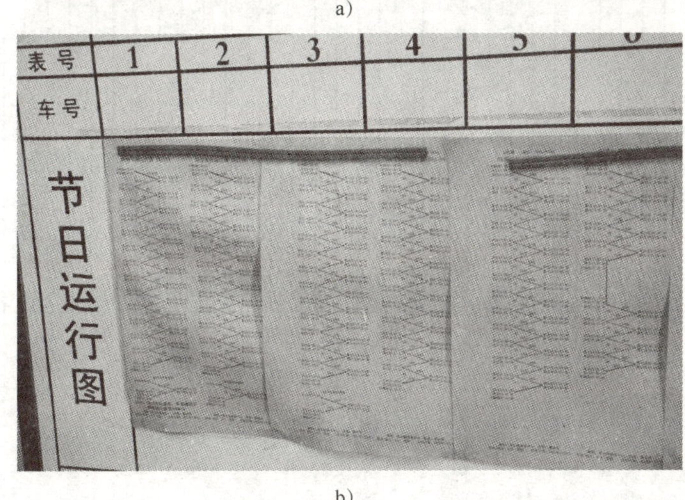

b)

图 2-25　实际运营线路的列车周转图

a）平日运行图下的周转图　b）节日运行图下的周转图

小练习

1. 图 2-24 中：

(1) 列车任务开始时间为________；任务结束时间为________；总共行驶圈数为________。

(2) 8：33：13～8：37：51 时间段，列车的作业任务为________；9：54：18～15：59：16 时间段，列车的所在位置为________。

（3）“2006、1007、2014、1015”为________，其中“2006、2014、2022、2059……”的运行方向为________；“1007、1015、1023、1060……”的运行方向为________。

（4）如果在9：12列车未到达郭公庄站，说明列车________。

2. 表2-3为北京地铁1号线下行某区段首班车时刻表，看表回答问题。

表2-3　北京地铁1号线下行某区段首班车时刻表

车站名称	四惠	大望路	国贸	永安里	建国门	东单	王府井	天安门东	天安门西
时刻	4：56	4：59	5：01	5：03	5：05	5：08	5：10	5：12	5：14

（1）根据表2-3，在图2-26中按照区间运行比率的方法确定站名线的位置。

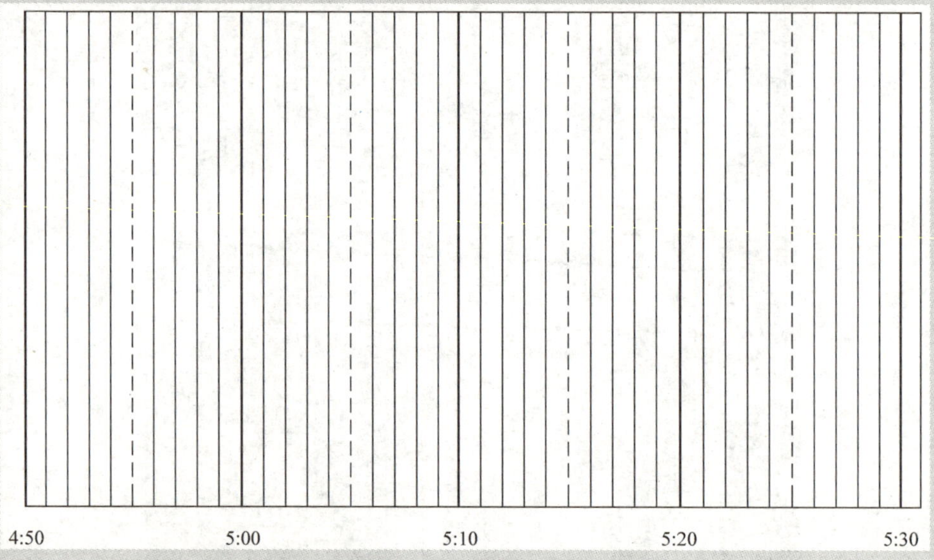

图2-26　练习图

（2）结合问题（1），写出确定站名线的具体步骤。

（3）列举出列车运行图中提供的信息。

项目三　列车整备作业

任务一　接触轨供电列车的整备作业

任务说明

列车整备作业包括列车检查、起动列车和静态调试。

列车检查是指在无电状态下对列车车体外观、车下设备和驾驶室设备等进行的检查，是保证列车安全无故障进入正线运营的重要程序之一。司机在备班室完成出勤作业后，就要到车库中对他当天要驾驶的第一班列车进行检查，按照“突出重点、照顾一般”的原则，对列车关键部位重点检查，其他部位适当注意。主要项目有列车可服务状态的确认，无电下驾驶室设备的检查，转向架机械走行部位、高压母线、受流器状态、电气箱等车下设备的检查。

列车检查无异状后，就可以联系接触轨或接触网送电，将列车起动。列车起动后立刻进行静态调试，静态调试是保证列车安全无故障进入正线运营的重要程序。司机完成送电前列车巡视检查作业后，按规定送电，检查试验列车重要设备，确保状态良好、一切正常，能随时投入运营。

知识要点

1. 掌握列车送电前的检查项目及各项目的检查标准。
2. 掌握接触轨供电列车起动的标准程序。
3. 掌握列车静态调试的主要项目和方法。

素质和能力要点

1. 能根据列车检查的标准巡视路线进行送电前检查。
2. 能在规定时间内熟练完成列车送电前检查。
3. 能在规定时间内熟练完成列车静态调试。
4. 能根据静态调试结果填写《列车状态记录单》。

5. 培养一丝不苟的工作态度。

任务准备

列车驾驶模拟器、司机包、司机手账、操纵台激活钥匙、三角钥匙、四角钥匙、手持电台、手电、列车状态记录单。

相关理论

列车整备作业的工作地点在停车列检库。停车列检库是地铁车辆段最重要的设施之一，运用列车的停放、日常整备、技术检查和一般性故障处理都在这里完成。

司机在停车列检库中作业时，严禁有以下行为：

1）跳跃地沟。

2）紧靠车辆行走。

3）横跨线路时从车辆下面钻越。

4）在接触轨防护板上行走和休息。

5）在移动中的车辆前方抢越线路。

6）脚踏岔尖和道岔转动部分。

7）未蹬稳、扶牢上下车。

8）上下车时跳跃。

9）上下车时背手关门。

10）车未停稳进行车钩摘挂作业。

11）带电触动受流器、高压电器部分。

一、巡视检查

（一）巡视检查的试验要求

列车在出库前，担当该列车值乘任务的司机要对将要出库的列车进行全方位的检查和试验，以保证列车能够安全顺利地完成运营。

司机在停车列检库运转室得知担任运营任务的列车车号及所在股道，领齐行车备品到达列车所在位置。送电前，司机应确认股道、车号是否与出勤表记录一致，接触轨开关柜（图3-1）是否处于断电加锁状态，如接触轨开关柜处于送电状态，应立即向运转室汇报。送电前应确认车里两侧、检修沟内无作业人员并且无异物侵入车辆限界，从而保证列车送电和移动时不会造成任何影响。在巡视过程中，要对列车关键部位外观、性能等进行重点检查，其他部位适当注意。

送电后，司机应对列车进行再巡视，采用目测、耳听、鼻嗅等方式检查列车车下各电气箱、空压机、空气管路等工作状态是否正常，发现异常及时报告运转室。送电后巡视过程中，严禁触碰车辆高压带电部分。

送电、巡视完毕后，要对列车牵引、制动、客室门、广播等系统进行全面试验，保证各

个系统运转良好，满足投入运营的条件。

图 3-1 接触轨开关柜

（二）送电前的巡视及检查

送电前巡视时首先应对转向架机械走行部位、制动风源塞门、高压母线、受流器状态等进行全面检查：转向架、轴箱轮对外观良好，无裂纹；制动风源塞门均在开通状态，闸瓦密贴车轮；高压母线连接正确，外部绝缘层无破损，安全钢锁、高度调整杆状态良好，无脱落；受流器处于锁闭状态，安全锁环牢固稳定；各电气箱盖锁闭良好；车体外观良好无倾斜。

驾驶室内保险屏柜内蓄电池开关、SIV（静止逆变器）、空压机等保险处于分断位，其他各开关按钮和司机控制器均在规定位置。灭火器压力正常，铅封良好，呼吸器、遮盖布、禁动牌、标志牌、信号器具（手信号灯、信号旗）、通信设备及工具备品齐全。以上各项如有缺损，应立即上报。

巡视过程中，严禁打开车下各电气箱盖。如果遇特殊情况必须打开电气箱盖时，应首先使用隔离开关箱内的专用工具断开主隔离开关，并等候 3min 后方准许开启电气箱盖。图 3-2 所示为 DKZ15 型电动列车的受流器。

图 3-2 DKZ15 型电动列车的受流器

送电前和送电后对列车的巡视有一套规范线路，各地铁公司根据自己的停车列检库布置、列车特点、规范要求等制定标准巡视路线。北京地铁某线路的巡视检查路线如图3-3所示。

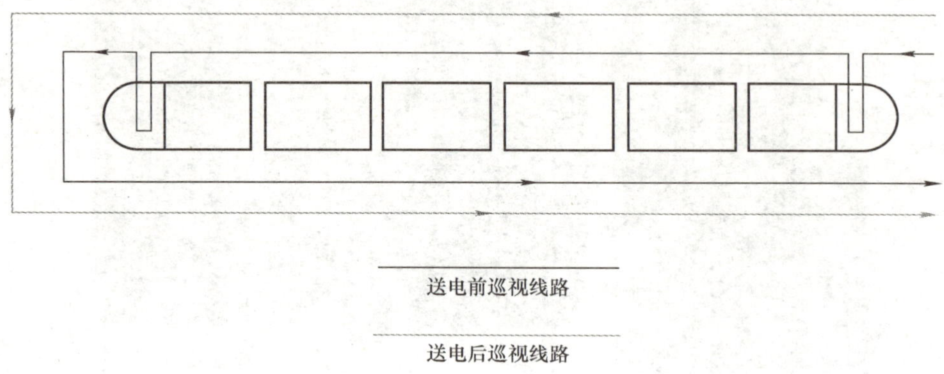

图3-3　列车巡视检查路线

二、起动列车

司机对列车巡视完毕、具备送电条件后，向车场送电人员申请送电，并在送电申请单上签字。

列车送电后，司机进入驾驶室，通过网压表确认。网压表显示网压在750V以上后方可发动列车，如图3-4所示。接着闭合控制开关屏上的蓄电池投入按钮SBT（图3-5），观察蓄电池DC 110V电压表（图3-6）和DC 24V电压表（图3-7），显示正常电压，操纵台开门灯亮（图3-8），证明列车处于“无头”状态（无头状态指两端驾驶室激活钥匙都处于断开位置，车辆没有操纵端）；闭合控制屏柜上SIV起动开关，10s后SIV起动（此开关禁止反复操作）；SIV起动后，通过监控显示器观察电压、频率应符合下列规定数值：

交流输出电压值为361～399V；

交流输出频率值为49～51Hz；

DC 110V直流输出电压值为106～113V；

DC 24V直流输出电压值为23～25V。

图3-4　网压表显示750V

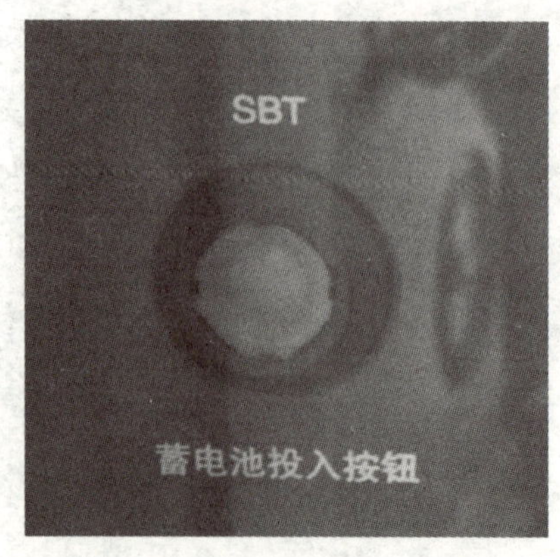

图3-5　蓄电池投入按钮SBT

图 3-6　DC 110V 电压表

图 3-7　DC 24V 电压表

图 3-8　开门灯亮

完成上述工作后，闭合客室灯开关，确认客室内照明及服务设施良好；依次闭合出库端驾驶室和入库端驾驶室控制开关屏上信号系统显示屏电源、CRE 无线单元电源、ATO 控制电源，10s 后闭合 ATP 控制电源，断开 ATP 切除保险，此时两端驾驶室 ATP 系统同时工作。

闭合空压机起动开关，检查空压机运转状态是否符合下列规定：

1）观察监控显示器，工作时的空压机应显示为实心绿框，未工作时为空心绿框。

2）当空压机压力达到（9.0±0.2）bar㊀后，空压机将自动停止工作。

3）每分钟内总风压力降低不大于 0.1bar。

选择“通信确认”（图 3-9），查看监控显示器上“通信确认”画面（图 3-10），确认车辆网络与各系统通信正常；按下操纵台上试灯按钮，缓解不良灯、关门信号灯、开门信号灯、门允许信号灯、紧急制动施加指示灯（图 3-11）、网络故障灯应点亮（图 3-12）。

㊀ 1bar = 100kPa。

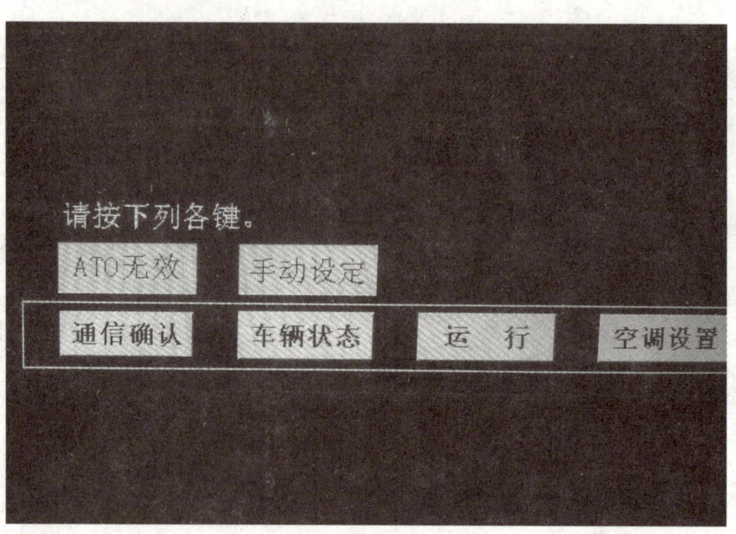

图 3-9　选择“通信确认”

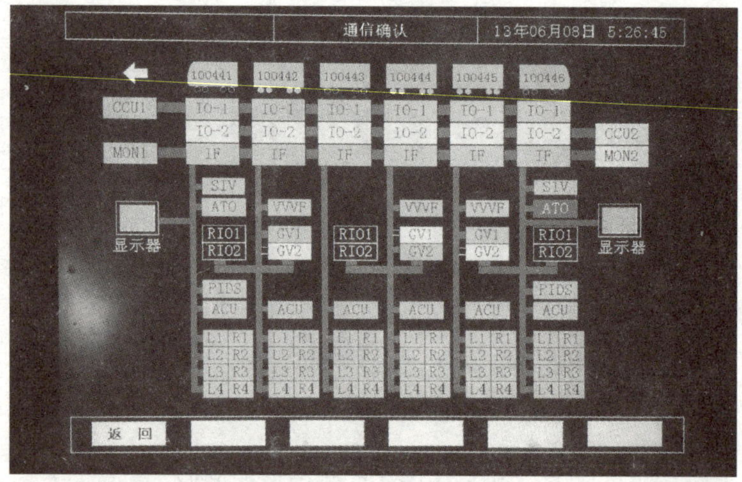

图 3-10　“通信确认”画面

图 3-11　紧急制动施加指示灯

图 3-12　网络故障灯

三、列车静态调试

（一）制动试验

将激活钥匙打至“ON”位，方向选择开关推至“前”位；将司机控制器手柄由“紧急”位逐级置于“惰性”位；再由“惰性”位逐级置于“紧急”位，观察监控显示器上每节车制动缸压力显示是否正常，如图 3-13 所示。

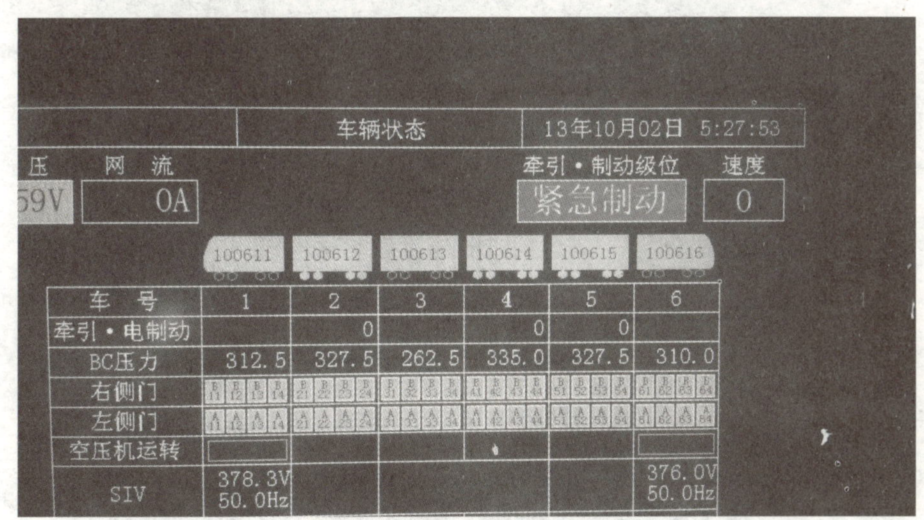

图 3-13　BC（制动缸）压力值显示正常

将司机控制器手柄置于“惰性”位，按下“强缓”按钮（图 3-15），观察每节车制动缸压力显示，常用制动是否缓解正常；将司机控制器手柄置于常用制动位，按下紧急制动按钮，列车应紧急制动，释放紧急制动按钮，将司机控制器手柄置于紧急制动位再置于常用制动位，紧急制动应缓解，并有相应级位制动缸压力显示。

将司机控制器置于零位，按下“强缓”按钮，此时观察监控显示器每节车制动缸压力显示，列车保持制动应缓解，即各制动缸压力为零，如图 3-14 所示。恢复强迫缓解按钮、列车应立即施加保持制动。按住“强制泵风”按钮（图 3-15）保持不动，观察列车监控显示器，1 号和 6 号车两台空压机应同时工作（但列车车型不同，空压机工作方式可能不同，如北京地铁房山线为了保证两台空压机均能充分工作，制定了单双日各让一台空压机工作的方案），如图 3-16 所示。

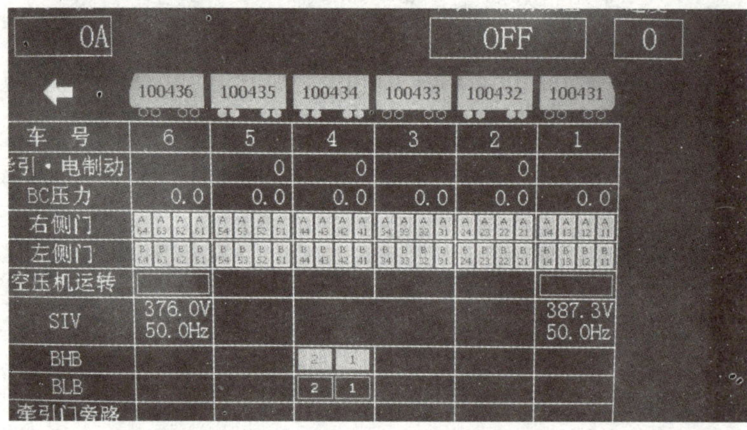

图 3-14　按下“强缓”按钮后保持制动缓解（BC 压力为零）

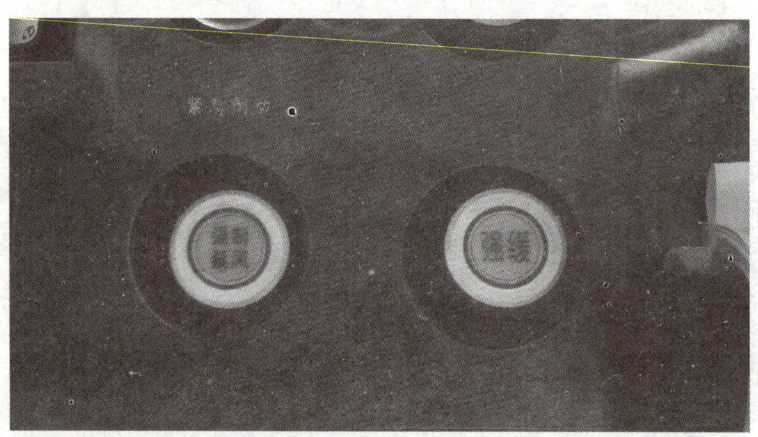

图 3-15　“强制泵风”按钮和“强缓”按钮

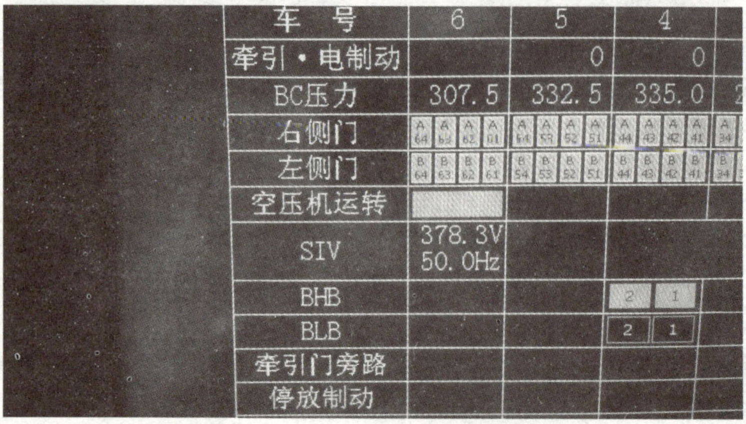

车　号	6	5	4
牵引·电制动		0	0
BC压力	307.5	332.5	335.0
右侧门	A64 A63 A62 A61	A54 A53 A52 A51	A44 A43 A42 A41
左侧门	B64 B63 B62 B61	B54 B53 B52 B51	B44 B43 B42 B41
空压机运转			
SIV	378.3V 50.0Hz		
BHB			2 1
BLB			2 1
牵引门旁路			
停放制动			

图 3-16　空压机运转

（二）列车客室车门试验

确认激活钥匙置于“ON”位，按下“门允许”按钮（图 3-17），“门允许”灯点亮（图 3-18），按下左右两侧开门按钮，查看操纵台上开门指示灯点亮，关门指示灯熄灭，观察监控显示器车门开启状态，注意开门操作时按压开门按钮的时间应大于 2s。开门试验完毕且全列车门开到位后，按下左右两侧关车门按钮，听到客室蜂鸣器响，待全列车门关闭到位后，操纵台上门关好指示灯点亮。

图 3-17 “门允许”按钮

图 3-18 门允许灯

在 ATO 驾驶模式时，将操纵台上“开门方式选择”开关（图 3-19）置于需要位置（AA：自动开/关门；AM：自动开门/手动关门；MM：手动开/关门），由 ATO 系统或人工控制车门的开启和关闭。

开门时，应听到提示音响。监控显示器画面（左侧或右侧）各门显示由绿色变为黄色，便是车门开到位。按下关门按钮，应听到提示音响，监控显示器画面（左侧或右侧）各门显示由黄色变为绿色，表示车门关到位，此时开门指示灯熄灭，关门指示灯点亮，表示车门全部关闭。监控显示器上车门状态如图 3-20 所示。

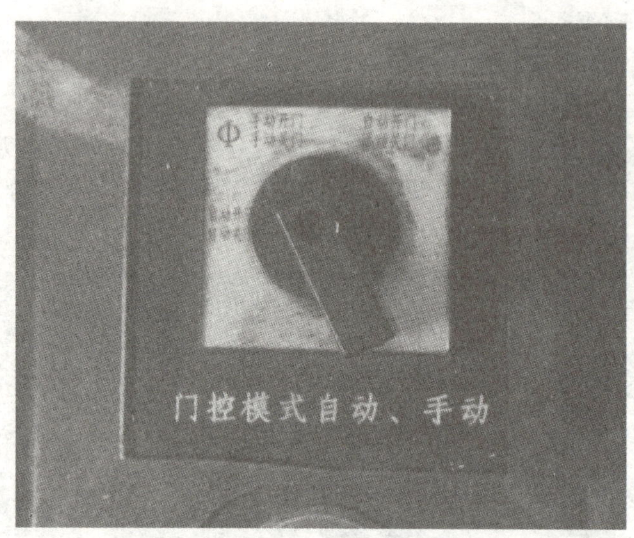

图 3-19 “开门方式选择”开关

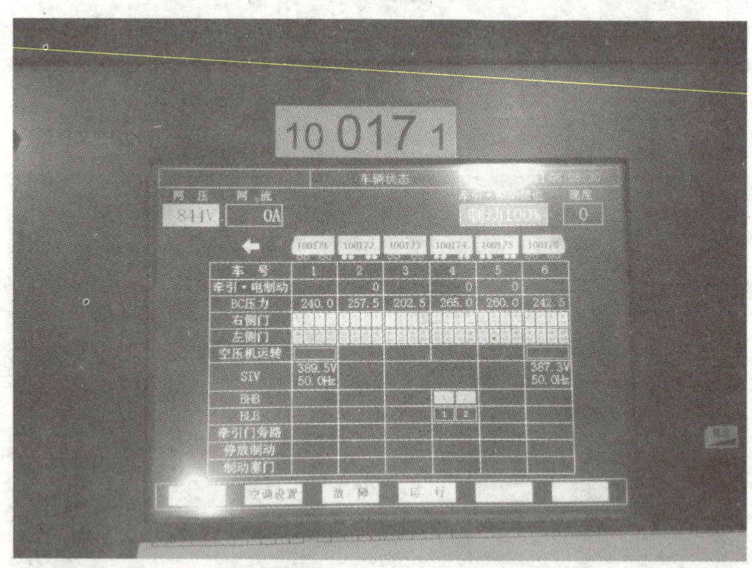

图 3-20 监控显示器车门状态

（三）列车牵引试验

牵引试验前，应按下操纵台上复位按钮 3s，待监控显示器左上角显示网压正常后（图 3-21）方可进行。打开前照灯，按下“电笛”鸣笛一长声（3s 以上），确认无人员及异物，将司机控制器置于零位，再推至牵引一位进行点动试验，观察监控显示器上显示所有动车均有牵引电流，各车保持制动缓解（BC 压力值为零），立即施加常用制动。

（四）其他试验

1. 刮水器试验

按下操纵台“水泵”按钮，待刮水器喷水口喷水时，扳动刮水器开关（图 3-22），观察刮水器工作是否正常，关闭刮水器开关，恢复“水泵”按钮，刮水器试验完毕。

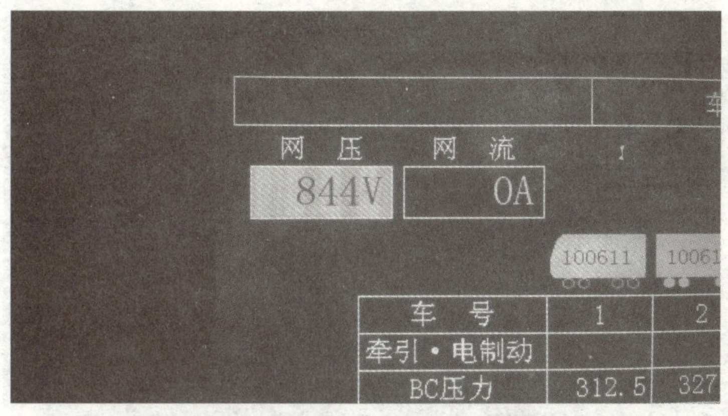

图 3-21　监控显示器网压值

图 3-22　刮水器开关

2. 空调及列车广播试验

将列车监控显示屏（图 3-23）调至“空调设置”界面（图 3-24），单击“自动冷”开关，观察全列通风机是否工作，同时打开侧屏驾驶室通风机开关，观察驾驶室通风机出风口

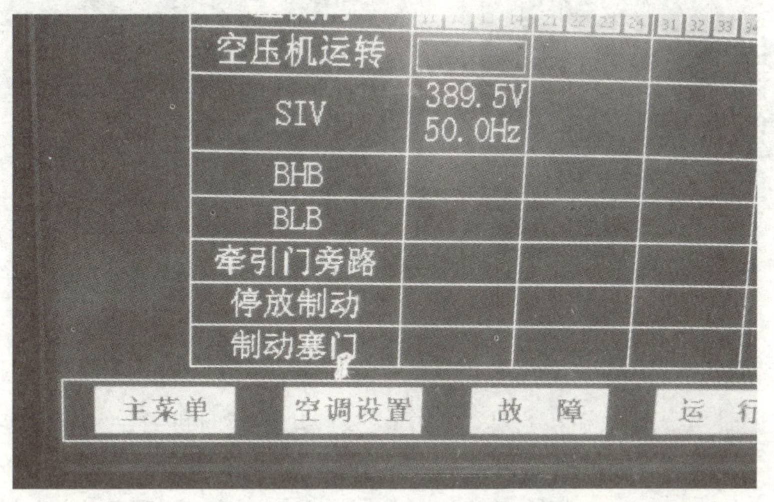

图 3-23　列车监控显示屏界面选择

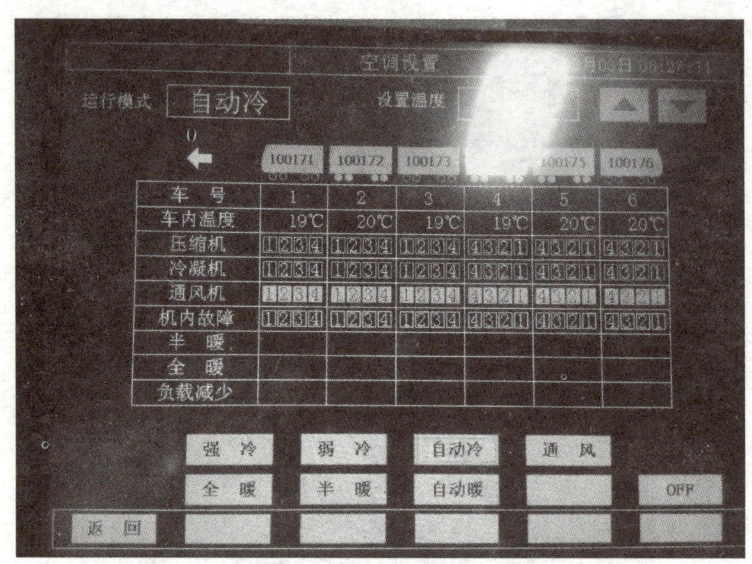

图 3-24 “空调设置”界面

出风是否通畅，有无异响及异味，关闭驾驶室通风机，单击 MMI 空调设置菜单中“OFF”键关闭列车空调系统，然后进行广播系统测试及强制广播试验。广播控制器如图 3-25 所示。

3. 遮阳帘试验

按动操纵台遮阳帘开关（图 3-26），观察遮阳帘下降及上升是否顺畅，有无异响，试验完毕后将遮阳帘升至最顶端。

图 3-25 广播控制器

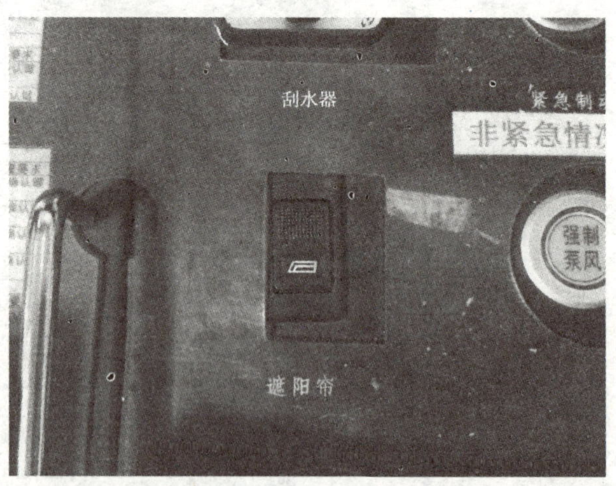

图 3-26 “遮阳帘”控制开关

四、填写列车状态记录单

《列车状态记录单》要求司机对某一列车的运行状态及时进行记录，是司机交接班时交接的项目之一。每个地铁公司根据自己的要求制定不同格式的记录单，但内容大致相同。《列车状态记录单》见表 3-1，在库内试车完毕后，填写表中“出库前试车情况”部分。

表 3-1　列车状态记录单

车号：　　　　　　　　　　　　　　　　　　　　　　　　　　　　　　年　　月　　日

姓名（签字）	项　　目	项　　目											备注
		开关	牵引系统	制动系统	门系统	空压机	SIV	ATP系统	广播、客室显示屏	报警装置反恐监控	照明	空调风扇	其他服务设施	
	出库前试车情况													
	具体故障现象：													

运行中故障记录

姓名	时间	车次	区间	具体故障现象	备注

填表说明：试验项目良好画“√”，作用不良画“×”，详细故障填写在下方空格内。

小贴士

下列故障禁止列车出库运营

1. 受流器及高压电路故障时。

2. MMI 监控显示器、各仪表及指示灯（包括驾驶室内开关门灯、警告灯、门允许信号灯、缓解不良灯、网络故障灯、紧急制动灯和车体外侧门状态显示灯、制动不缓解灯等）不显示或显示不正常时，各开关按钮状态不正常时。

3. 牵引电机故障时。

4. MMI 监控显示器弹出故障画面，需要司机点击确认按钮方可恢复时。

5. 空压机不能正常工作时。

6. 牵引、制动电路故障影响行车时，如停放制动作用不良、保持制动不缓解、主控制器有一台作用不良等时。

7. 辅助电路故障影响行车时。

8. 蓄电池电压过低（SIV 未运行时，低于 80V）时。

9. 前照灯、尾灯有一项不良时。

10. SIV 有一台不能正常工作时。

11. 客室照明故障时。

12. 电笛作用不良时。

13. 总风泄漏严重，每分钟超过 0.1bar 时。

14. 制动系统作用不良时。

15. 电动门作用不良时（包括车门防挤压功能不良）。

16. 车下电气箱不能正常锁闭时；客室内电气柜不能正常锁闭时。

17. 空气簧有泄漏现象及作用不良时。

18. 转向架有裂纹时。

19. 连接器、车钩、压溃管及缓冲装置有一项不良时，贯通道有异常时。

20. 万向节、轴箱、齿轮箱不良或严重漏油时。

21. 车体车顶安装不良、倾斜、变形超限时；危及行车安全的螺栓、销子松弛及机件弯曲变形时。

22. 轮对有以下不良时。

23. 车轴有横裂纹或电灼伤时。

24. 车轴上有纵裂纹且长度超过 25mm 时。

25. 车轴磨伤深度超过 2.5mm 时。

26. 车轮踏面擦伤深度超过 0.5mm 时。

27. 车轮踏面上有孔眼、缺损或剥离长度超过 40mm，深度超过 0.7mm 时。

28. 轮缘厚度在距离轮缘定点 15mm 处测量小于 22mm，大于 32mm 时。

29. 轮缘垂直磨耗高度超过 18mm 时。

30. 两车轮内侧距不符合（1353 ±2）mm 时。

31. 轮轴松弛时。

32. 列车广播故障时（包括自动广播、人工广播、报警装置）。

33. 客室探头及驾驶室监控作用不良时。

34. 终点站屏、车内显示屏故障时。

35. 司机对讲不良时。

36. 通风系统不启动或作用不良时；夏季空调系统制冷功能不良时；驾驶室门、锁故障时。

37. 紧急逃生门不能正常关闭时。

38. 驾驶室玻璃，客室门、窗玻璃有严重裂纹或破碎时。

39. 消防器材备品不齐或超过有效期时。

40. 车载信号设备故障时。

41. 列车车载信号出现冗余状态，经处理无效时（信号确认）。

42. 列车无线电台通信设备故障时。

43. 网路或网络故障时。

实践训练与项目考核

“接触轨供电列车的整备作业”任务考核项目较多，按照“巡视检查、起动列车、列车静态调试”三部分内容分成三个子任务考核评分表，学生三个子任务都合格才能视为通过考核。

任务（一）	巡视检查		
实训说明	教师考核组长操作步骤及内容，组长对组员逐一考核		
班　　级		姓　　名	
学习小组		考核时间	

考核目标

1. 掌握列车巡视作业标准程序
2. 掌握列车送电前及送电后巡视检查的重点项目
3. 检验安全防范及自我保护意识
4. 能根据巡视结果正确填写《列车状态记录单》
5. 培养一丝不苟的工作态度

考核内容

考核项目	考核标准	分值	得分
送电前巡视内容	应确认股道、车号	5	
	确认接触轨开关柜在断电加锁状态后，方可进行静态巡视及检查	10	
	转向架机械走行部分正常	5	
	高压母线固定妥当，表皮无破损	5	
	受流器状态良好	5	
	强迫缓解塞门位置正确	5	
	各车下电气箱锁闭良好	5	
	车体外观无异常及无人员异物侵入限界	10	

（续）

考核项目	考核标准	分值	得分
送电后检查内容	客室照明正常点亮，车外 LED 屏显示正常	5	
	空压机运转良好	5	
	制动风源系统无漏风	5	
	闸瓦密贴轮对	10	
	尾部标志灯显示正常	5	
	动态巡视检查采用目测、耳听、鼻嗅的方法进行，严禁触碰车辆高压带电部分	10	
时间要求	所有项目在 14min 内完成	10	
指导教师意见：			
任务完成人签字：　　日期：　年　月　日 指导教师签字：　　日期：　年　月　日			

任务（二）	起动列车		
考核说明	教师考核组长操作步骤及内容，组长对组员逐一考核		
班　级		姓　名	
学习小组		考核时间	

考核目标

1. 掌握列车起动程序
2. 了解列车起动正常后各显示器电压表显示
3. 了解驾驶室各开关保险常时位置
4. 培养严谨、规范的操作流程

考核内容

考核项目	考核标准	分值	得分
签字送电	巡视完毕后向列检人员进行签字送电，确认车号及股道	2	
确认网压	送电后确认网压表显示 750V	3	
闭合蓄电池开关	闭合控制屏柜蓄电池开关 SBT 起动列车	10	
观察电压表	观察 DC 110V、DC 24V 电压表显示在正常范围： DC 110V 直流输出电压值为 106 ~ 113V； DC 24V 直流输出电压值为 23 ~ 25V	5	
闭合静止逆变器	闭合静止逆变器 SIV 起动电源	10	
闭合 HMI 显示器电源	闭合控制屏柜 HMI 显示器电源	10	

（续）

考核项目	考核标准	分值	得分
闭合 CRE 无线单元电源	闭合控制屏柜 CRE 无线单元电源	10	
闭合 ATO 控制电源	闭合控制屏柜 ATO 控制电源	10	
闭合 ATP 控制电源	等待 10s 后闭合控制屏柜 ATP 控制电源	10	
断开 ATP 切除保险	断开控制屏柜 ATP 切除保险	10	
观察双针压力表显示	观察操纵台双针压力表显示，确认总风缸及制动风缸压力	5	
确认空压机打风状态	观察 MMI 空压机工作状态是否正常	5	
起动列车时间	所有项目在 2min 之内完成	10	
指导教师意见：			
任务完成人签字：　　日期：　年　月　日 指导教师签字：　　日期：　年　月　日			

任务（三）	列车静态调试		
实训说明	教师考核组长操作步骤及内容，组长对组员逐一考核		
班　级		姓　名	
学习小组		考核时间	

考核目标

1. 掌握制动试验的标准程序
2. 掌握开关门试验流程
3. 理解除制动试验和开关门试验外列车静态调试的主要项目和方法
4. 能在规定时间内熟练完成列车静态调试
5. 能根据静态调试结果正确填写《列车状态记录单》
6. 培养一丝不苟的工作态度

考核内容

考核项目	考核标准	分值	得分
试灯作业	按下“试灯”按钮，操纵台“关门灯”“开门灯”“门允许灯”“缓解不良灯”“紧急制动施加灯”“网络故障灯”应亮	5	
通信确认画面确认	查看监控显示器上“通信确认”画面，确定车辆网络与各系统通信正常	10	
打开激活钥匙	将钥匙开关置于“ON”位，设置头/尾车，确认监控显示器画面显示正确	10	
确认满载率	查看监控显示器，确认车辆“满载率”值正常，“满载率”10%左右为正常值，观察制动缸压力无变化	5	

（续）

考核项目	考核标准	分 值	得 分
空压机试验	按下“强泵”按钮，观察空压机是否起动［当空气压力达到（9.0±0.2）bar 整定值后，空压机将自动停止工作］	3	
常用制动试验	逐级试验手柄，从制动一级到制动七级，同时观察 MMI 上逐级相应的 BC 压力数值	10	
刮水器试验	喷淋的同时转动“刮水器”开关，并判断刮水器是否正常	2	
强迫缓解试验	逐级试验完毕后，手柄置于零位，按下“强缓”按钮（观察 MMI 上 BC 压力值是否缓解为零）	5	
紧急制动试验	按下紧急按钮，观察 MMI 上 BC 压力值（200 以上）	10	
检查车辆状态	通过监控显示器进入“车辆状态”画面和“运行”画面，检查车辆状态和列车门状态等车辆各系统状态	5	
牵引试验	按“复位”按钮，MMI 显示器网压 750V 正常，鸣笛一长声，牵引一位观察动车网压电流 101A 以上	10	
列车广播测试	正确进行列车广播自动报站功能测试	5	
电笛测试	按压“电笛”按钮，判断电笛状态是否正常	5	
客室检查	正确完整地检查客室各关键设备	5	
填写列车状态记录单	根据实际检查结果，正确填写《列车状态记录单》	5	
巡视检查时间	所有项目在 20min 内完成	5	
指导教师意见：			
任务完成人签字： 日期： 年 月 日 指导教师签字： 日期： 年 月 日			

任务二　接触网供电列车的整备作业

任务说明

接触网供电列车的整备作业与接触轨供电列车的整备作业相差无几，不同之处是起动列车涉及受电弓的操作。

通过此项任务，学生掌握接触网供电列车的检车、起动和调试。

知识要点

1. 掌握列车送电前的检查项目及各项目的检查标准。
2. 掌握接触网供电列车起动的标准程序。
3. 掌握列车静态调试的主要项目和方法。

素质和能力要点

1. 能根据列车检查的标准巡视路线进行送电前检查。
2. 能在规定时间内熟练完成列车送电前检查。
3. 能在规定时间内熟练完成列车静态调试。
4. 能根据静态调试结果填写《列车状态记录单》。
5. 培养一丝不苟的工作态度。

任务准备

列车驾驶模拟器、司机包、司机手账、操纵台激活钥匙、三角钥匙、四角钥匙、手持电台、手电、列车状态记录单。

相关理论

一、巡视检查

列车在停车库中停放时，受电弓处于降落状态，如图 3-27 所示，列车不带电。司机应于距离运行图规定的列车出库时间提前 40min、携带行车备品，经库内指定路线到达相应股道，核对车体号码及股道是否与当天驾驶列车内容一致。

图 3-27　降弓

在对列车进行送电前巡视检查时，重点检查车体各部件外观和车下设备状态：车体两侧无人员作业及异物侵入限界；车体无明显倾斜；车前方未悬挂“正在检修”或“禁止动车”

等标识；车钩对中无异物；风窗玻璃、刮水器、前照灯、尾灯、逃生门、驾驶室侧门、LED显示屏等无异常。

车下巡视检查完毕后，司机经登乘梯进入驾驶室，对驾驶室内设备进行一系列检查：左侧和右侧门窗、紧急解锁及侧墙按钮完好；操纵台外观良好无破损，紧急制动按钮在释放位，信号显示屏、监控显示屏及CCTV显示屏外观良好，车载电台、广播设备外观良好，如图3-28b所示；灭火器齐全；风压表、网压表和DC 110V电压表外观良好；空调出风口、遮阳帘外观良好无破损；驾驶室后侧控制柜内各按钮、保险开关、旁路开关处于正常位，外观良好，铅封齐全，如图3-29所示；紧急逃生门锁闭状态正常，手柄位置正确，安全销、铅封齐全，如图3-30所示；驾驶室后端门及锁闭设备完好无破损。

a)

b)

图3-28 驾驶室检查

a) 驾驶室各设备状态正常 b) 操纵台外观良好

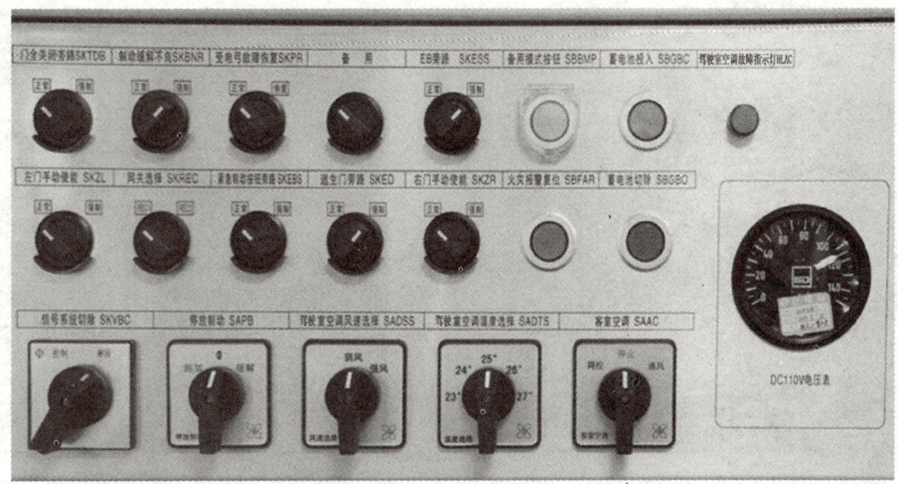

图 3-29　驾驶室后侧各开关

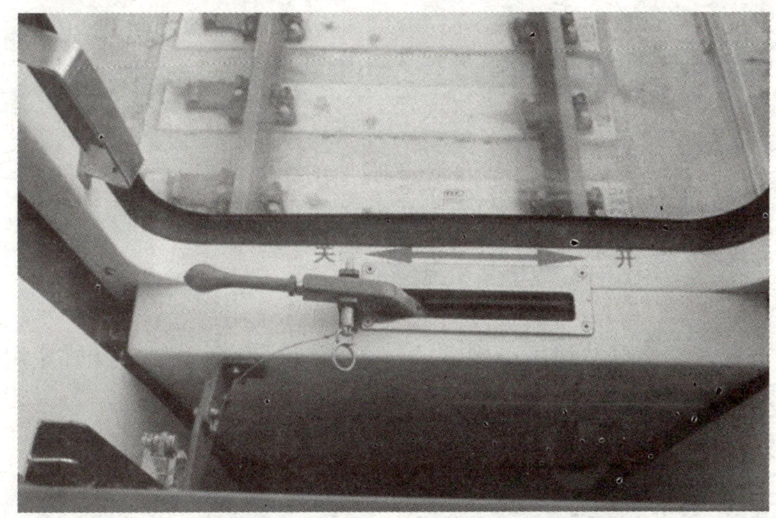

图 3-30　紧急逃生门锁闭状态正常

二、起动列车

以下以长春轨道客车股份有限公司生产的 DKZ53 型列车为例，介绍起动列车的过程。

闭合蓄电池，检查 DC 110V 电压表显示蓄电池的数值在正常工作范围内，用钥匙激活列车，检查总风压力并升弓。

图 3-31 所示为北京地铁 14 号线列车的“受电弓选择”开关。该列车为六节 A 型车编组，有两辆 Mp 车，开关扳至“升全弓”位时同时控制两个受电弓操作，“升 1 号”单独控制受电弓 1 操作，“升 2 号”单独控制受电弓 2 操作。

图 3-32 所示为北京地铁 14 号线列车的“升弓泵起动”按钮。当列车蓄电池电压充足且总风压力低于 600kPa 时，按下此按钮能起动 Mp1 车的 DC 110V 升弓泵打风，当总风压力高于 600kPa 时，Mp1 车受电弓升起。

图 3-31 “受电弓选择”开关

图 3-32 “升弓泵起动”按钮

总风压力大于 300kPa，以正常方式升弓：将“受电弓选择”开关打至“升全弓”位，按压“升弓”按钮（图 3-33）2s 以上，各 Mp 车（带受电弓的动车）受电弓同时升起。

总风压力小于 300kPa 且蓄电池电压正常，用辅助风泵升弓：将“受电弓选择”开关打至“升全弓”位，按压升弓泵起动按钮，直到 HMI 上显示的 Mp1 车受电弓“不可升弓”图标消失，再按压“升弓”按钮 2s 以上，Mp1、Mp2 车受电弓先后升起。

不论是哪种升弓方式，司机均需通过监控显示屏和网压表确认受电弓升弓完毕。

若总风压力小于 300kPa 且蓄电池电压不足时，不进行升弓，将情况上报，等待检修人员上车处理。

受电弓升起后，通过网压表确认接触网电压在正常范围，信号显示屏、监控显示屏及 CCTV 显示屏正常点亮；通过监控显示屏确认列车逆变器工作正常；开启驾驶室照明，确认驾驶室灯外观良好且正常点亮。

当需要降弓时，按压“降弓”按钮（图 3-34）将受电弓放下。

图 3-33 “升弓”按钮

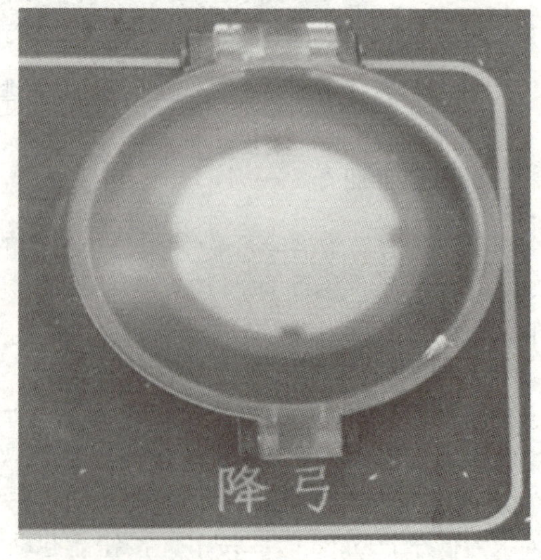

图 3-34 “降弓”按钮

三、静态调试

1. 试灯试验

按压“试灯”按钮（图3-35），检查各指示灯点亮情况（“升弓”按钮、“降弓”按钮、“ATO启动”按钮、“自动折返”按钮、左右侧开门按钮、紧急制动施加、车门全关闭等指示灯）。

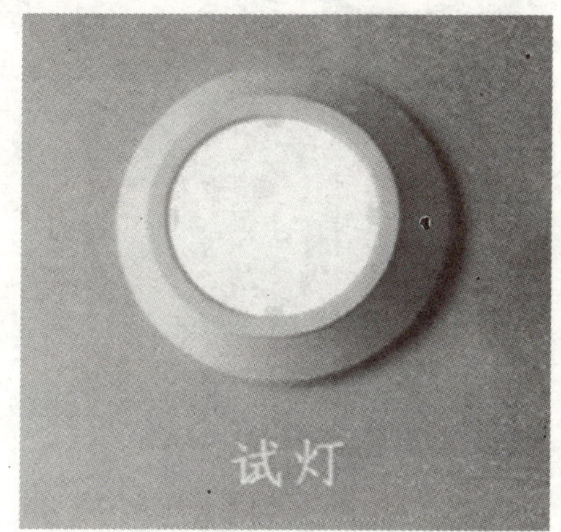

图3-35 “试灯”按钮

2. 建立安全电路

方向选择开关打至“前”位，司机控制器手柄拉至“紧急”位，再推至“制动”位，确认EB施加指示灯熄灭，通过监控显示屏和信号显示屏确认紧急制动缓解。

3. 制动试验

以DKZ53型列车为例介绍制动系统试验。

将司机控制器手柄拉至“紧急”位（图3-36），确认EB施加指示灯（图3-37）点亮，监控显示屏和信号显示屏显示紧急制动施加。

将司机控制器推至“0”位，确认“EB施加”指示灯熄灭，监控显示屏显示列车保持制动施加。

图3-36 司机控制器“紧急”位

图3-37 “EB施加”指示灯

将司机控制器手柄缓慢拉至“制动”位，通过监控显示屏确认列车制动力由保持制动缓慢上升至最大常用制动。

将司机控制器手柄缓慢推至“0”位，通过监控显示屏确认列车制动力由最大常用制动缓慢下降至保持制动。

拍下“EB”按钮，确认“EB施加”指示灯点亮，监控显示屏和信号显示屏显示紧急制动施加，将司机控制器手柄置于“EB”位后再推至“制动”位，确认紧急制动缓解。

按压空压机强迫起动按钮，通过监控显示屏和风压表确认空压机正常起动。

将停放制动开关（图3-38）打至“施加”位，“PB未缓解”灯（图3-39）点亮，监控显示屏显示停放制动已施加。

将停放制动开关打至“缓解”位，“PB未缓解”灯熄灭，监控显示屏显示停放制动已缓解。

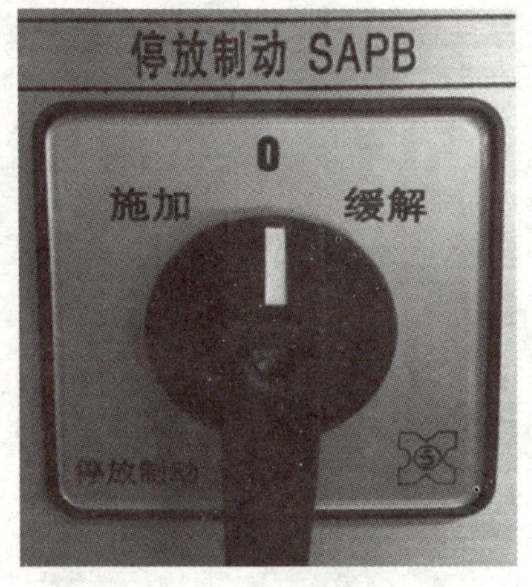

图3-38 停放制动开关

图3-39 “PB未缓解”指示灯

4. 列车客室车门试验

1）将“门模式”开关（图3-40）打至“MM”（手动模式）位。

2）将“门选择”开关（图3-41）打至“左门”位，进行左侧车门开门试验，通过监控显示屏确认左侧车门全部开启到位；进行左侧车门关门试验，通过监控显示屏及“车门全关闭”指示灯（图3-42）确认左侧车门全部关闭到位。

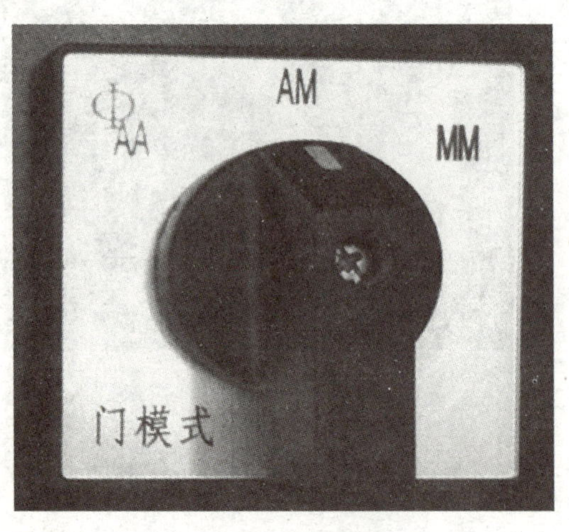

图3-40 “门模式”开关

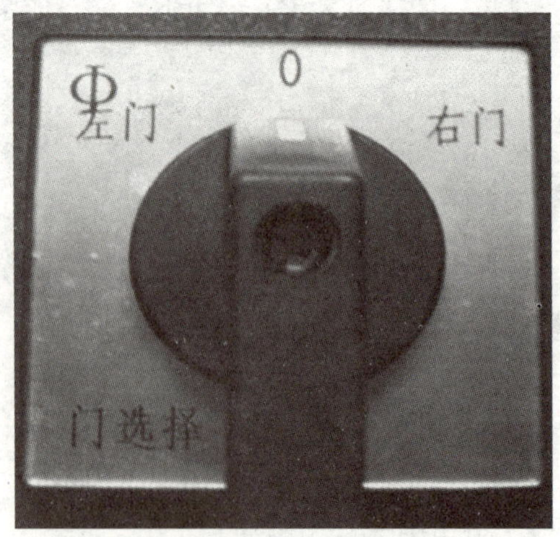

图3-41 “门选择”开关

3）将“门选择”开关打至“右门”位，进行右侧车门开门试验，通过监控显示屏确认右侧车门全部开启到位；进行右侧车门关门试验，通过监控显示屏及“车门全关闭”指示灯确认右侧车门全部关闭到位。

4）开启两侧车门，将“门选择”开关打至“0”位。

注：进行开关门试验时，操纵台及侧墙开关门按钮均需试验一遍。

5. 乘客服务类系统试验

开启客室照明，通过 CCTV 确认照明开启；将“客室空调”开关（图 3-43）打至“网控”位，进入监控显示屏空调界面，确认空调系统工作正常；进行广播系统测试及强制广播试验；切换 CCTV 屏幕，检查 CCTV 监控设备正常。

图 3-42 “车门全关闭”指示灯

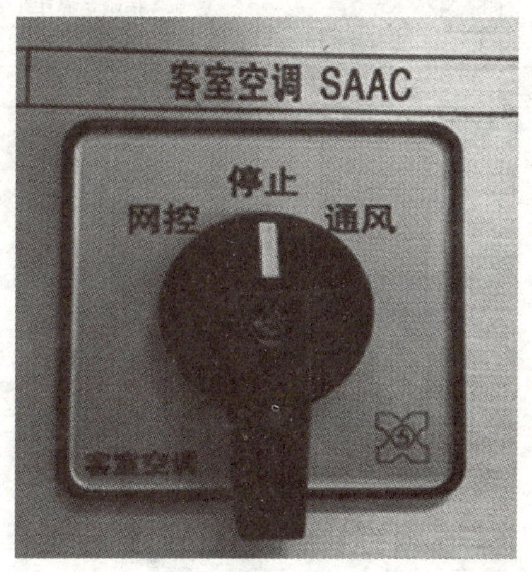

图 3-43 “客室空调”开关

6. 其他试验

进行“刮水器”及前照灯功能试验等，注意：“刮水器”试验不得无水操作。“刮水器”开关如图 3-44 所示，“前照灯”开关如图 3-45 所示。

图 3-44 “刮水器”开关

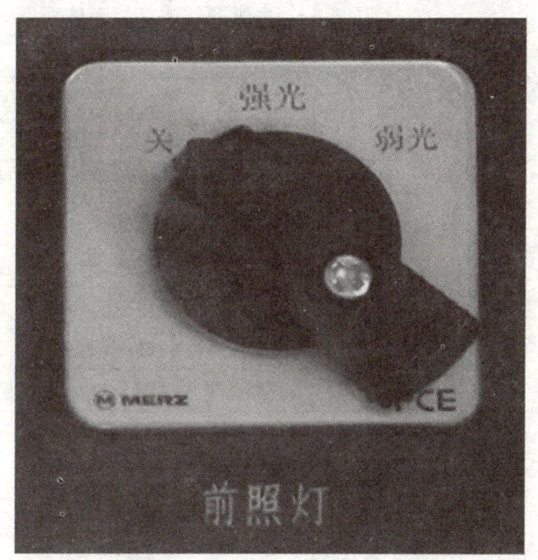

图 3-45 “前照灯”开关

进行完全部试车作业后，填写《列车状态记录单》。

实践训练与项目考核

“接触网供电列车的整备作业”任务考核项目较多，同样按照“巡视检查、起动列车、列车静态调试”三部分内容分成三个子任务考核评分表，学生三个子任务都合格才能视为通过考核。

<table>
<tr><td>任务（一）</td><td colspan="3">巡视检查</td></tr>
<tr><td>实训说明</td><td colspan="3">教师考核组长操作步骤及内容，组长对组员逐一考核</td></tr>
<tr><td>班　级</td><td></td><td>姓　名</td><td></td></tr>
<tr><td>学习小组</td><td></td><td>考核时间</td><td></td></tr>
<tr><td colspan="4">考核目标</td></tr>
<tr><td colspan="4">1. 掌握列车巡视作业标准程序
2. 掌握列车送电前及送电后巡视检查的重点项目
3. 检验安全防范及自我保护意识
4. 能根据巡视结果正确填写《列车状态记录单》
5. 培养一丝不苟的工作态度</td></tr>
<tr><td colspan="4">考核内容</td></tr>
</table>

考核项目	考核标准	分值	得分
车下检查	核对股道与车号	4	
	检查车体各部件外观和车下设备状态	10	
	车体两侧无人员作业及异物侵入限界	4	
	车体无明显倾斜	4	
	车前方未悬挂“正在检修”或“禁止动车”等标识	4	
	车钩对中无异物	4	
	风窗玻璃、刮水器、前照灯、尾灯、逃生门、驾驶室侧门、LED显示屏等无异常	7	
驾驶室检查	左侧和右侧门、窗，紧急解锁及侧墙按钮完好	5	
	操纵台外观良好无破损	4	
	紧急制动按钮在释放位	5	
	信号显示屏、监控显示屏及CCTV显示屏外观良好	6	
	风压表、网压表和DC 110V电压表外观良好	6	
	车载电台、广播设备外观良好	4	
	灭火器齐全	4	
	空调出风口、遮阳帘外观良好无破损	4	
	电气柜内各按钮、保险开关、旁路开关处于正常位	5	
	紧急逃生门锁闭状态正常	5	
	驾驶室后端门及锁闭设备完好无破损	5	
时间要求	所有项目在14min内完成	10	

指导教师意见：

任务完成人签字：　　　　　　日期：　年　月　日

指导教师签字：　　　　　　日期：　年　月　日

3 PROJECT

任务（二）	起动列车		
考核说明	教师考核组长操作步骤及内容，组长对组员逐一考核		
班　　级		姓　　名	
学 习 小 组		考 核 时 间	

考核目标

1. 掌握列车起动程序
2. 了解列车起动正常后各显示器电压表显示
3. 了解驾驶室各开关保险常时位置
4. 培养严谨、规范的操作流程

考核内容

考 核 项 目	考 核 标 准	分　值	得　分
升弓作业	闭合蓄电池，检查 DC 110V 电压表显示蓄电池的数值在正常工作范围	10	
	用钥匙激活列车	10	
	检查总风压力	10	
	根据当前总风压正确选择升弓方式	10	
	通过监控显示屏和网压表确认受电弓升弓完毕	10	
设备检查	通过网压表确认接触网电压在正常范围	10	
	信号显示屏、监控显示屏及 CCTV 显示屏正常点亮	10	
	确认列车逆变器工作正常	10	
	开启驾驶室照明，确认驾驶室灯外观良好且正常点亮	10	
起动列车时间	所有项目在 2min 之内完成	10	

指导教师意见：

任务完成人签字：　　　　　　　　　　　　日期：　年　月　日

指导教师签字：　　　　　　　　　　　　日期：　年　月　日

任务（三）	列车静态调试		
实训说明	教师考核组长操作步骤及内容，组长对组员逐一考核		
班　　级		姓　　名	
学 习 小 组		考 核 时 间	

考核目标

1. 掌握制动试验的标准程序
2. 掌握开关门试验流程
3. 理解除制动试验和开关门试验外列车静态调试的主要项目和方法
4. 能在规定时间内熟练完成列车静态调试
5. 能根据静态调试结果正确填写《列车状态记录单》
6. 培养一丝不苟的工作态度

（续）

考核内容			
考核项目	考核标准	分值	得分
试灯试验	按压“试灯”按钮，查看“升弓”按钮、“降弓”按钮、“ATO启动”按钮、“自动折返”按钮、左右侧开门按钮、“紧急制动施加”“车门全关闭”等指示灯点亮情况（完成1个指示灯的查看得1分）	7	
建立安全电路	方向选择开关打至“前”位	2	
	司机控制器手柄拉至“紧急”位，再推至“制动”位	4	
	确认“EB施加”指示灯熄灭	1	
	通过监控显示屏和信号显示屏确认紧急制动缓解	4	
制动试验	将司机控制器手柄拉至“紧急”位	1	
	确认“EB施加”指示灯点亮	1	
	查看监控显示屏和信号显示屏显示紧急制动施加	4	
	将司机控制器推至“0”位	2	
	确认“EB施加”指示灯熄灭	1	
	查看监控显示屏显示列车保持制动施加	2	
	将司机控制器手柄缓慢拉至“制动”位	2	
	通过监控显示屏确认列车制动力由保持制动缓慢上升至最大常用制动	2	
	将司机控制器手柄缓慢推至“0”位	2	
	通过监控显示屏确认列车制动力由最大常用制动缓慢下降至保持制动	2	
	按下紧急制动按钮	1	
	确认“EB施加”指示灯点亮	1	
	查看监控显示屏和信号显示屏显示紧急制动施加	4	
	将司机控制器手柄置于“紧急”位后再推至“制动”位，确认紧急制动缓解	4	
	按压空压机“强迫起动”按钮	2	
	通过监控显示屏和风压表确认空压机正常起动	4	
	将停放制动开关打至“施加”位	2	
	确认“PB未缓解”灯点亮	1	
	查看监控显示屏显示停放制动已施加	2	
	将停放制动开关打至“缓解”位	2	
	确认“PB未缓解”灯熄灭	1	
	监控显示屏显示停放制动已缓解	2	

（续）

考核项目	考核标准	分值	得分
客室车门试验	将“门模式”开关打至“MM”位	2	
	将“门选择”开关打至“左门”位	1	
	进行左侧车门开门试验（注意：操纵台及侧墙开关门按钮均需试验）	2	
	通过监控显示屏确认左侧车门全部开启到位	1	
	进行左侧车门关门试验（注意：操纵台及侧墙开关门按钮均需试验）	2	
	通过监控显示屏及“车门全关闭”指示灯确认左侧车门全部关闭到位	2	
	将“门选择”开关打至“右门”位	1	
	进行右侧车门开门试验（注意：操纵台及侧墙开关门按钮均需试验）	2	
	通过监控显示屏确认右侧车门全部开启到位	1	
	进行右侧车门关门试验（注意：操纵台及侧墙开关门按钮均需试验）	2	
	通过监控显示屏及“车门全关闭”指示灯确认右侧车门全部关闭到位	2	
	开启两侧车门，将“门选择”开关打至“0”位	2	
乘客服务类系统试验	开启客室照明	1	
	通过CCTV确认照明开启	1	
	将客室空调开关打至“网控”位	1	
	通过监控显示屏确认空调系统工作正常	1	
	进行广播系统测试及强制广播试验	1	
	检查CCTV监控设备正常	1	
其他试验	刮水器试验	1	
	前照灯试验	1	
填写列车状态记录单	根据实际检查结果，正确填写《列车状态记录单》	4	
巡视检查时间	所有项目在20min内完成	5	
指导教师意见：			
任务完成人签字：	日期：　年　月　日		
指导教师签字：	日期：　年　月　日		

任务三　调试故障的处理（DKZ15 型车）

任务说明

在进行列车整备作业的过程中，可能会遇到列车故障。司机须掌握故障的基本处理方法，以应对调试过程和正线运营过程中的各种突发状况。

通过此项任务的学习和练习，学生掌握牵引系统、制动系统、车门系统及其他系统的常见故障处理方法。

由于全国各城市、各地铁线路所用列车车型各不相同，无法在此一一列举，因此选取长客的 DKZ15 型车作为代表，进行介绍。只要掌握了列车基本功能原理、主要电路和气路原理、列车操作方法，就能够融会贯通，应对各种车型。

知识要点

1. 掌握列车常见故障的应急处理方法。
2. 掌握调试故障的上报和处理流程。

素质和能力要点

1. 培养应变能力和抗压能力。
2. 有时间观念，用尽量短的时间进行故障处理。
3. 谨记“安全第一”，培养按照标准化作业操作的习惯。

任务准备

列车驾驶模拟器、司机包、司机手账、操纵台激活钥匙、三角钥匙、四角钥匙、手持电台、手电、列车状态记录单。

相关理论

本任务以 DKZ15 型车为例介绍调试故障的处理过程。

一、牵引系统故障

1. 全列牵引无流

故障阐述：

司机控制器主手柄置于“牵引”位，全列保持制动不缓解，监控显示屏显示动车牵引电流为“0”。

解决要点：

1）检查接触轨网压正常。

2）检查“门选向”开关 SC3 正确，扳动 2 ~ 3 次。

3）司机控制器主手柄在“0”位或“制动”位，按“复位”按钮 RS。

4）检查操纵台及“关门”灯，“关门”灯应点亮；若未点亮，确认车门关好时，闭合关门旁路开关 SK1，MMI 显示开门旁路开关闭合。按两次“门允许”按钮，使“门允许”灯点亮再熄灭，HMI 显示 ATP 不再监督车门的图标，牵引列车。若通过“操作门允许”按钮未能牵引，可以切除 ATP。

注意：

1）发生全列牵引无流现象时要认真观察仪表显示，检查各动车是否均无牵引电流；检查是否部分动车牵引无流，保持制动不缓解；检查是否因停放制动误施加，造成列车牵引有流车不动的现象。

2）操纵台及“关门灯”未点亮时，车载信号人机界面 HMI 显示紧急制动速度为零。

3）闭合“关门旁路”开关运行时，注意防止开门走车。

2. 单车牵引无流

故障阐述：

司机控制器主手柄置于“牵引”位，MMI 显示单元保持制动不缓解，单节动车牵引电流为“0”或有故障代码。

解决要点：

1）按监控显示器 MMI 故障处理提示操作。

2）司机控制器主手柄在“0”位或“制动”位时按“复位”按钮。

3）检查故障动车电气控制柜内本车控制电源空气开关 QF3、牵引制动状态空气开关 QF45 是否跳开，将其断开后再闭合，按“复位”按钮。

注意：

若故障不能排除，列车起动前应按下“强缓”按钮，缓解列车保持制动，列车速度超过 5km/h 后恢复“强缓”按钮。

3. 高压母线或受流器接地

故障阐述：

驾驶室网压表、监控显示器显示网压为“0”，列车两台 SIV（静止逆变器）不工作，接触轨无法供电（行车调度员通知）。

解决要点：

1）列车发生高压母线或受流器接地时，立即断开列车母线投入开关、电制动投入开关、SIV 起动开关、空压机起动开关。

2）向行车调度员申请停电，找出故障点（利用目测、鼻嗅方式）。

3）确认 DC 750V 网压表和 MMI 显示网压为“0”，做好接地防护。

4）根据发生接地故障点的具体位置决定处理方法，发生在 1、2、3 号车时，抬起 1、2 号车所有受流器。发生在 5、6 号车时，抬起 5、6 号车受流器。发生在 4 号车时，抬起全列所有受流器。若抬起故障点相连受流器，未找到故障点或不能判明故障点时，抬起全列所有受流器。

5）抬起相应受流器后，必须撤除接地防护装置，向行车调度员申请送电。

6）抬起全列全部受流器时请求救援。

注意：

1）查找故障点时通过看、听、闻的方式查找，禁止触碰高压部件。

2）找不到故障点时可以申请送电，观察列车两侧有无声响或火球等，找出故障点。

3）处理完毕运行时，禁止闭合母线投入开关、电制动投入开关。

二、制动系统故障

1. 全列紧急制动不缓解

故障阐述：

将司机控制器主手柄置于“紧急”位后试验，操纵台 MMI 显示列车紧急制动，双针压力表显示制动缸压力为紧急制动，列车紧急制动不能缓解。

解决要点：

1）通过车载信号人机界面 HMI 显示检查车载 ATP 是否施加紧急制动或 ATP 故障、死机，切除 ATP 试验。

2）确认操纵台网络故障灯未点亮，若点亮按网络故障处理。

3）操纵台双针压力表总风压力是否低于 6.0bar（总风压力低于 6.0bar，列车紧急制动，高于 7.0bar 缓解）。

4）操纵台“紧急”按钮在释放状态，尾车“紧急”按钮通过闭合紧急制动短路开关 ESS 试验确认。

5）操纵台检查完毕，检查控制屏柜各开关位置是否正确。确认尾车激活钥匙是否关闭。

6）闭合紧急制动断路开关试验，若缓解应限速 30km/h 运行，列车应退出运营。

7）以上项目检查试验后紧急制动仍不能缓解时，断合蓄电池，重启列车后按“复位”按钮。

8）更换驾驶室，切除 ATP 试验。

9）若不能缓解请求救援，在连挂妥当后将列车各台车强迫缓解塞门全部关闭，列车制动缓解。

注意：

为尽快处理故障，列车发生紧急制动不缓解后，要根据当时列车运行状态决定检查顺序，如在更换驾驶室后发生故障，应先检查开关、手柄等项目；若在运行中发生故障，则应先查车载信号、总风压力等内容。

2. 总风泄漏

故障阐述：

确认列车空压机工作，操纵台双针压力表显示列车总风不能上升或有下降现象，通过耳听的方式发现列车有总风泄漏现象。

解决要点：

1）两台空压机工作能维持列车运行时，列车尽快退出运营，就近驶入库线。

2）两台空压机工作不能维持列车运行时，通过耳听的方式查找出故障车。

3）将故障车两端相邻车总分塞门关闭，将故障车停放制动手动缓解。

4）列车若产生紧急制动，闭合紧急制动短路开关，限速 30km/h 运行。

5）列车需尽快退出运营，就近驶入库线，列车制动力减弱，注意提前制动。

三、车门故障

1. 全列车门打不开

故障阐述：

列车应自动开门或按“开门”按钮时，全列车门未打开。

解决要点：

1）按下需开门一侧的“关门”按钮，再按“开门”按钮开门。

2）检查操纵台“门允许”灯是否点亮，若不点亮，先检查列车门控制空气开关 QF18 是否跳开，断合列车门控制空气开关。

3）闭合驾驶室控制屏柜开门短接开关 SK2，蜂鸣器鸣响，将门选项开关打向“站台”侧，“门允许”灯点亮。

4）按下操纵台“门允许”按钮，“门允许”灯点亮。

5）切除列车 ATP，将门选项开关打向“站台”侧，“门允许”灯点亮。

6）更换操纵车试验，仍打不开时视情况使用车内、外手动紧急解锁，手动开门。

注意：

1）使用车内紧急解锁手动开门前，闭合驾驶室控制屏柜开门短接开关 SK2，将门选项开关打向“站台”侧。

2）使用车内、外紧急解锁手动开门后，恢复紧急解锁装置，车门将自动关闭。

故障实例

2008 年 10 月，10016 列车担当 2036 次在惠新西街南口站关门后，瞭望列车后部发现列车有一节车厢侧墙门灯未熄灭，检查操纵台开门灯未熄灭；关门灯不亮，说明列车有车门未关闭，按下驾驶室侧屏再开闭按钮，反复按“关门”按钮，故障未解除。通过检查 MMI，确认是 3 号车左 4 门故障（显示红色）。

一司机携带手台、钥匙从站台到达 3 号车左 4 门上车，手动将故障车门关闭，并用手台通知驾驶室内另一司机：故障车门已关闭。列车发车。

司机在车内打开 3 号车左 4 门门盖将该门隔离，锁好门盖挂好故障帘返回驾驶室。

专家提示：

MMI 显示的某节门状态为未知（显示粉色）时，选择列车处于停车状态；车门关闭后将故障车电气控制柜中本车门空气开关断开片刻后闭合。

离开驾驶室处理单个车门故障时要带好手持电台、专用钥匙等工具。

单个车门故障，若车门始终处于运动状态时，要先切断故障车门电源，再手动关闭车门进行隔离。

只有当车门处于关闭状态时才能操作隔离锁，以免损坏隔离锁。

2. 全列或部分车门关不上

故障阐述：列车自动关门或按“关门”按钮后，全列或部分车门未动作。

解决要点：

1）将“门模式”开关选至“MM”位，按“关门”按钮。

2）将“门选向”开关置于“0”位或断开控制屏柜车门控制空气开关。

专家提示：采用2）项措施关门时，车门无防挤压功能。

3. 单个车门关不上

故障阐述：关门时操纵台关门信号灯未点亮，MMI 显示某个车门红色，未关闭车门所在车厢外侧墙门灯点亮，单个车门未关闭。

解决要点：

1）按下驾驶室侧屏再开闭按钮试验，按“关门”按钮试验。

2）通过 MMI 显示和侧墙门灯确认故障车门位置。

3）通过 PSL 手动打开屏蔽门，处理人员上车后关闭屏蔽门。

4）手动关闭车门，打开门盖将故障门隔离。

四、其他故障

1. 广播故障

故障阐述：广播不报站、死机。

解决要点：

1）操纵车广播不报站，手动设定好前方站后，将操纵车广播设为子机，由非操纵车转为主机来广播报站。

2）将驾驶室控制屏柜音频控制器电源空气开关 QF41 断开后再闭合。

3）将驾驶室控制屏柜列车多媒体控制空气开关 QF20 断开 3min 后闭合，重新启动广播系统。

注意：

1）主机、子机转换设定期有一定的转换时间，客室监控器画面显示正常，表明主机或子机设定完毕，方可进行操作。

2）当列车出现错报、漏报故障时，要及时将广播调正确，并使用人工广播播报三次以上。

2. 单台静止逆变器 SIV 故障

故障阐述：操纵台监控显示器显示单台 SIV 故障代码，扩展供电起动，不能自行恢复，单台 SIV 故障。

解决要点：

1）按监控显示器故障处理提示操作。

2）确认故障 SIV 所在单元接触轨网压正常。

3）按“复位”按钮试验。

4）检查故障车控制屏柜上 SIV 本车控制空气开关 QF34 是否断开，将其断开 3s 后闭合，按“复位”按钮试验。

3. 两台静止逆变器SIV故障

故障阐述：操纵台监控显示器显示两台SIV不工作，列车客室照明熄灭，不能自行恢复，两台SIV故障。

解决要点：

1）检查列车网压是否正常。

2）按监控显示器故障处理提示操作。

3）检查操纵车控制屏柜内SIV起动电源QF8空气开关、SIV本车控制QF34空气开关、SIV起动电源开关SIVON是否断开。

4）按“复位”按钮。

5）若以上项目检查、试验后故障不能排除时，断开蓄电池，重新起动列车，注意按“复位”按钮。

6）在尾车驾驶室闭合SIV起动开关。

7）故障不能排除，列车需尽快退出运营，就近驶入库线。

专家提示：

1）SIV起动一般需要10～30s，起动SIV后要等候30s再对SIV的工作状态进行判断。

2）两台SIV故障时，空压机不能工作，列车需尽快退出运营驶入库线。若救援时必须打开本车与救援车的总风塞门，由救援车为本车供风。

实践训练与项目考核

<table>
<tr><td>任务</td><td colspan="4">调试故障的处理</td></tr>
<tr><td>考核说明</td><td colspan="4">教师考核组长调试故障处理的步骤及内容，组长对组员逐一考核</td></tr>
<tr><td>班　　级</td><td colspan="2"></td><td>姓　　名</td><td></td></tr>
<tr><td>学习小组</td><td colspan="2"></td><td>考核时间</td><td></td></tr>
<tr><td colspan="5">考核目标</td></tr>
<tr><td colspan="5">1. 能正确处理牵引系统的调试故障
2. 能正确处理制动系统的调试故障
3. 能正确处理客室车门的调试故障
4. 能正确处理广播、SIV等系统的调试故障</td></tr>
<tr><td colspan="5">考核内容</td></tr>
<tr><td>考核项目</td><td colspan="2">考核标准</td><td>分　值</td><td>得　分</td></tr>
<tr><td rowspan="3">牵引系统
调试故障</td><td colspan="2">全列牵引无流</td><td>10</td><td></td></tr>
<tr><td colspan="2">单车牵引无流</td><td>10</td><td></td></tr>
<tr><td colspan="2">高压母线或受流器接地</td><td>10</td><td></td></tr>
<tr><td rowspan="2">制动系统
调试故障</td><td colspan="2">全列紧急制动不缓解</td><td>10</td><td></td></tr>
<tr><td colspan="2">总风泄漏</td><td>10</td><td></td></tr>
</table>

（续）

考核项目	考核标准	分值	得分
客室车门调试故障	全列车门打不开	10	
	全列或部分车门关不上	10	
	单个车门关不上	10	
其他	广播故障	10	
	SIV 故障	10	
指导教师意见：			
任务完成人签字：　　　日期：　年　月　日 指导教师签字：　　　日期：　年　月　日			

项目四 段（场）作业

任务一 出 入 库

任务说明

列车出、入库是在库内整备作业完成后，一切正常，符合投入运营标准，将列车驾驶出库或完成运营运行回库的过程，是列车投入运营关键的操作之一，途经平交道、车场道岔区段以及小站台等重要区域，其操作是否得当对厂区内人身安全，以及列车是否能够投入运营起着至关重要的作用。

通过此项任务，学生掌握列车出入库作业的标准程序和操作要求，熟练进行列车出入库作业，达到企业对地铁员工的出勤要求。

知识要点

1. 掌握列车出库时机。
2. 掌握列车出入库操作流程。
3. 掌握列车出入库注意事项。

素质和能力要点

1. 能正确地把握发车时机。
2. 安全熟练地驾驶列车进行出入库作业。
3. 遵守列车库内运行的安全规定。

任务准备

列车驾驶模拟器、列车发车计时器、司机包、司机手账、操纵台激活钥匙、三角钥匙、四角钥匙、手持电台、手电、列车运行图、列车周转图、列车状态记录单。

一、出库作业

1. 列车出库时机

出库前司机应通过点牌确认出库时刻（点牌见图 4-1，即运行时刻表），距出库时刻前10min 打开库门（库门及开关见图 4-2），并确认库门开启到位（图 4-3），在驾驶室等候出库调车信号机开放。

当出库调车信号机开放、由红灯变为白灯后（调车信号见图 4-4），司机手指确认并呼唤出库调车信号及库门开启到位后，使用车载电台与信号楼值班员联系，得到准许后出库。

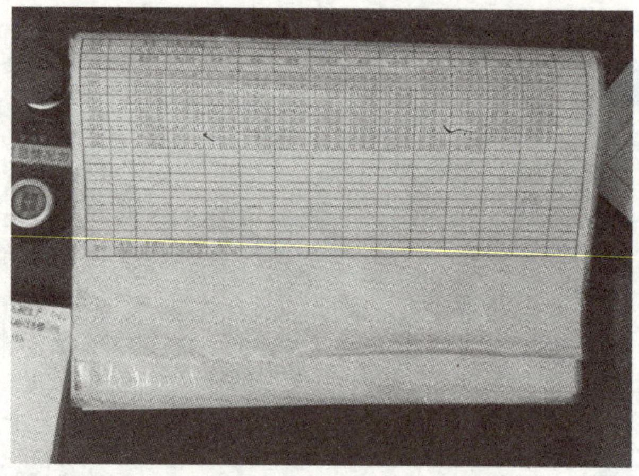

图 4-1　点牌

图 4-2　库门及开关

DKZ15 型列车的车载电台如图 4-5 所示。司机与信号楼值班员联系的标准用语如下：

司机：××道（股道号）×××车（车号）出库信号已开放，可否凭信号显示运行出库。

图 4-3　车库大门开启

a)

b)

c)

图 4-4　调车信号机

a）出库白灯　b）库内调车信号　c）红灯信号

信号楼值班员：××道×××车凭信号显示运行至×号联络线。

司机：凭信号显示运行至×号联络线，×××车明白。

注意：确认命令时，需认真核对所授权列车的股道号、车号、出库时间及授权的运行终点位置并严格执行复诵程序。遇命令错误时，需及时纠正。

2. 出库作业操作流程

司机得到信号楼值班员出库的准许后，再次确认车库大门开启并安全妥当，人员已处于安全位置，驾驶列车准备出库。出库时观察总风压力值，不得低于800kPa。注意库内运行速度不得超过5km/h。

观察列车前方无人员行走及轨道无异物后，鸣笛一长声（2s以上），确认驾驶模式在“RM”，使用牵引一位动车，限速5km/h通过库门。出库时，司机应随时观察前方线路情况，遇危及列车或人身安全的情况应立即采取紧急措施。

将车头探出库外，在平交道前一度停车待发（正确位置：驾驶室前风窗玻璃与库门平行，方可停车），如图4-6所示。

图4-5　车载电台

图4-6　车头探出库门

确认平交道及列车前方无人员行走或作业，鸣笛2s以上，手指出库信号机，口中呼唤“出库白灯”，再次起动列车出发，如图4-7所示。

图4-7　出库信号机的呼唤确认

当列车头部驾驶室完全越过库外平交道后，可使用牵引二级提高车速，进入车场内运行。

二、入库作业

1. 入库作业的重要性

列车入库表示列车完成运营任务或因故无法继续投入运营从而运行回库，每当此时，司机经过一段时间的正线运营，体力和精力有所消耗，加上工作即将结束，不免在入库作业时有所懈怠，极易发生行车事故，所以进行入库作业更要提高警惕，站好最后一班岗。

2. 入库作业操作流程

1）列车须在库外平交道前停车标处一度停车（停车位置：车头不越过出库信号机位置，并能够清楚地观察到平交道及前方线路情况），确认平交道处及所要停于的股道内无人员作业或行走，如图 4-8 所示。

图 4-8　入库一度停车

2）手指确认并呼唤库门开启到位及本股道三轨处于送电状态。

3）确认平交道无人员及异物侵入限界后，将前照灯置于强光位，鸣笛一长声，继续在 RM 模式下，使用牵引一位动车，车速不得大于 5km/h，司机应随时注意行人和车辆状态，如图 4-9 和图 4-10 所示。

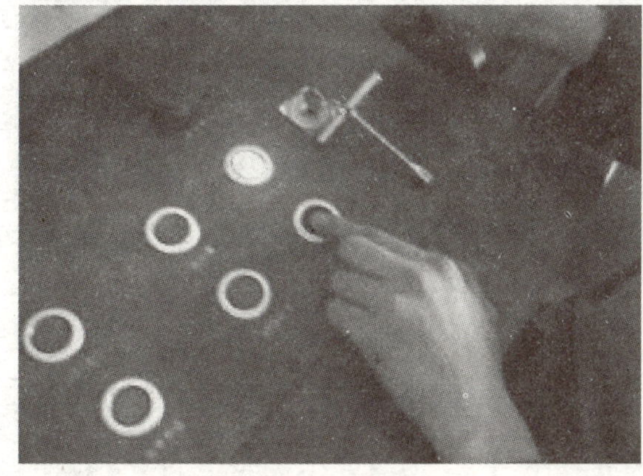

图 4-9　鸣笛

图 4-10　车速小于 5km/h

4）缓慢驾驶列车驶入库内，应在规定位置按标停车，如图 4-11 和图 4-12 所示。

图 4-11　驶入库内

图 4-12　库内停车位置标

5）停车后，按规定断开各负载开关，闭合 ATP 切除开关，断开 ATP 控制电源开关、ATO 控制电源开关、CRE 无线单元电源开关、HMI 显示器电源开关，断开蓄电池开关。

实践训练与项目考核

<table>
<tr><td>任务</td><td colspan="3">出入库作业</td></tr>
<tr><td>考核说明</td><td colspan="3">教师考核组长操作步骤及内容，组长对组员逐一考核</td></tr>
<tr><td>班　　级</td><td></td><td>姓　　名</td><td></td></tr>
<tr><td>学 习 小 组</td><td></td><td>考 核 时 间</td><td></td></tr>
<tr><td colspan="4">考核目标</td></tr>
<tr><td colspan="4">1. 掌握列车出库、入库时机
2. 掌握列车出库、入库操作流程
3. 掌握列车出库、入库注意事项
4. 能安全熟练地驾驶列车进行出库、入库作业
5. 遵守列车库内运行的安全规定</td></tr>
<tr><td colspan="4">考核内容</td></tr>
</table>

<table>
<tr><td colspan="2">考 核 项 目</td><td>考 核 标 准</td><td>分　值</td><td>得　分</td></tr>
<tr><td rowspan="11">出库作业</td><td rowspan="5">出库前准备工作</td><td>确认出库时刻</td><td>3</td><td></td></tr>
<tr><td>确认库门开启到位</td><td>2</td><td></td></tr>
<tr><td>观察风压不低于 800kPa</td><td>3</td><td></td></tr>
<tr><td>确认出库调车信号机显示白灯</td><td>5</td><td></td></tr>
<tr><td>与信号楼值班员联系，用语标准</td><td>5</td><td></td></tr>
<tr><td rowspan="6">出库运行</td><td>确认无人无异物</td><td>2</td><td></td></tr>
<tr><td>驾驶模式正确——RM 模式</td><td>5</td><td></td></tr>
<tr><td>鸣笛一长声</td><td>3</td><td></td></tr>
<tr><td>牵引一位动车</td><td>5</td><td></td></tr>
<tr><td>限速 5km/h 通过库门</td><td>5</td><td></td></tr>
<tr><td>在平交道前停车</td><td>2</td><td></td></tr>
</table>

4 PROJECT

（续）

考核项目		考核标准	分值	得分
出库作业	出库运行	再次确认无人无异物	2	
		鸣笛一长声	3	
		手指出库信号机	4	
		呼唤“出库白灯”	4	
		列车头部驾驶室完全越过库外平交道后，可使用牵引二级	3	
入库作业	入库运行	确认平交道处及所要停的股道内无人及异物	3	
		手指确认并呼唤库门开启到位，本股道三轨处于送电状态	3	
		将前照灯置于“强光”位	5	
		鸣笛一长声	3	
		使用牵引一位动车	5	
		车速小于5km/h，随时注意行人和车辆状态	5	
		缓慢驾驶列车驶入库内，在规定位置按标停车	5	
	关断列车各开关	断开各负载开关	2	
		闭合 ATP 切除开关	2	
		断开 ATP 控制电源开关	2	
		断开 ATO 控制电源开关	2	
		断开 CRE 无线单元电源开关	2	
		断开 HMI 显示器电源开关	2	
		断开蓄电池开关	3	
指导教师意见：				
任务完成人签字： 指导教师签字：			日期：　年　月　日 日期：　年　月　日	

任务二　出入段（场）

任务说明

列车出段、入段是列车投入正线运营和回库是否顺利的重要环节，由于存在运行模式的转换，对司机的操作要求较高，同时也有一定风险，应该给予重视。

通过此项任务，学生掌握列车出入段和车场运行作业的标准程序和操作要求，熟练操作列车出入段，达到企业对地铁员工的出勤要求。

知识要点

1. 掌握列车运行模式的转换时机。
2. 掌握列车出、入段操作流程。
3. 掌握列车出、入段注意事项。

素质和能力要点

1. 能够独立驾驶列车完成出、入段作业。
2. 能够处理非正常情况下的出、入段作业。

任务准备

列车驾驶模拟器、列车发车计时器、司机包、司机手账、操纵台激活钥匙、三角钥匙、四角钥匙、手持电台、手电、列车运行图、列车周转图、列车状态记录单。

相关理论

一、出段运行

1. 列车出段运行注意事项

1）列车在车场运行或作业时，必须断开“母线投入”开关、“电制动投入”开关（图4-13），断开“客室日光灯”等负载开关，只闭合“SIV”开关和“空压机”开关（出库时观察总风值，不得低于800kPa）。

2）通过列车监控显示屏确认列车预选模式在AM-CTC模式。AM-CTC模式为CTC级别下的自动驾驶，预选模式为列车当前可以升级到的最高级别，当列车经过有源应答器时，即可升级。

3）车场运行采用RM模式，速度在20～25km/h之间。

4）精神集中，不间断瞭望，严格执行手指信号和呼唤确认制度，确认途经每个调车信号机显示及道岔开通方向正确；遇显示错误或道岔异常时，立即采取紧急措施，不可臆测行驶。

图4-13 “母线投入”开关和“电制动投入”开关

思考：车场运行时，为什么必须断开“母线投入”开关和“电制动”开关？

小贴士

一、DKZ15 型列车驾驶模式及介绍

1. AM：列车自动驾驶模式

此模式下，列车的起动、加速、巡航、惰行、制动、精确停车、开关门及折返等所有运行指令由车载信号设备控制发出，通过信号系统与列车网络通信提供给列车牵引/制动系统，不需司机操作。ATO 在 ATP 的监督下根据给定的速度曲线控制列车的运行，并在超过最大允许速度时实施紧急制动。进入 ATO 驾驶模式后，若系统设备正常，没有人工干预，此驾驶模式维持不变。

在该模式下，站停时间结束时，车门、站台屏蔽门自动或人工关闭，司机按压 ATP 起动按钮，列车离站。

2. SM：超速防护下的人工驾驶模式

在此模式下，列车的速度、监控、运行及制动等所有运行指令在车载信号设备限制下由司机人工操作，ATP 根据给定的速度曲线连续监督列车的运行，并在超过最大允许速度时实施紧急制动。

开关车门由人工控制，列车在站台规定位置停稳时，“门允许”灯亮，此时开关门指令有效。

3. RM：限制人工驾驶模式

在该模式下，列车的速度、监控、运行及制动由司机操作，车载信号设备仅对列车特定速度（25km/h）进行超速防护。车载信号设备在列车超速（大于 25km/h）时实施紧急制动。

开关车门由人工控制，司机在确认开门方向后，按压开门侧“开门”或“关门”按钮进行列车车门及屏蔽门的开关作业。

4. BY：非限制人工驾驶模式

切除 ATP 模式，在此模式下，列车的速度、监控、运行及制动完全由司机操作，没有 ATP 超速防护。司机根据信号机的显示和行车调度员的命令驾驶列车。

5. AR：无人自动折返驾驶模式

在该模式下，实现电动列车无人状态下的自动折返。

二、列车控制级别介绍

1. CTC：连续式列车控制

列车实时与轨旁设备交换信息，从而计算目标速度及目标距离（行车间隔最小）。

2. ITC：点式列车控制

列车每越过一个有源应答器与轨旁设备交换一次信息，直至运行至下一个有源应答器再次更新信息。

3. IXL：连锁及列车控制

列车不与轨旁设备交换信息，依靠地面信号机及道岔相互控制确保行车安全。

2. 列车出段流程

列车出库后，按规定速度运行，手指确认并呼唤沿途每一个地面调车信号及道岔开通方向，如图 4-14 所示。

a)

b)

图 4-14　车场运行时的呼唤应答

a）车场道岔　b）车场调车信号

运行至出段信号机处（图 4-15），司机控制器手柄置于“紧急”位，方向选择开关手柄置于“0”位，闭合“母线投入”开关及“电制动”开关，在列车监控显示屏上操作开启空调系统（图 4-16）。

某些线路的列车和信号系统尚未升级，须司机人工升级驾驶模式到规定的正线运行模式；新线采用了 CBTC 系统和新型列车，驾驶模式可以自动升级。以 DKZ15 型列车为例：在出段信号机前方停车，等待列车从地面应答器接收到信号，控制级别升至 AM-CTC 级别，同时 TDT（关于 TDT 的显示规则详见项目五）指示发车时间（图 4-17）到达后，手指确认

目标距离和目标速度，方向选择开关手柄置于“前”位，司机控制器手柄置于“惰行”位，“ATO 启动”按钮闪烁后，按下“ATO 启动”按钮，列车运行至起点站。若因故未能升级至 AM-CTC 级别，与行车调度员联系，得到准许后，以 RM 模式运行至起点站，列车头部驾驶室越过有源应答器后进行升级。

图 4-15　出段信号机

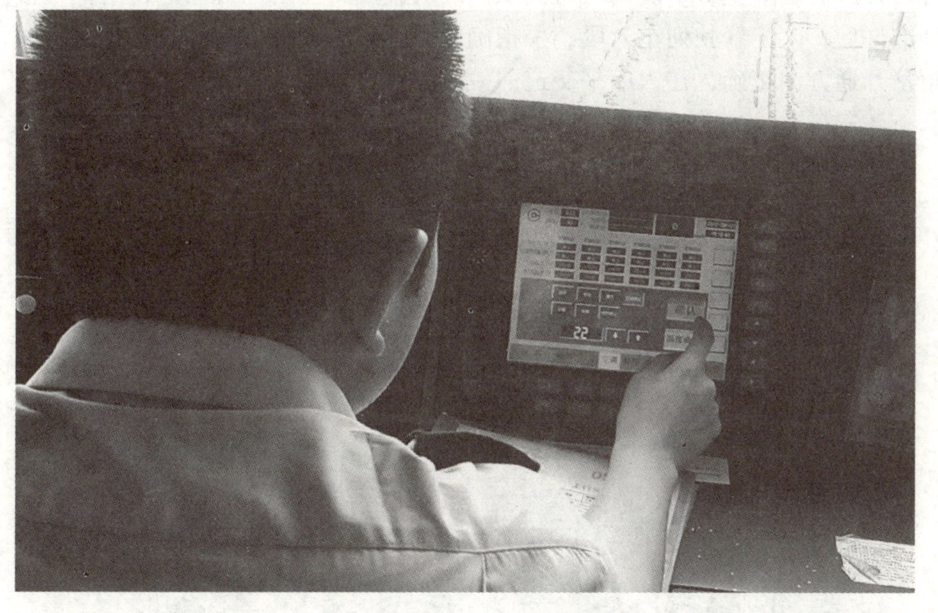

图 4-16　空调系统设置

图 4-17　出段信号机处 TDT

二、列车入段流程

回车辆段或停车场的列车在运营终点站出站后，凭出站信号机的绿色或黄色灯光显示进入联络线运行，运行时注意观察车载速度信息。

列车运行至进段高柱信号机前一度停车（图 4-18），断开“母线投入”开关、“电制动投入”开关、列车空调或电暖、客室照明，保持静止逆变器 SIV 及空压机处于工作状态，待进段信号机开放后，降至 RM 模式，司机手指确认进段高柱信号机绿灯，与信号楼值班员联系，得到准许后，人工驾驶列车入段，手指确认并呼唤沿途每架地面调车信号机显示的白色灯光及道岔开通方向正确，在入库平交道前一度停车，按规定运行入库。

图 4-18　进段信号机

司机与信号楼值班员联系的入段（库）标准用语如下：

司机：×××车入段高柱信号已开放，可否凭信号显示运行回库？

信号楼值班员：×××车凭信号显示运行至××道东库/西库/南库/北库。

司机：凭信号显示运行至××道东库/西库/南库/北库，×××车明白。

小贴士

场段及停车列检库的信号显示系统：

调车信号机：表示此信号机至前方信号机进路是否开通。

月白色灯光：表明调车进路在开通状态，准许列车按规定速度越过该架信号机。

红色灯光：表明列车须在该信号机外方停车。

实践训练与项目考核

任务	出段（场）运行、入段（场）运行		
考核说明	教师考核组长操作步骤及内容，组长对组员逐一考核		
班　级		姓　名	
学习小组		考核时间	
考核目标			
1. 掌握列车出段、入段和车场运行的操作流程 2. 掌握列车出段、入段和车场运行的注意事项 3. 掌握列车运行模式的转换时机 4. 安全熟练地驾驶列车进行出段、入段和车场运行作业 5. 能正确地把握发车时机 6. 遵守段（场）运行的安全规定			
考核内容			

考核项目	考核标准		分值	得分
出段（场）运行	限速 20～25km/h		5	
	“母线投入”开关位于“断开”位断开		2	
	“电制动投入”开关位于“断开”位		2	
	客室“日光灯”开关位于“断开”位		2	
	“SIV”开关在闭合状态		2	
	“空压机”开关在闭合状态		2	
	信号呼唤	呼唤时机正确	2	
		呼唤内容正确	2	
		手指动作标准	2	
	道岔呼唤	呼唤时机正确	2	
		呼唤内容正确	2	
		手指动作标准	2	

（续）

考核项目	考核标准		分值	得分
出段（场）运行	在出段信号机前方停车		3	
	司机控制器和“方向选择”开关位置正确		4	
	闭合“母线投入”开关		2	
	闭合“电制动”开关		2	
	开启客室空调或电暖系统		2	
	人工或自动升级驾驶模式		5	
	等待 TDT 指示到规定发车时刻，起动列车		2	
入段前联络线运行	凭终点站出站信号机的绿色或黄色灯光进入联络线		3	
	对信号机进行手指和呼唤确认		4	
	运行至进段信号机前方规定位置停车		3	
	断开“母线投入”开关		2	
	断开“电制动投入”开关		2	
	断开列车空调或电暖		2	
	断开客室照明		2	
	保持 SIV 和空压机处于工作状态		2	
入段（场）运行	等待进段信号机变为绿灯，将驾驶模式降至“RM”		5	
	与信号楼值班员联系，用语标准		4	
	得到入段准许，手指和呼唤确认进段信号机状态		4	
	进入车场运行，限速 20～25km/h		5	
	信号呼唤	呼唤时机正确	2	
		呼唤内容正确	2	
		手指动作标准	2	
	道岔呼唤	呼唤时机正确	2	
		呼唤内容正确	2	
		手指动作标准	2	
	在库外平交道前停车标处一度停车		3	
指导教师意见：				
任务完成人签字： 指导教师签字：			日期： 年 月 日 日期： 年 月 日	

注：读者可根据条件，将任务一和任务二的实践考核交叉进行。如将“出库→出段（场）运行”作业连续进行，将“入库前联络线运行→入段（场）运行→入库”作业连续进行，根据实际考核条目重新设计各项分值。

任务三　试车作业

任务说明

试车作业是在车辆段内试车线上对列车进行调试检查，是检验修完列车能否投入正线使用的必要程序。试车线没有地面信号系统进行防护，因此对于试车作业的要求更加严格。

通过此项任务，学生应掌握试车作业的标准程序和操作要求，熟练进行试车线上作业，达到企业对地铁员工的出勤要求。

知识要点

1. 掌握试车作业注意事项。
2. 掌握试车作业操作规范。

素质和能力要点

1. 能安全、独立完成试车作业。
2. 培养谨慎、一丝不苟的操作习惯。

任务准备

列车驾驶模拟器、操纵台激活钥匙、手持电台、列车状态记录单。

相关理论

在车辆段内试车线运行前，列车应按规定联系试车线进行接触轨或接触网的送、停电及试车线信号系统进路开放等事宜。被指派进行试车的司机负责与信号楼监控员联系进路。

运行前试车调车司机应确认有关人员都已处于安全位置，确认信号开放、道岔开通方向正确。司机从库内驾驶列车运行至规定位置调车信号机外方停车，凭信号机显示的进行信号进入试车线停车标处停车待试。

车辆段内试车线上的调试作业不得影响正常运行的列车，试车线最高运行速度为50km/h。列车在试车线调试时，除非要求，应在运行前方驾驶室操纵，按规定速度调试运行，严禁退行。

在试车线调试的列车，由调试负责人指挥。试车中，试车调车司机按调试负责人的要求进行列车调试作业。需下车处理故障时，应联系妥当，并将列车制动妥当。司机在得到调试负责人故障处理完毕、有关人员已全部上车的通知后，方可再次动车。

试车过程中，任何一方人员需关断或恢复列车制动系统任何阀门时，必须经调试负责人同意方可进行操作。调试负责人负责将此情况及时告知试车调车司机，司机根据实际情况采取正确的制动方式。

试车中，列车在试车线双向运行时，接近尽头线停车标处，要控制速度不得超过5km/h。在冬季若轨面有霜，应提前制动，适当延长制动距离。

当试车完毕需返回停车库或列检库时，应将列车停在规定位置调车信号机外方，试车调车司机利用专用电话与信号楼监控员联系进路，确认信号机的进行显示后，方可越过该信号机，运行回库。

实践训练与项目考核

任务	调试故障的处理		
考核说明	教师考核组长调试故障处理的步骤及内容，组长对组员逐一考核		
班　　级		姓　　名	
学习小组		考核时间	
考核目标			
1. 能正确操作列车在试车线上运行 2. 能正确执行信号楼关于试车作业的各项要求 3. 能规范按照信号驾驶列车			
考核内容			

考核项目	考核标准	分　值	得　分
试车作业	确认试车线接触轨/接触网送电	10	
	与信号楼联系试车线进路开通	10	
	确认有关人员处于安全位置	10	
	确认信号开放	15	
	确认道岔开通方向正确	15	
	列车运行速度不超过规定速度	15	
	按调试负责人的要求进行列车调试作业	10	
	试车完毕回库时，按规范进行联系和确认信号	15	
指导教师意见：			
任务完成人签字：　　　　日期：　年　月　日 指导教师签字：　　　　日期：　年　月　日			

4 PROJECT

项目五　正线运行及操作

任务一　标准化作业

任务说明

标准化作业是指各地铁运营公司为了增强司机安全意识、规范电动列车操作、保证行车安全和提高行车效率所制定的一系列标准作业制度，是司机进行动车作业的前期条件和要求。

通过此项任务，学生养成规范操作的意识，达到地铁安全、准确、高效的目的。

知识要点

1. 掌握电动列车司机正线运行操作的标准化作业规范。
2. 了解 TDT 的显示含义。
3. 熟记“五确认一执行”制度。
4. 掌握调度命令的执行规定。

素质和能力要点

1. 能正确执行司机的“呼唤应答”制度。
2. 能正确执行调度命令的复诵制度。
3. 谨记“安全第一”，培养严格按照标准化作业操作的习惯。

任务准备

列车驾驶模拟器、列车发车计时器、司机包、司机手账、操纵台激活钥匙、三角钥匙、四角钥匙、手持电台、列车运行图、列车周转图、列车状态记录单。

一、列车运行的一般要求

1. 安全驾驶

安全是地铁运营的第一标准，国内外轨道交通运输都把行车安全放在突出位置，行车安全的质量指标是衡量轨道交通运营管理的重要环节，是列车运行的永恒主题。为了减少和消除由各种因素造成的不良后果，电动列车司机作为第一线的操作者，在执勤时必须时刻牢记“安全第一、预防为主”的运营宗旨，确立安全行车和服务乘客的思想意识，并将之落实在工作的每一个细节、每一个动作中。

富有纪律性、严格执行规章制度的司机是保证安全行车的基本因素之一。在人与技术设备的有机联系中，人是最主要的方面。如果经常性发生人为失误，最精良、最先进的设备也会变得不那么可靠。国内外的多项事故分析与调查都表明，由于人为失误造成事故的比例大于技术缺陷所造成的事故的比例。因此，行车人员树立安全意识，认真学习和遵守行车安全规定是十分重要和必要的。

小贴士

“五做到、七禁止”

“五做到、七禁止”是北京地铁规定的、在列车运行中司机应做到的各项标准，每一名司机都应将其熟记于心。

五做到：

1. 精神集中、不间断瞭望、严格执行呼唤应答制度。
2. 严守速度。
3. 按规定鸣示音响信号。
4. 认真观察仪表和指示灯的显示，遇有显示不正常时，应查明原因，采取适当措施，绝不可贸然行车。
5. 遇有危及行车和人身安全时，应果断停车。

七禁止：列车行驶中，禁止司机有下列行为：

1. 探身车外（车长监护车门及站内运行时除外）。
2. 飞乘飞降。
3. 跨越车厢（有防护通道的车除外）。
4. 开门行驶（站内车长监护车门除外）。
5. 处理故障（单车不缓解、切除 GGK 除外）。
6. 往车外抛掷物件。
7. 开启头灯进站。

在驾驶列车运行时，司机应严守运行速度，严格按照车载信号显示的目标速度驾驶列车，遵守各区段的限制速度。

如图 5-1a 所示，在列车以自动驾驶或带地面 ATP 防护的模式运行时，ATC 系统会根据列车所处的区段和前后车距离等综合因素计算出本车当前应行驶的速度（推荐速度或目标速度），在速度仪表上以黄色指针表示，超过此速度 ATP 系统会产生报警；而红色指针指向的为最高限速，也称紧急制动速度，一旦列车实际速度超过此速度，ATP 系统将自动起动紧急制动。

a)

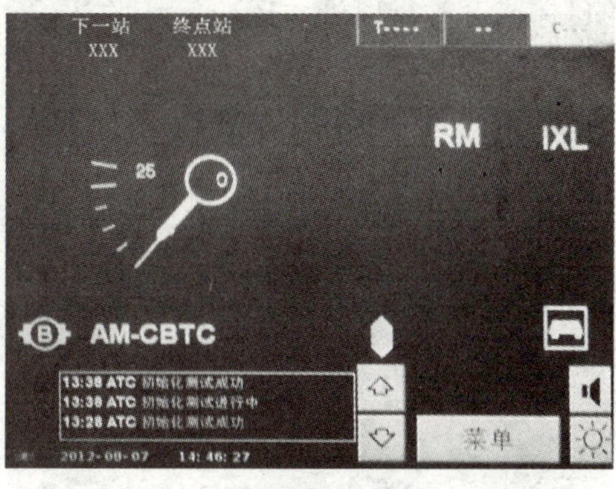

b)

图 5-1　车载信号速度表

a）列车自动防护人工驾驶模式下的速度表　b）限制人工驾驶模式下的速度表

在列车以限制人工驾驶模式即 RM 模式运行时，仅以车载 ATP 对列车速度进行防护，最高限速 25km/h，如图 5-1b 所示。

在某些非正常条件下，列车运行也须严格遵守行车技术标准中制定的限制速度。电动列车运行限制速度见表 5-1。

表 5-1　电动列车运行限制速度（来源：北京地铁）

项　　目	速度/(km/h)
列车通过显示黄色灯光的信号机	在下一个信号机前能停车的速度
列车越过速度限制标	不得超过速度限制标所表示的速度
列车通过有屏蔽门的车站	50
列车通过无屏蔽门的车站	40
列车反方向运行	35
列车推进运行	30
使用引导手信号接车	25
列车退行运行	15
接入站内尽头线，自进入该线起	15
接近尽头线终端 20m 处起	5
非限制人工驾驶模式运行	不得超过线路的最大允许速度

下面对表 5-1 中的各项目做具体说明。

“通过显示黄色灯光的信号机”中的黄色灯光是指地面复式信号机（如果是防护信号

机，则黄色灯光代表道岔为反位，应限速25km/h)，在采用地面信号机作为运行判定条件之一时，黄色灯光表示“注意、减速”信息，其次一个地面信号机可能显示红灯（意为停止），因此在遇有显示黄色灯光的信号机时，司机必须注意控制列车速度，做好在下一个信号机前停车的准备。

“列车越过速度限制标”是指司机驾驶列车在线路上运行时，除了要根据列车控制系统提供的目标速度开行以外，还应密切关注位于线路右侧的限速标，遵守限速要求。限速标用数字标明限速线路地段的最大允许速度，如图5-2所示。如果限速标规定的速度限制解除，则用“限速解除标”标明，如图5-3所示。

图5-2　速度限制标

图5-3　限速解除标

“列车通过有屏蔽门的车站”和“列车通过无屏蔽门的车站”是指列车过站不停时的情况。考虑到屏蔽门起到的安全防护作用，有屏蔽门车站的通过速度高于无屏蔽门车站的通过速度。

“列车反方向运行”是指在双线单向运行的区间因某种需要，按有关规定临时组织列车在线路上与规定方向反向运行的情况。可理解为：在上行线路上行驶下行方向的列车，或在下行线路上行驶上行方向的列车。列车反方向运行的命令须由行车调度员发布，司机确认行车凭证，并根据综控员的发车手信号发车。

“列车推进运行”是指在尾端驾驶室按线路规定方向操作列车运行。列车推进运行的命令须由行车调度员发出。在列车运行过程中，前方操纵台因故不能操纵列车推进运行时，司机应立即将情况向行车调度员报告，采取更换操纵台的办法推进运行。

“使用引导手信号接车”是指在非正常情况下，当信号设备因故不能使用时，通过行车指挥人员（如综控员）的引导手信号告知司机“准许列车进入车站或车场”。昼间的引导手信号是将展开的黄色信号旗高举头上左右摇动，如图5-4a所示；夜间的引导手信号是将手信号灯开至黄色灯光，高举头上左右摇动，如图5-4b所示。

“列车退行运行”一般指列车由于某些原因必须向后退，如由区间向车站退行。列车须退行时，行车调度员先会同相关站综控员确认区段空闲后，方可准许列车退回。

“接入站内尽头线，自进入该线起”和“接近尽头线终端20m处起”都是说明在尽头线的运行情况。

a）　　　　　　　　　　　　　　　　　　b）

图 5-4　引导手信号

a）使用信号旗　b）使用手信号灯

“非限制人工驾驶模式运行”是指当车载 ATP 不能正常工作而必须使用非限制人工驾驶模式驾驶列车时，必须严格遵守线路规定的限制速度。由于车载信号设备被切断，此时 ATS 系统不能监测到该列车，从而无法判断该列车在线路上的实际位置，导致该车成为线路上的“盲区”。这种情况对于运营安全是极大的隐患，因此除非情况极其特殊，一般不采用非限制人工驾驶模式运行。

列车在弯道区段或道岔区段运行时，应严格按照限速规定运行。以构造速度为 80km/h 的线路（如北京地铁 2 号线）为例，在通过不同半径的曲线区段，司机应遵守表 5-2 所列的限制速度。

表 5-2　曲线区段限制速度

条　　件	速度/(km/h)
直线及曲线半径大于 600m	80
曲线半径在 600～395m	70
曲线半径在 395～295m	60
曲线半径在 295～195m	50
曲线半径在 195～150m	35

当然，不同的运营线路根据自身的线路条件会有不同的限速要求，这就需要司机牢记线路标识，按规定驾驶列车。

侧向过道岔的速度控制也与安全行驶密切相关。道岔是轨道的重要组成部分，也是轨道线路的薄弱环节之一。由于车轮在通过辙叉时，从两根翼轨的最窄处到辙叉心的最尖端之间有一段空隙，为道岔的有害空间，如图 5-5 所示。车轮通过此处时，有可能因走错辙叉槽而引起脱轨，这个有害空间的存在限制了列车侧向通过道岔的速度。城市轨道交通线路铺设的道岔为7号道岔和9号道岔（正线铺设9号道岔，车场线路铺设7号道岔），侧向通过速度见表5-3。

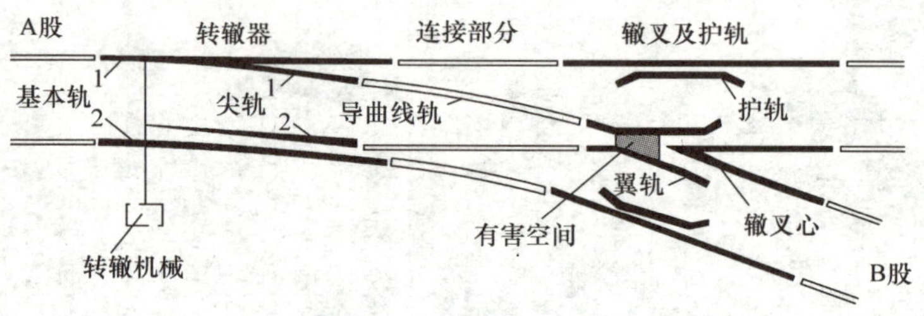

图5-5 普通单开道岔有害空间

表5-3 道岔侧向通过速度

道岔型号	速度/(km/h)
9号辙叉（曲线尖轨）	35
9号辙叉（直线尖轨）	30
7号辙叉	25

2. 准点运行

为了提高轨道交通的运营效率和服务质量，除了坚持“安全第一”的原则外，地铁运营还须保证高正点率，这就需要司机严格按照列车运行图规定的运行时刻操纵列车。北京地铁各线的正点率能达到99.5%以上，这与司机规范的驾驶行为、处理故障和突发事件的高能力是分不开的。

司机在值乘时，须携带列车运行图、时刻表、列车周转图等文件，严格按照信号的显示和运行图行车，不违章行车、不臆测行车、不盲目抢点运行，确保列车安全正点。目前，地铁各站都安装有列车出发计时器（TDT），在进行站台乘降作业时，司机通过观察TDT上显示的时间，就能较好地掌握当前车次是否准点的情况。TDT如图5-6所示。

图5-6 列车出发计时器（TDT）

列车出发计时器（TDT）一般固定于车站列车到发线的前上方，显示的时间以秒为单位，为自列车到达车站距列车运行图规定的发车时刻的时间差。如果 TDT 在倒计时，那么当前还没有到达运行图规定的发车时刻；如果 TDT 开始正计时，那么当前已超过运行图规定的发车时刻。图 5-6 所示的车站为线路起始站，停站时间较长，TDT 正在倒计时，那么可以判断出，运行图制定的本次列车的发车时刻是 10:19:30，当前距离正点发车还有 294s (4′54″)。当列车驶离站台后，TDT 就会自动熄灭，直到下一趟列车进站停稳才会继续显示。TDT 的显示内容详见表 5-4。

表 5-4　TDT 显示规则

项　　目	显 示 内 容
未到达规定的发车时刻	倒计时
到达规定的发车时刻	000
超过规定的发车时刻	正计时
提前发车	000
扣车	H
列车通过	- - -
倒计时溢出	=
正计时溢出	=　=

注：“溢出”是由于 TDT 最多只能显示三位，当正计时或倒计时超过 999s 时就会造成溢出。

3. 司机标准坐姿

当列车以自动驾驶模式运行时，乘务员应将双手放于操纵台面上，双眼平视前方，认真观察前方线路情况，密切注意列车运行状况，如图 5-7 所示。

当列车以人工驾驶模式运行时，乘务员应用右手紧握司机控制器手柄操纵列车运行，左手放于操纵台面上，双眼平视前方，认真观察前方线路情况，密切注意列车运行状况，如图 5-8所示。

图 5-7　列车自动驾驶模式下的坐姿

图 5-8　列车人工驾驶模式下的坐姿

4. 调度命令的执行规定

《北京地铁技术管理规程》中规定，地铁行车组织实行“行车调度员-司机”的二级管理，综合控制室值班员（简称综控员）辅助行车工作。运营线路的行车组织工作由行车调度员统一指挥，列车运行由司机负责，车站的行车工作由综控员负责，车辆段和停车场的行车工作由信号楼值班员和调控中心值班员负责。

行车调度员作为列车运行工作的第一指挥者，必须做到：

1）负责组织列车运行图的实施，遇到列车偏离运行图时，及时调整列车运行、恢复正点。

2）及时发布有关行车命令及各种控制命令。

3）监视列车在站到发、区间运行情况及设备运转状态。

4）及时、准确地处理运营线上发生的突发事件。

5）随时掌握客流变化，及时调整列车运行间隔。

6）及时向有关部门反馈信息。

7）做好与其他运营线间的协调工作。

8）负责安排施工列车的开行及施工命令的下达工作。

9）正确填写各种报表。

如果说行车调度员是列车运行的控制器，那么司机就是列车运行的执行机构。在运营线上驾驶列车运行的司机必须服从行车调度员的指挥，发现突发情况及时向行车调度员汇报。表5-5列出了一些须发布行调命令的情况，即下表中的各项须经行车调度员允许方可实行。对于司机来说，诸如有关人员登乘驾驶室、限速运行、清客等情况，必须通过车载电台或手持电台向行车调度员汇报，得到授权后再执行。

表5-5　须发布行调命令的情况

序　号	命令项目	受令者	
		司机	综控员
1	封锁、开通区间时	○	○
2	开行施工列车、试验列车时	○	○
3	有关人员登乘驾驶室时	○	○
4	封站或解除封站时		○
5	控制权转换时		○
6	按电话闭塞法行车时	○	○
7	临时变更或恢复原行车闭塞法时	○	○
8	列车反方向运行时	○	○
9	列车限速运行时	○	
10	区间疏导乘客时	○	○
11	有车线接车	○	○
12	列车在站通过时	○	
13	列车清人时	○	○
14	列车救援时	○	○
15	列车跨调度区段运行时	○	○
16	车站与车站间调车	○	○
17	列车在车辆段与国铁专用线间运行时	○	○
18	行车调度员认为有必要发布的上述以外的命令	○	○

调度命令根据不同内容，须在执行前以书面或口头形式发布给命令执行人；若无法直接发布时，由综控员以书面形式转交给命令执行人。

司机在接到行车调度员发布的命令或由综控员转达的调度命令后，相互间应认真履行调度命令复诵制度，并由传达人确认无误后执行。对于行车调度员发布的口头命令，司机应及时记录在《口头调度命令》单上，图 5-9 所示为临时加开或停运列车的口头调度命令记录单。接到由综控员转交的调度书面命令时，要进行复诵，确认日期、时间、车次、内容、调度员代号；有疑问或不清时，须及时提问，核实清楚，并认真执行。

口头调度命令

（临时加开或停运列车）

年　月　日　时　分

受令司机		调度员姓名	
内容	加开回空列车 _____站至_____站/段加开回空车_____次。 加开临客列车 _____站至_____站加开临客_____次。各站停车上下人。		

图 5-9　口头调度命令记录单

小链接

书面调度命令标准模式

1. 列车通过

×站交×次：

×次在×站、×站通过。

2. 列车中途清人

×站交×次：

×次因车故，×站—×站（列车终到站）停运，×站清人，×站—×站（目的地站）加开×次（回空车次），×站停车，其他各站通过。

3. 加开列车

×站交×次（专列、临客、回空、调试车次）：

×站—×站加开×次，各站停车上下人（×站停车，其他各站通过）。

4. 封锁、开通区间

×站交×施工负责人：

自×时起至×时止，×站—×站×行×百米标—×百米标线路封锁，准×施工人员进入封锁区间施工。又自×时起将×站—×站控制权下放车站办理。

5. 改变（恢复）闭塞方式

（1） ×站交×次：

因信号故障，自即时起×站—×站×行停止自动闭塞法（超速防护自动闭塞法）行车，改按电话闭塞办理行车。又自即时起将×站—×站控制权下放车站办理。

（2）因信号故障修复，自即时起×站—×站×行恢复基本闭塞法行车。又自即时起将×站—×站控制权收回集中办理。

（3） ×站交×次：

因×次车载ATP故障，在×站—×站停止超速防护自动闭塞法，改按站间自动闭塞法办理行车。又自即时起将×站—×站控制权下放车站办理。

6. 由于区间信号故障，使出站信号机显示黄灯

×站交×次：

准×次凭×站×行出站信号机的黄色灯光显示发车。

7. 出发信号机故障

×站交×次：

因×站×行出发信号机故障，停用，准×次凭调度命令发车。

8. 列车中途折返

×站交×次：

准×次×站—×站停运，×站清人，折返×次，×号表。

9. 列车反方向运行

×站交×次：

×站—×站×行加开×次，准×次反方向运行，停止基本闭塞法，按电话闭塞法办理行车。凭综控员手信号接发列车。又自即时起将×站—×站控制权下放车站办理。

10. 控制权转换

（1）因××（原因），自即时起将×站—×站控制权下放车站办理。

（2）因××，自即时起将×站—×站控制权收回中心办理。

11. 列车限速

×站交×次：

因××（原因），准×次在×百米—×百米间限速××km/h运行。

12. 添乘列车

（1） ×站交×次：

准××（单位）××人（人数）添乘×次至×站。

（2） ×站交×次：

准××（单位）××人（人数）添乘×次，在××处一度停车，添乘人员上（下）车。

13. 跟乘列车

准×站站务人员跟乘××次看门。

14. 列车救援

（1）车站救援（故障车、救援车均在车站）

×站交×次：

因×次在×站故障，×次×站—×站停运，在×站清人。准×次担当救援，在×站—×站停运，在×站清人，×站—×站加开×次（救援车次），在×站外一度停车，凭值班员手信号引导接入有车线，与故障车连挂后推进运行，×次（救援车次）在×站停车，其他各站通过。

（2）车站救援（故障车在车站，救援车在区间）

×站交×次：

因×次在×站故障，在×站—×站停运，在×站清人。准×次在×站外一度停车，凭值班员手信号引导接入有车线，与故障车连挂后推进运行。准×次全列进入×站后清人，×站—×站停运，×站—×站加开×次（救援车次），×站停车，其他各站通过。

（3）区间救援（故障车在区间，救援车在车站）

×站交×次（救援列车）：

因×次在×站—×站×行故障，自即时起×站—×站×行封锁，×次×站—×站停运，×站清人，担当救援，×站—×站加开×次（救援车次），凭值班员手信号进入封锁区间与故障车连挂后推进运行至×站故障车清人，×站—×站×次（故障车次）停运，×次（救援车次）在×站停车，其他各站通过。又×次（救援车次）全列进入×站后，×站—×站×行封锁解除。

（4）故障列车与救援列车均在区间

×站补交×次（救援列车）：

因×次×站—×站×行故障，自即时起×站—×站×行×百米标—×百米标（×信号—×信号）封锁，准×次在该区间内与故障车连挂推进运行至×站，故障车清人后，原×次进站清人，×站—×站×次、×次停运，×站—×站加开×次（救援车次），×站停车，其他各站通过。又×次（救援车次）全列进入×站后，×站—×站×行封锁解除。

（5）折返（库）线救援（故障车在折返线、救援车在车站）

×站交×70×次：

因×次在×站×折返线故障，自即时起×站×信号—×信号间线路封锁，准×70×次进入封锁区间与故障车连挂，连挂完毕，准×70×次越过×站×信号折返，×70×次全列进入折返线后，×站×信号—×信号间线路封锁解除，×站—×站加开×70×次，在×站停车，其他各站通过。

（6）折返（库）线救援（故障车在车站、救援车在折返线）

×站交×70×次：

因×次在×站×行站线故障，×70×次担当救援，在×站外一度停车，凭值班员手信号引导接入有车线，与故障车连挂后推进运行，×70×次在×站停车，其他各站通过。×70×次×站—×站停止基本闭塞法，按电话闭塞办理行车。又自即时起将×站—×站控权下放车站办理。

×站交×次：

因×次车故障，×站—×站停运，×站清人。

15. 疏导乘客

×站交×次：

因××（原因），自×时起×站—×站上下行区间封锁，准×次在×站—×站×行向×站方向疏导乘客。并准×站站务人员进入封锁区间疏导乘客。

16. 有车线接车

×站交×次：

准×次在×站外一度停车，凭值班手信号引导接入有车线。

17. 停止（恢复）售票

自即时起×站—×站停止（恢复）售票。

18. 封闭车站

×站交上行各次列车；×站交下行各次列车；车辆段交出段各次列车。自即时起×站—×站封闭，×次在×站—×站通过。

19. 列车退行

×站补交×次：

准×次自×站—×站×行区间退行至×站，凭值班员手信号接车。

20. 列车就地折返

×站交×次：

×次×站—×站停运，在×站×行站线就地折返×次，替×号表，×次凭×信号的进行显示发车。

21. 列车清人折返

×站交×次：

×次×站—×站停运，在×站清人，折返×次，替×号表。

二、五确认和呼唤应答制度

驾驶列车运行中司机应做到“五确认、一执行”。

（一）五确认

“五确认”用三十个字概括了司机在操作列车时必须注意的方面，要求司机必须熟记并严格执行。

1. 确认信号、凭证

开车前要确认信号显示及各种行车凭证无误后，方可按规定动车。

2. 确认线路、道岔

驾驶中应不间断瞭望，确认线路无人员及障碍物，并认真确认需经过的道岔的开通方向。

3. 确认关门状态

运营中司机须通过PSL（屏蔽门就地控制盘）指示灯确认屏蔽门关闭状态；并通过列车关门指示灯、列车状态显示屏显示，确认车门已关好；屏蔽门与车门间的间隙无夹人夹物后方准上车。

4. 确认操纵部件

列车在始发前及折返时（包括库内动车前），必须全面确认各驾驶室操纵按钮、开关及手柄位置；特别应注意确保更换操纵台时两端驾驶室的操纵部件位置正确。

5. 确认车次、时刻

动车前要认真确认规定开行的车次（方向）与运行时刻，由车辆段发车时要特别注意运行方向。

（二）一执行

“一执行”是指列车运行中，司机要认真执行呼唤应答制度。进行呼唤应答（也称手指呼唤确认）时，手臂平直伸展，食指伸出，准确指出所呼设备，同时呼唤设备状态，要求做到手指（指出确认物）、眼看（观察确认物状态）、嘴呼唤（呼出确认物状态）三点同步完成，如图5-10所示。

北京地铁公司将呼唤应答制度归纳为十二个字，即

1）彻底瞭望。做到动车集中看，瞭望不间断。

2）确认信号。做到听不清就问，看不清就停。

3）高声呼唤。做到一人问二人看，手指眼看同呼唤。

a)

b)

图5-10 呼唤应答制度

a）道岔呼唤 b）指示灯呼唤

各地铁公司都要求司机必须严格执行呼唤应答制度，其目的是保证地铁列车的行车安全。地铁列车司机在隧道或者高架上驾驶列车，周围环境单调枯燥，时间一长，容易产生视觉疲劳和注意力不集中；而列车运行中会遇到很多指示灯、信号灯、标识、道岔等，要求司机必须集中精力辨识和确认。为了防止司机走神，使其注意力高度集中，司机在行车中应按照“手指呼唤”的一套标准化规范进行作业。呼唤应答制度对站姿、坐姿、行走标准、呼唤时机、呼唤内容等都具有严格、规范的执行要求，北京地铁公司甚至将“司机在值乘中未按规定要求执行呼唤制度”列为C类一般事故，可见该项制度受重视的程度和其重要性。

根据运营列车采用单司机还是双司机制度，呼唤应答的要求不同，各城市地铁公司根据自己的企业制度和企业文化要求，呼唤时机和呼唤内容设计得也不一样。以下以某条线路为例进行介绍，见表5-6，学生应重点掌握呼唤应答制度，经练习后会看、会指、会呼唤。

在进行呼唤应答时，不得间隔其他确认物。双司机执乘时非操纵者进行呼唤，操纵者进行应答。单司机执乘时仅进行表中的应答内容。列车进站过程中，如遇出站信号机显示红灯，司机在站台规定位置停车，无需手指呼唤红灯显示的出站信号。

表 5-6　呼唤应答的时机和内容

	呼唤时机	手指设备	呼唤内容（非操纵者）	应答内容（操纵者）
CBTC 级别列车	发车条件具备，出站前	信号显示屏发车允许图标	车载信号	允许发车
非 CBTC 级别列车	发车条件具备，出站前	出站（出场）信号机	出站（出场）信号	出站（出场）绿灯
	发车条件具备，出站前方有道岔时	出站兼防护信号机	出站信号	出站绿灯/出站黄灯
	距防护信号机 100m 且信号显示绿灯或黄灯时	防护信号机	防护信号	防护绿灯/防护黄灯
	距防护信号机 200m 且信号显示红灯时	防护信号机	信号红灯	准备停车
通用	距道岔 30m 且看清道岔开通方向	道岔	道岔位置	位置正确
	车头越过站台非出库端墙	前方线路	列车进站	对标停车

实践训练与项目考核

<table>
<tr><td>任务</td><td colspan="4">标准化作业</td></tr>
<tr><td>考核说明</td><td colspan="4">教师考核组长，组长对组员逐一考核；或教师依次考核全员</td></tr>
<tr><td>班　级</td><td></td><td>姓　名</td><td colspan="2"></td></tr>
<tr><td>学习小组</td><td></td><td>考核时间</td><td colspan="2"></td></tr>
<tr><td colspan="5">考核目标</td></tr>
<tr><td colspan="5">1. 能正确理解列车运行各项要求
2. 掌握列车运行限制速度要求
3. 掌握须发布调度命令的情况
4. 能快速、准确地记录口头调度命令
5. 掌握并能执行“五确认一执行”制度</td></tr>
<tr><td colspan="5">考核内容</td></tr>
<tr><td>考核项目</td><td colspan="2">考核标准</td><td>分值</td><td>得分</td></tr>
<tr><td rowspan="3">列车运行要求</td><td colspan="2">能正确描述安全行车的重要性</td><td>10</td><td></td></tr>
<tr><td colspan="2">能正确描述准点对运营的重要性</td><td>10</td><td></td></tr>
<tr><td colspan="2">能正确理解严格执行调度命令的重要性</td><td>10</td><td></td></tr>
</table>

（续）

考核项目	考核标准		分值	得分
列车运行限制速度	结合本地区地铁企业规范，掌握相关运行速度的要求	反方向运行	4	
		退行	4	
		推进运行	4	
		引导手信号接车	4	
		通过车站	4	
		接近尽头线	4	
调度命令	结合本地区地铁企业规范，列举须发布调度命令的情况		10	
	能快速、准确记录口头调度命令，并进行复诵		6	
“五确认”	确认信号、凭证		4	
	确认线路、道岔		4	
	确认关门状态		4	
	确认操纵部件		4	
	确认车次、时刻		4	
呼唤应答	结合本地区地铁企业规范，描述对呼唤应答制度的要求		10	
指导教师意见：				
任务完成人签字： 指导教师签字：			日期：　年　月　日 日期：　年　月　日	

注：本任务考核可以口试为主，在相关设备上进行，教师根据学生回答情况酌情给分。

任务二　CBTC 下的正线操作运行

任务说明

列车正线驾驶是司机完成运营任务的过程，是司机工作内容的主体部分。正线驾驶时，司机应严格执行、遵守列车操作的各项规章制度，保证安全、平稳、正点运送乘客。

本任务所指的“正线操作运行”仅指列车在区间的运行，不包括站台作业和折返作业；CBTC 下的运行指正常情况下的电动列车操作，不包含故障条件和非正常情况（如特殊天气、反方向运行等）的驾驶操作。

通过此项任务，学生掌握列车正线运行的规定，能严格按照要求熟练驾驶列车。

知识要点

1. 掌握闭塞的基本理论和原理。
2. 理解不同行车闭塞法的实行方式。
3. 掌握列车自动控制系统的组成。
4. 了解 CBTC 信号系统的特点和应用。

素质和能力要点

1. 能正确进行列车自动驾驶的操作。
2. 人工驾驶时，能正确进行列车的牵引和制动操作。
3. 能熟记列车的各种驾驶模式及使用条件。
4. 熟练掌握一种车型操纵台的操作，从而举一反三熟悉各类操纵台。
5. 谨记“安全第一”，培养严格按照标准化作业操作的习惯。

任务准备

列车驾驶模拟器、列车发车计时器、司机包、司机手账、操纵台激活钥匙、三角钥匙、四角钥匙、手持电台、列车运行图、列车周转图、列车状态记录单。

相关理论

一、行车闭塞法

（一）闭塞方式

每一条地铁线路在运营前都要考虑这样的问题：当车站向区间发出第一列车后，用什么样的手续、经过多长时间才能向该区间发出第二列车？这一间隔时间如何确定？这就是“闭塞”解决的问题。

为防止列车在区间内发生冲突或追尾事故，在同一区间或双线区间的同一方向内，同时只允许有一个列车运行，这种方式称为闭塞。为施行闭塞而采用的设备称为闭塞设备。不同的闭塞设备形成了不同的行车闭塞法。

我国第一条地铁线路——北京地铁 1 号线运营初期，列车是以相邻站的进出站信号机为界，只准许一个站间区间有一个列车。随着科学技术的进步，地铁自动化设备的完善，现在可以以闭塞分区为分界点，保证在同一时间、一个闭塞分区内只有一个列车运行，大大提高了区间通过能力和确保列车运行的安全。

从闭塞原理和实现形式将闭塞分为固定闭塞、准移动闭塞和移动闭塞。固定闭塞将线路划分为固定的区段，前后车的位置间距都是用固定的地面设备来检测，系统只能知道列车在

哪一个区段中，而不知道在区段中的具体位置；准移动闭塞对前行列车的定位仍然沿用固定闭塞的方式，而后续列车则采用移动的方式，即可以精准定位；移动闭塞的特点是前后两车均采用移动式的定位方式，即前后两辆列车均可精准定位，其闭塞区间是假想的，各个闭塞分区之间没有固定的间隔点。三种闭塞方式的比较如图 5-11 所示。

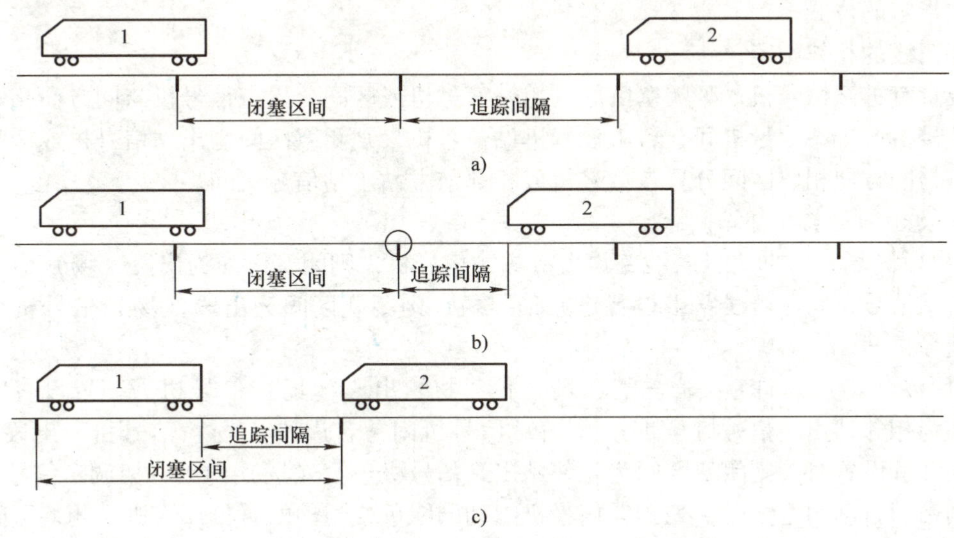

图 5-11 固定闭塞、准移动闭塞和移动闭塞的比较

a）固定闭塞 b）准移动闭塞 c）移动闭塞

从图 5-11 可以看出，移动闭塞在保证行车安全的前提下，实现了前后车的最小距离间隔，大大提高了区间通过能力。目前各城市新修地铁线路的信号系统都是基于移动闭塞的原理进行设计，最小行车间隔能达到一分半钟。

（二）行车闭塞法

行车闭塞法是指为保证行车安全，通过相邻两站间、闭塞分区、ATP 区间或人工控制，使一条线路上对向列车不能同时开出、同向列车之间保持一定距离的技术方法。目前地铁使用的行车闭塞法有超速防护自动闭塞法、进路闭塞法、站间自动闭塞法和电话闭塞法。

1. 超速防护自动闭塞法

在使用超速防护自动闭塞法时，列车凭车载信号设备的指示运行。根据不同的信号指示，超速防护自动闭塞法又分为基于轨道电路的超速防护自动闭塞和基于无线通信的超速防护自动闭塞。

基于轨道电路的超速防护自动闭塞的闭塞区间为信号机或分界标与同方向相邻的信号机或分界标间，以信号机或分界标的中心线为闭塞区间的分界点。

基于无线通信的超速防护自动闭塞的列车防护区域由列车长度及其前后防护距离组成。

超速防护自动闭塞法实现了闭塞分区最小运行间隔的列车追踪运行，提高了列车通过能力，进一步保证行车安全，是各条地铁线路在基本设备正常时所使用的基本闭塞法。

2. 进路闭塞法

进路闭塞法的闭塞区间是信号机至同方向相邻信号机之间，列车凭信号机的绿色灯光或黄色灯光进入闭塞区间。当列车采用自动驾驶模式或自动防护人工驾驶模式运行时，凭地面信号机按车载速度信息显示运行；若地面信号机与车站设备显示不一致，列车按地面信号机的显示运行。

3. 站间自动闭塞法

站间自动闭塞法的闭塞区间分界点为出站（段、场）信号机、进站（段、场）信号机或区间内指定的位置。

对于正线的相邻站间：

若设置有进站信号机，则闭塞区间为出站信号机或区间分界点信号机与同方向相邻区间分界点信号机或进站信号机间；若未设置进站信号机，则闭塞区间为出站信号机或区间分界点信号机与同方向相邻区间分界点信号机或相邻前方站出站信号机间。

对于段（场）与相邻站间：

1）出段（场）方向为：若线路设置有进站信号机，则闭塞区间为出段（场）信号机至相邻站进站信号机间；若线路未设置进站信号机，则闭塞区间为出段（场）信号机至相邻站出站信号机间。

2）回段（场）方向为：若进段（场）信号机、出段（场）信号机为差置设置时，则闭塞区间为相邻站出站信号机至进段（场）信号机间；若进段（场）信号机、出段（场）信号机为并置设置时，则闭塞区间为相邻站出站信号机至段（场）内第一架调车信号机间。

使用站间自动闭塞法时，列车凭信号机闪动的绿色或闪动的黄色灯光进入闭塞区间。

4. 电话闭塞法

电话闭塞法是指在城市轨道交通中，当基本闭塞设备发生故障不能使用时，为保证列车运行安全，前后车站综控员（车站值班员）用电话办理行车联络手续，由发车站填制路票，发给司机作为列车占用区间凭证的行车闭塞法。

在正线上，电话闭塞的闭塞区间是两相邻站的出站信号机间。在段（场）与相邻站间，对于出段（场）方向，闭塞区间为出段（场）信号机至相邻站出站信号机间，对于回段（场）方向，闭塞区间取决于进段（场）信号机和出段（场）信号机是差置设置还是并置设置：若为差置设置，闭塞区间为相邻站出站信号机至进段（场）信号机间；若为并置设置，闭塞区间为相邻站出站信号机至段（场）内第一架调车信号机间。

使用电话闭塞法行车时，列车凭出站（段、场）信号机的绿色灯光或黄色灯光（人工控制）进入闭塞区间。

电话闭塞法的启用、取消及实施区段须根据行车调度员的命令内容执行，由于电话闭塞法在实行时通过人工完成，所以闭塞区间的空闲需人工确认，为了保证行车安全，要求一个电话闭塞区间需两个车站共同确认。闭塞区间分为接车区间、接车线路和发车区间三部分：接车站需确认接车区间、接车线路空闲，发车站需确认发车区间空闲。

电话闭塞为基本闭塞法的代用闭塞法，只能由综控员办理。

遇出站（段）信号机因故不能开放时，应发给司机“绿色许可证”（图 5-12）作为列车占用区间的凭证，手信号发车。

昼间发车手信号如图 5-13a 所示，将展开的绿色信号旗上弧线向列车方向做圆形转动；夜间发车手信号如图 5-13b 所示，将手信号灯打至绿色灯光，上弧线向列车方向做圆形转动。

列车反方向运行，占用区间的行车凭证为路票，手信号发车，引导手信号接车。路票须

绿色许可证

许　　可　　证
第.............号
在出站信号机故障的情况下，准许第　　　次列车由本站发车。
站综控员（签名）
年　月　日　填发

注：复写一式两份，司机一份，存根一份。

图 5-12　电话闭塞许可证

a）

b）

图 5-13　发车手信号

a）使用信号旗　b）使用手信号灯

在查明闭塞区间空闲，并取得接车站闭塞承认后，方可填发。综控员对于填写后的路票（图 5-14），应与电话电报记录进行核对，确认无误并签名后，方可送交司机。

（三）CBTC 系统

前面在介绍行车闭塞法时提到了一种基于无线通信的超速防护自动闭塞法，目前在新修

路　　票
行调命令第……………号
电话电报记录第……………号
准许第　　次列车自　　站至　　站间反方向运行。
站综控员（签名）
年　月　日　填发

图 5-14　反方向运行路票

线路上广为应用。这种行车闭塞法所倚赖的信号系统即为 CBTC 系统（Communication Based Train Control System，基于无线通信的列车自动控制系统），其特点是用无线通信媒体来实现列车和地面设备的双向通信，用以代替轨道电路作为媒体来实现列车运行控制。

在 CBTC 应用中的关键技术是双向无线通信系统、列车定位技术、列车完整性检测等，其突出优点是可以实现车-地之间的双向通信，不需繁杂的电缆，转而以无线通信系统代替，减少电缆铺设及维护成本；并且传输信息量大，传输速度快，很容易实现移动自动闭塞系统，大幅度提高区间通过能力，灵活组织双向运行和单向连续发车；容易适应各种车型、不同车速、不同运量、不同类型牵引的列车运行控制；能将信息分类传输，集中发送和集中处理，提高调度中心工作效率等。

CBTC 系统作为列车自动控制（ATC，Automatic Train Control）系统的实现形式之一，行车控制可以含有不同层次的轨道自动化技术，包含以下几种主要功能：列车自动防护(Automatic Train Protection，ATP)、列车自动运行（ATO，Automatic Train Operation)、列车自动监控（ATS，Automatic Train Supervision)，可以做到 90s 的行车间隔，实现移动闭塞，满足客流不断增长的需要。CBTC 系统还能够实现移动闭塞、点式固定闭塞、联锁控制等三级控制模式，并可以自由切换与升降级。

CBTC 可以使用的双向无线通信系统种类很多，例如欧洲使用的是 GSM-R 系统（Global System for Mobile Communications-Railway，轨道交通综合专用数字移动通信系统），美国使用扩频通信等其他多种无线通信系统，中国使用无线自由波、波导管、漏波电缆或三种互相组合的地-车信息传输方式。

目前应用 CBTC 系统的有美国的纽约地铁、中国台湾的台北捷运文湖线等，我国大陆地区也有部分城市轨道交通使用了 CBTC 系统，如武汉地铁 1 号线，上海轨道交通的 8 号线，北京地铁（除 1 号线、5 号线、13 号线、八通线），广州地铁（除 1 号线、2 号线、8 号线）等。其中，北京地铁亦庄线的顺利开通标志着我国成为继德国西门子、法国阿尔斯通、加拿大庞巴迪后第四个成功掌握 CBTC 核心技术并顺利开通应用实际工程的国家，实现了全生命周期性价比最高的目标，比引进系统低 20% 左右。

二、列车自动驾驶模式下的操作

有了 CBTC 系统的支持，地铁列车的运行操作能够实现自动驾驶（ATO，Automatic Train Operation），在一定程度上降低了人为失误导致的事故发生率。目前有条件使用列车自动驾驶的线路都规定只在客流较小（如晚间）时使用人工驾驶。

（一）列车自动驾驶的起动

列车自动驾驶系统能够启用的前提是，行车采用基于无线通信的超速防护自动闭塞法、地面和车载设备系统满足 ATO 驾驶条件。

1）将驾驶模式选择为“自动驾驶”（AM、ATO 等），司机待发车灯点亮后，将方向转换开关置于“前”位，司机控制器手柄置于“惰行”位，ATO 启动灯点亮，如图 5-15 所示。

a)

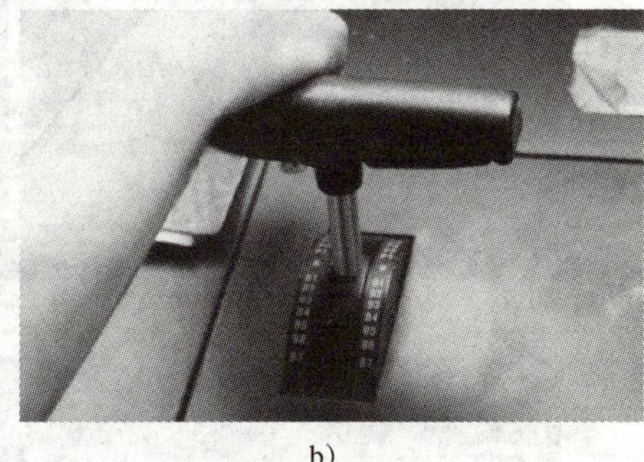

b)

图 5-15　列车自动驾驶起动步骤一

a）方向转换开关置于“前”位　b）司机控制器手柄置于“惰行”位

2）司机按下“ATO 启动”按钮，进入 ATO 自动驾驶，如图 5-16 所示。

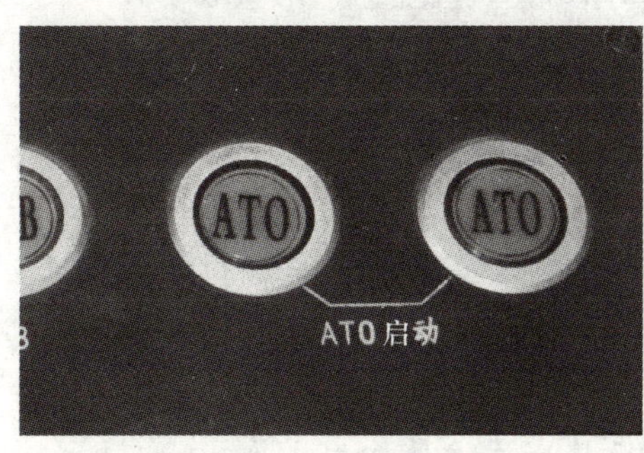

a)

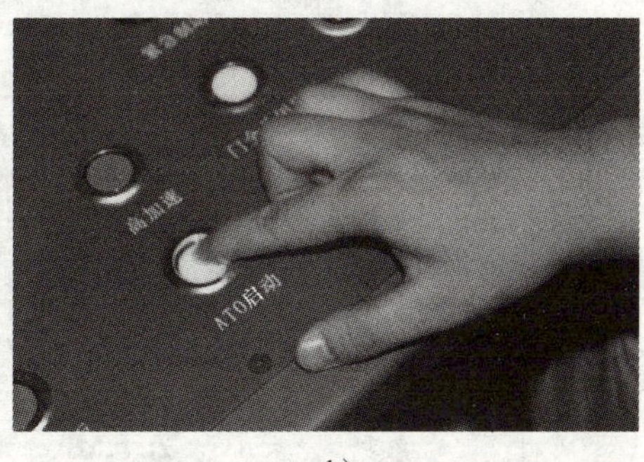

b)

图 5-16　列车自动驾驶起动步骤二

a）BJD01 型车“ATO 启动”按钮　b）SFM05 型车“ATO 启动”按钮

3）列车以 ATO 驾驶时，司机应随时查看信号系统显示屏上的运行模式显示、列车状态显示屏上显示的列车运行状态和各状态信息显示。信号系统显示屏和列车状态显示屏如图 5-17所示。

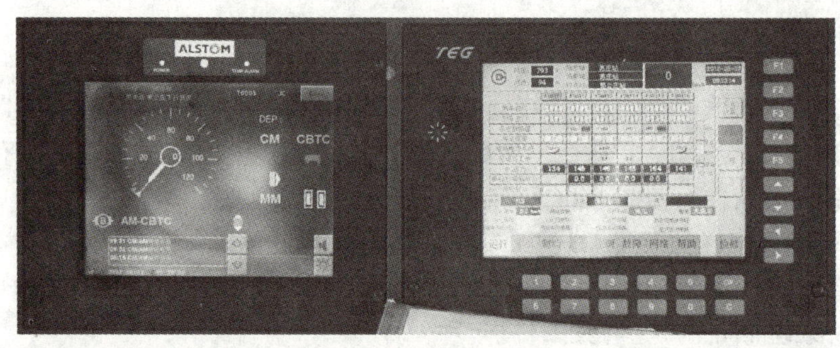

a）

b）

c）

图 5-17　信号系统显示屏和列车状态显示屏

a）BJD01 型车显示屏　b）SFM05 型车显示屏　c）DKZ53 型车显示屏

小贴士

各种车型的列车监控显示屏和列车状态显示屏英文名称叫法不一，如北京地铁房山线的 BJD01 型车将信号系统显示屏称为 DMI，列车状态显示屏称为 TCMS，北京地铁 4 号线的 SFM05 型车将信号系统显示屏称为 TOD，列车状态显示屏称为 HMI，北京地铁 10 号线的二期车辆 DKZ34 型车将信号系统显示屏称为 HMI，列车状态显示屏称为 MMI，等等。

（二）列车自动驾驶时的注意事项

1）ATO 自动驾驶时，车辆运行不需要司机操作司机控制器手柄，当手柄离开“惰性”位时，列车将退出 ATO 自动驾驶。

2）列车到站停车开门后，应将司机控制器手柄置于“制动”位。每站发车时司机根据地面信号机显示的绿色或黄色灯光，按下“ATO 启动”按钮，给出发车指令。

3）列车在自动运行时，司机应随时保持警惕，将双手放于操纵台上（有些地铁公司要求司机将右手轻放在司机控制器或快速制动手柄上），在运行中如果发现区间内有人员及影响行车的障碍物，或发现线路有异状及其他异常情况时，司机应立即停车，并向行车调度员或综控员报告情况，按其指示办理。

4）运行中，要正确开放广播、乘客信息显示系统；按规定适时开闭冷暖通风设备；通过 CCTV 系统观察车厢内情况，发现问题要果断采取有效措施，必要时用人工广播对乘客做好宣传解释工作；会车时，要实施前照灯减光，严禁关闭前照灯。

5）列车进站要注意瞭望站台情况，危及人身安全时，要果断采取紧急停车措施。

在列车自动驾驶模式下，列车的起动、加速、惰性、制动、精确停车、开关门及折返等所有运行指令都由车载信号设备控制发出，通过信号系统与列车网络通信提供给列车牵引和制动系统，不需司机操作。ATO 在 ATP 的监督下根据给定速度曲线控制列车的运行，并在超过最大允许速度时实施紧急制动。进入 ATO 驾驶模式后，若系统设备正常，没有人工干预，此驾驶模式维持不变。

三、列车人工驾驶模式下的操作

（一）列车人工驾驶模式

一般地，列车人工驾驶模式有三种：列车自动防护人工驾驶模式、限制人工驾驶模式和非限制人工驾驶模式。

地铁规定，正线运行采用自动防护人工驾驶模式（CM、SM、ATPM 等），在此模式下，司机人工操作列车，列车的速度、监控、运行及制动等所有运行指令在车载信号设备的限制下，由司机人工操作，ATP 根据给定的速度曲线监督列车的运行，并在超过最大允许速度时实施紧急制动。使用自动防护人工驾驶模式的运行必须保证车载信号设备和地面信号设备均正常工作。

限制人工驾驶模式（RM）下，地面信息向列车的传输被切断，列车的速度、监控、运行及制动由司机操作，车载信号设备仅对列车特定速度（25km/h）进行速度监督。ATP 在列车超速（大于 25km/h）时实施紧急制动。在正线上使用 RM 模式须经行车调度员允许；车辆段、停车场内由于无相应地面信号设备和限速要求，采用 RM 模式操作列车。

非限制人工驾驶模式（EUM、NRM、BY 等）即 ATP 切除模式，用于在车载信号设备关断情况下的列车运行。在该模式下，列车的速度、监控、运行及制动完全由司机操作，没有 ATP 速度监督，司机根据信号机的显示和行车调度员的命令驾驶列车。

地铁公司规定，在装有 ATP、ATO 车载设备的列车运行中，司机要根据运行区段实行的闭塞方式，正确选用列车闭塞模式开关的档位。遇车载信号设备发生故障时，司机应立即将情况报告给行车调度员，按其指示运行。

（二）列车牵引操作

列车牵引通过操作司机控制器完成，不同列车的司机控制器如图 5-18 所示。

牵引位也称“P”位，部分列车将牵引分为 4 个级位，分别是 P1、P2、P3 和 P4，P1 为牵引一位，是最小牵引位，P4 为最大牵引位，每个级位有相应的牵引力。为了保证行车安全和乘坐舒适性，要求司机在将列车由静止起动运行时，必须逐级推动司机控制器，严禁由制动级位直接推向牵引级位。一般是用牵引一位将列车牵引起来后，逐级推至牵引四位加大

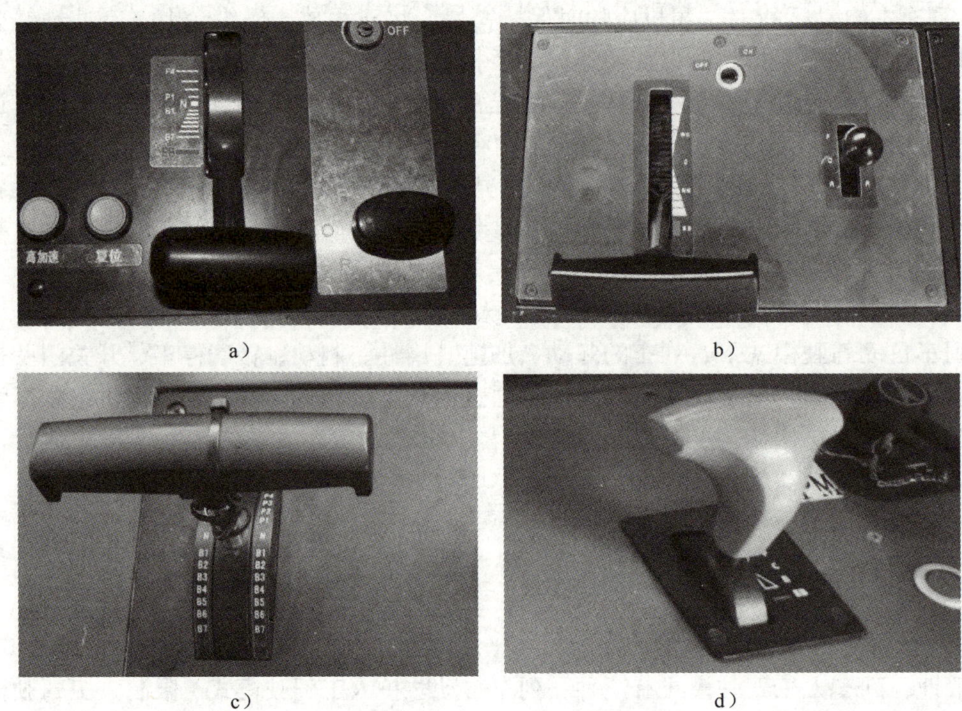

a) b) c) d)

图 5-18　不同车型的司机控制器

a) SFM13 型车　b) DKZ34 型车　c) BJD01 型车　d) SFM05 型车

牵引力，待列车运行平稳、接近目标速度后再根据线路情况操作司机控制器。

在操作司机控制器动车前，司机应仔细确认列车各仪表（如网压表、双针压力表、蓄电池表等）显示正常，各控制开关（如方向转换开关、左右门选择开关等）在规定位置。

（三）列车制动操作

1. 车辆制动形式和控制

车辆的制动形式有常用制动、紧急制动、保持制动和停放制动，除停放制动以外，其余几种制动形式都可以通过操作司机控制器手柄实现。

常用制动是经常使用的、用以调节列车运行速度或使列车在预定地点停止的制动方式，是用以区别遇到危急情况下的快速制动方式，最大制动减速度一般不小于 $1.0m/s^2$。部分列车将常用制动分为 7 个级位，分别是 B1 ~ B7，B1 为制动一位，B2 ~ B7 的制动力依次增大，B7 为最大制动级位。常用制动采用两种不同的制动系统：电制动和空气制动。电制动的启用与否可以由司机通过电制动开关来控制。电制动投入开关如图 5-19 所示。

紧急制动是在行驶过程中或是在遇到紧急情况时，在最短距离（最短时间）内将车停下的制动方式。紧急制动的减速度一般大于 $1.2m/s^2$，其制动力最大，采用空气制动的方式。

另外，紧急制动也可以通过“紧急制动”按钮实施，图 5-20 所示为 DKZ34 型车的“紧急制动施加”按钮和紧急制动施加指示灯。

图 5-19　电制动投入开关

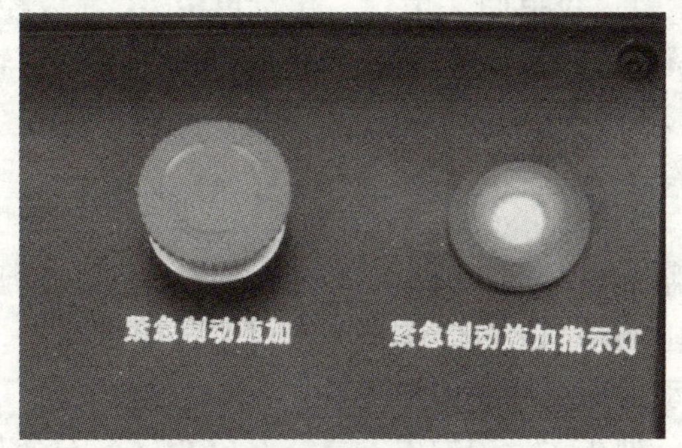

图 5-20　“紧急制动施加”按钮和紧急制动施加指示灯

保持制动能用于列车停车时防溜并可使列车在 3% 斜坡上开车和停车时不溜车，只要列车处于静止状态，保持制动就会自动施加。在列车静止状态，保持制动以约 55% 的最大常用制动力施加。当列车停站完毕，需要走车时：若牵引力达到 10%（起动牵引力克服保持制动的制动力）时，保持制动缓解，可以防止列车起动时产生倒溜；如果此时不缓解，牵引系统将被保护，不再施加牵引力，为实现走车，司机可按压“保持制动切除”按钮，强制缓解保持制动。BJD01 型车的“保持制动切除”按钮如图 5-21 所示，按下后该按钮指示灯被点亮，如图 5-22 所示；恢复时，需再次按下“保持制动切除”按钮，使指示灯熄灭。

图 5-21　“保持制动切除”按钮和“强迫缓解”按钮

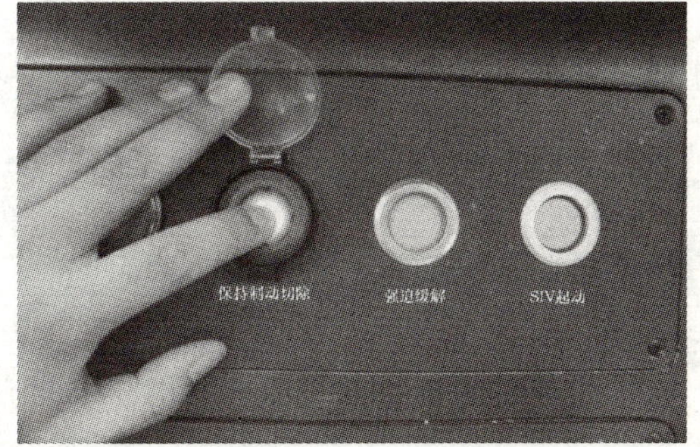

图 5-22　按下“保持制动切除”按钮

图 5-21 中的另外一个按钮——“强迫缓解”按钮可用于缓解故障车的常用制动。当列车状态显示屏显示有车制动不缓解，或某节车侧墙制动故障不缓解指示灯点亮时，可按下“强迫缓解”按钮（按下时该按钮指示灯点亮）。“强迫缓解”按钮在头车操纵，能同时缓解常用空气制动和紧急制动，但只能对故障车进行缓解。

2. 制动操作注意事项

司机视列车运行情况操作常用制动 B1 ~ B7，达到平稳制动。实施常用制动时，应考虑列车速度、线路情况、列车载重等条件，准确掌握制动时机和减速度大小，保持列车均匀减速。运行中严禁突然使用较大的制动力，否则会影响乘坐舒适性，也有可能发生危及乘客人身安全的情况。

列车进入车站实施减速直至停车的过程，要求必须逐级制动。即司机控制器首先从

“牵引”位退回“惰行”位，再由 B1 逐级经过 B2、B3 达到“高级”位制动。保证进入停车范围停车时，做到一次停妥。根据各城市轨道交通运营线路的构造速度（多为 80km/h），B4 或 B5 级位的制动力已能充分满足列车停车要求。特殊天气运行时应提前制动，适当延长制动距离，确保在站台规定位置停车。

前面在介绍制动形式时已经说明，目前城轨车辆可以使用电空制动结合的方式，但由于电制动要考虑钢轨与车轮间的黏着限制，因此地面线在雨天运行时，为防止打滑，应关闭列车电制动。另外，车场运行也应关闭电制动。这是因为车场供电分区比较短，承受不了再生制动返回电网中的电能。

列车运行中发生紧急情况危及行车安全时，司机应迅速采取紧急停车措施。

实践训练与项目考核

<table>
<tr><td colspan="2">任务</td><td colspan="3">正线驾驶操作</td></tr>
<tr><td colspan="2">考核说明</td><td colspan="3">教师考核组长操作步骤及内容，组长对组员逐一考核</td></tr>
<tr><td colspan="2">班　级</td><td></td><td>姓　名</td><td></td></tr>
<tr><td colspan="2">学习小组</td><td></td><td>考核时间</td><td></td></tr>
<tr><td colspan="5">考核目标</td></tr>
<tr><td colspan="5">1. 掌握驾驶列车运行的方法
2. 熟记列车运行的一般要求
3. 掌握列车正线运行的操作规范
4. 能正确执行呼唤应答制度
5. 能熟练、独立进行列车正线驾驶
6. 以地铁乘务人员的标准要求自己
7. 谨记“安全第一”，培养严格按照标准化作业操作的习惯</td></tr>
<tr><td colspan="5">考核内容</td></tr>
<tr><td>考核项目</td><td colspan="2">考核标准</td><td>分值</td><td>得分</td></tr>
<tr><td rowspan="6">驾驶坐姿</td><td rowspan="3">自动
驾驶模式</td><td>双手放在操纵台面上</td><td>5</td><td></td></tr>
<tr><td>运行时双眼平视前方</td><td>4</td><td></td></tr>
<tr><td>注意操纵台各仪表、指示灯显示</td><td>4</td><td></td></tr>
<tr><td rowspan="3">人工
驾驶模式</td><td>右手紧握司机控制器手柄，左手放在操纵台面上</td><td>5</td><td></td></tr>
<tr><td>运行时双眼平视前方</td><td>4</td><td></td></tr>
<tr><td>注意操纵台各仪表、指示灯显示</td><td>4</td><td></td></tr>
<tr><td rowspan="3">牵引操作
（人工驾驶）</td><td colspan="2">列车起动时，逐级牵引</td><td>6</td><td></td></tr>
<tr><td colspan="2">列车运行时，始终压紧司机控制器不放松</td><td>6</td><td></td></tr>
<tr><td colspan="2">改变牵引力大小时，缓慢操作，不用力过猛</td><td>6</td><td></td></tr>
<tr><td rowspan="2">制动操作
（人工驾驶）</td><td colspan="2">列车正常运行时，不突然使用较大制动力</td><td>6</td><td></td></tr>
<tr><td colspan="2">能正确使用紧急制动</td><td>4</td><td></td></tr>
</table>

（续）

考核项目	考核标准		分值	得分
手指呼唤确认	信号呼唤	呼唤时机正确	4	
		呼唤内容正确	4	
		手指动作标准	4	
	道岔呼唤	呼唤时机正确	4	
		呼唤内容正确	4	
		手指动作标准	4	
正线驾驶标准	能正确掌握发车时间，不抢点、不晚点运行		5	
	正线驾驶过程中无超过目标速度运行情况（正线驾驶过程中，若超过目标速度运行，能立刻正确实施平稳减速操作，酌情给分）		6	
	正确复诵行车调度员的命令		6	
	正线运行时，正确进行列车广播		5	
指导教师意见：				
任务完成人签字： 日期： 年 月 日 指导教师签字： 日期： 年 月 日				

任务三　站台及开关门作业

任务说明

列车站台作业是司机驾驶列车到站停稳后所进行的操作，包括开关车门、监控乘客上下车、监控设备状态等工作内容。司机站台作业关系到列车在站台的运行安全及乘客在站台上下车安全，在列车运行过程中占有比较重要的地位，因此一般地铁公司都会有站台标准化作业来约束司机，以达到安全运营的最终目标。

通过此项任务，学生能够熟练进行列车在站台的标准化作业，达到地铁安全、准确、高效的目的。

知识要点

1. 掌握站台作业相关信号、设备的工作状态。
2. 掌握电动列车司机站台及开关门作业的标准化流程。
3. 了解 PSL 灯光显示的含义。
4. 掌握 TDT 的显示含义。

素质和能力要点

1. 能准确进行制动操作、对标停车。
2. 能正确进行开关门作业。
3. 会确认列车的发车条件。
4. 能熟练进行站台作业的呼唤应答程序。
5. 培养严谨、规范的安全操作意识。

任务准备

列车驾驶模拟舱、PSL、列车发车计时器、乘客上下车监视屏、司机包、司机手账、操纵台激活钥匙、三角钥匙、四角钥匙、手持电台、列车运行图、列车周转图、列车状态记录单。

项目实施

一、列车自动驾驶模式下的站台作业

（一）列车进站

在列车自动驾驶条件下，进站速度的变化及列车停车全由ATO系统控制。接近站台时，ATO基于列车实时速度和与设定停车点的距离计算制动曲线，采用合适的制动减速度使列车准确、平稳地停在规定的停车位置。列车停稳后，ATO控制列车制动系统继续施加保持制动，避免列车运动。ATO可以与站台屏蔽门（PSD，Platform Screen Door）的控制系统全面接口，保证列车精确可靠到站停车。

在列车自动运行进站的过程中，司机应加强对线路的瞭望（尤其是未安装屏蔽门的线路），发现异常果断采取措施；通过信号显示屏查看列车速度，确保ATO系统运行正常；通过列车状态显示屏密切观察车门状态，以防出现意外；保证列车对标停车。在进站停车的过程中，目标速度指向零，如图5-23所示。

注意：列车在自动驾驶模式下运行时，司机控制器手柄位于“惰性”位，而有些地铁公司要求，列车停稳后，司机应将司机控制器手柄拉至“B4”位。

（二）开关门作业

1. 门模式

目前安装有ATO系统的列车对车门的控制有三种模式：自动、半自动和手动，可以通过“开门模式选择”开关控制车门打开和关闭方式。BJD01型车的“开门模式选择”开关如图5-24所示。

“自动”模式下，客室车门可以通过ATO系统的控制自动打开、自动关闭，ATO是车门控制命令的发出者。当列车到达定位停车点，ATO发出停车信号给ATP，以保证列车制动；ATP检测车速为零，发送列车停站信号给站台定位接收器，此时ATP发送允许车门打

开信号，车辆收到 ATP 发送的允许车门打开信息，发送相应的车门打开信号给 EDCU（Electronic Door Control Unit，电子门控单元），打开规定的车门，同时车辆发送信息给地面，打开相应屏蔽门。当列车开门时间到达设定值、该关闭时，ATO 再向各客室车门的 EDCU 发送关门信号，关闭车门。

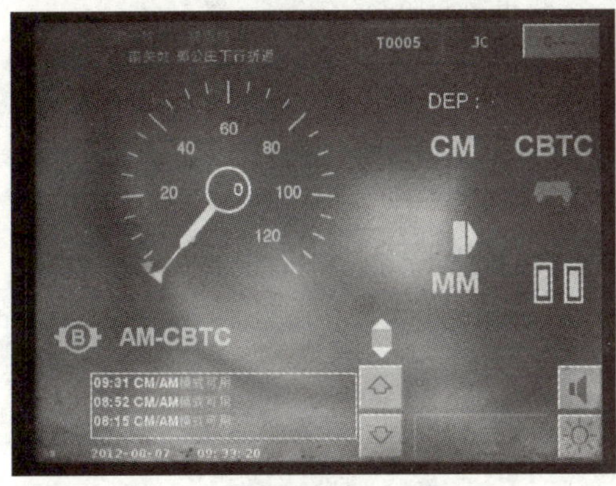

图 5-23　进站目标速度

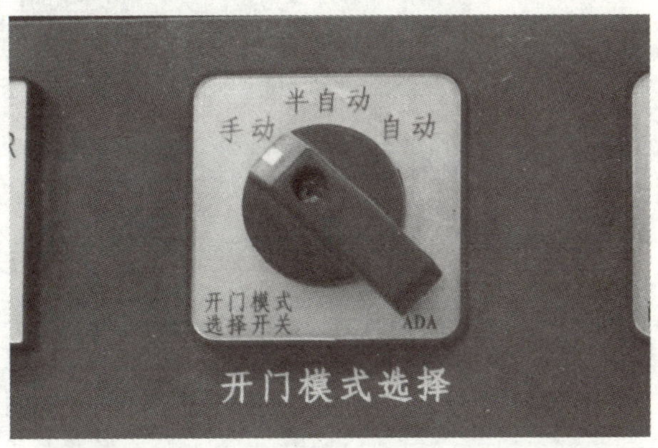

图 5-24　BJD01 型车的“开门模式选择”开关

“半自动”模式下，ATO 控制客室车门自动打开，司机手动关闭车门；“手动”模式下，客室车门的打开和关闭全由司机人工控制。

目前在北京地铁，为了保证行车安全和乘客人身安全，门模式或采用“自动开手动关”或采用“手动”。如图 5-25 所示，北京地铁房山线门模式为“手动”，为了防止司机的误操作，“开门模式选择”开关被加封。

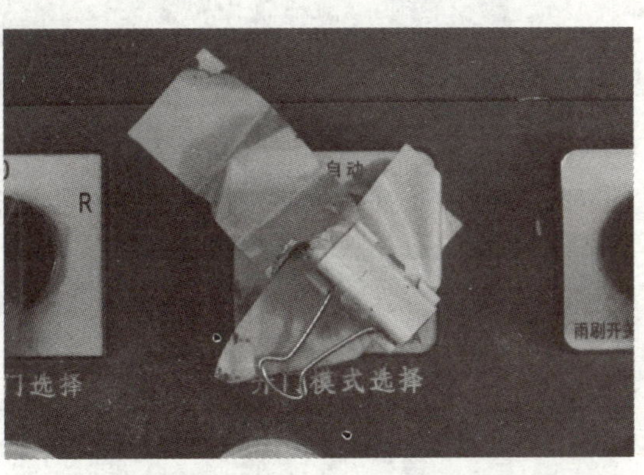

图 5-25　加封的“开门模式选择”开关

2. 开关门

由于 EDCU 的零速保护功能和 ATC 系统的限制，列车只有在规定停车范围内停稳后才能打开车门。司机通过门允许灯（图 5-26）点亮或信号显示屏（图 5-27）上的列车到达状态确认车门允许打开。

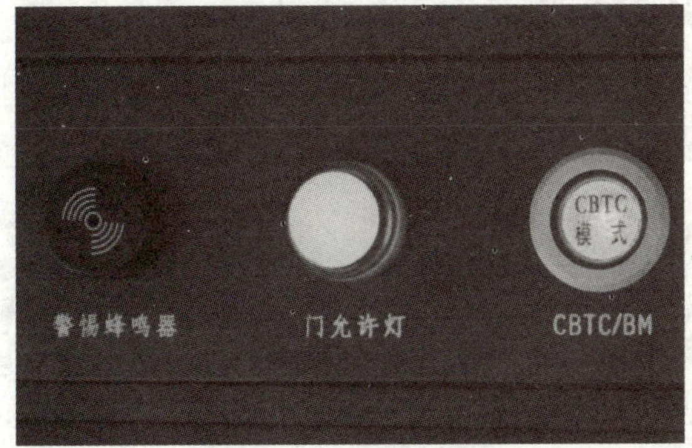

图 5-26　门允许灯点亮

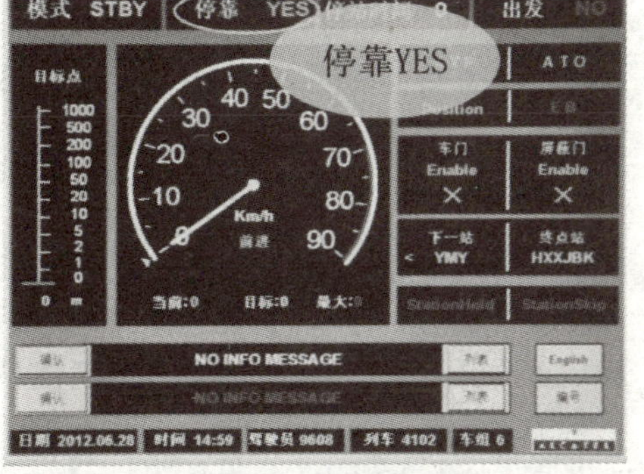

图 5-27　信号显示屏“停靠 YES”

司机确认车门打开方向，扳动“左右门选择”开关（图5-28），按压操纵台上相应侧的红色开门按钮（图5-29）大于2s，打开站台侧的客室车门。若列车有两个开门按钮，须同时按下才能打开车门。车门打开时，能听到提示音响。

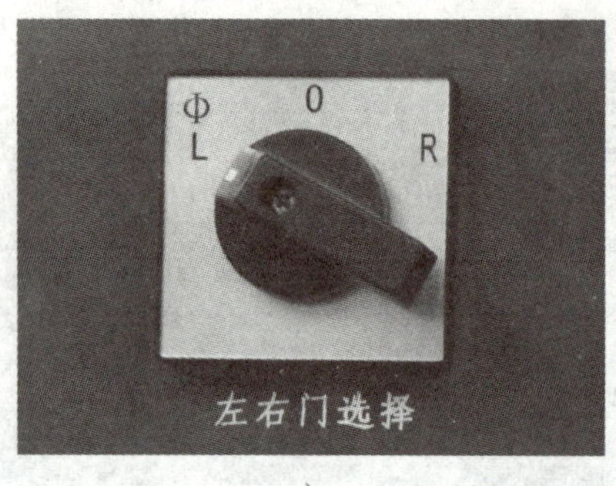

a）

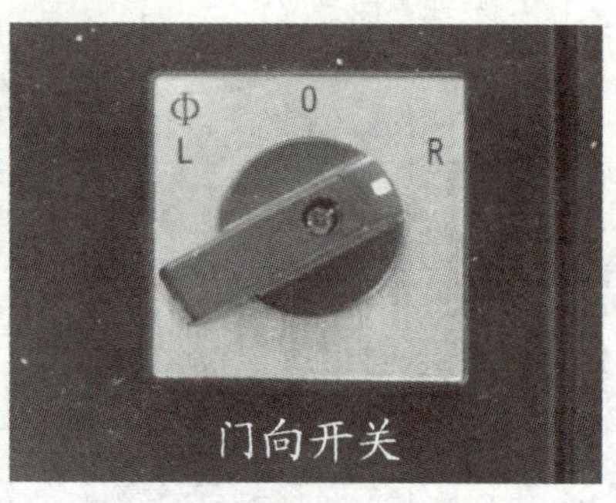

b）

图5-28 “左右门选择”开关

a）BJD01 型车 b）DKZ34 型车

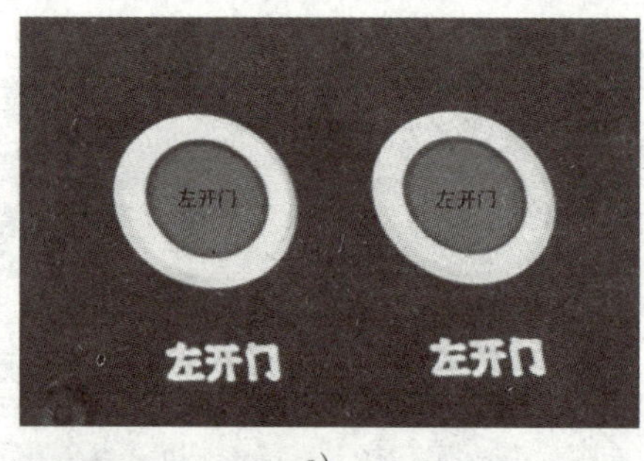

a）

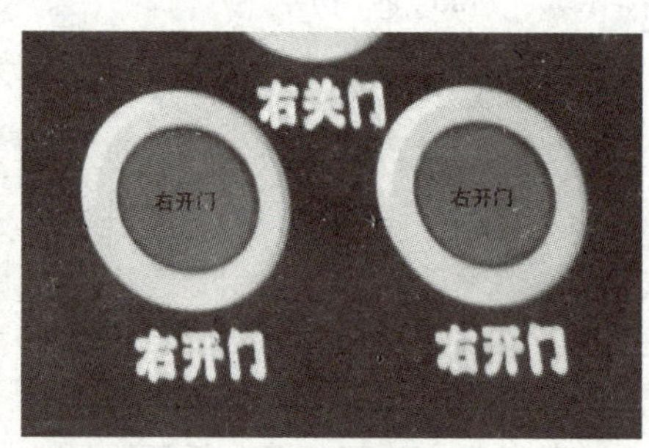

b）

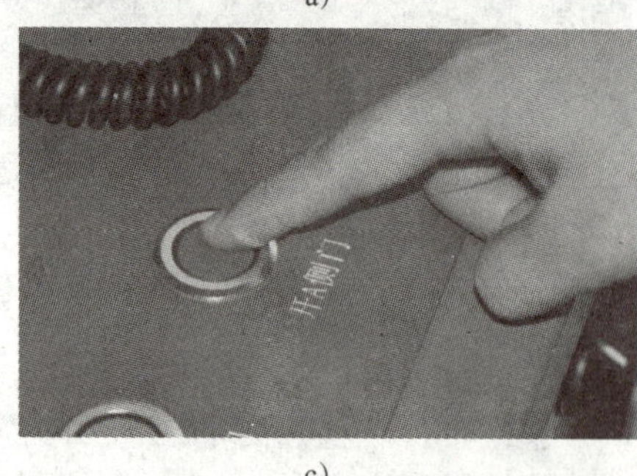

c）

d）

图5-29 客室车门开门按钮

a）DKZ34 型车“左开门” b）DKZ34 型车“右开门”

c）SFM05 型车“开 A 侧门” d）SFM05 型车“开 B 侧门”

司机应起身，站在驾驶室侧门处等待列车状态显示屏显示全列客室车门打开情况，待客室车门全部打开后，打开驾驶室门走出驾驶室。客室车门全部打开时，列车状态显示屏上的门光带显示绿色，如图5-30所示，列车左侧车门光带为绿色，表示全列开到位，右侧车门光带为黄色，右侧全列车门处于关闭状态。

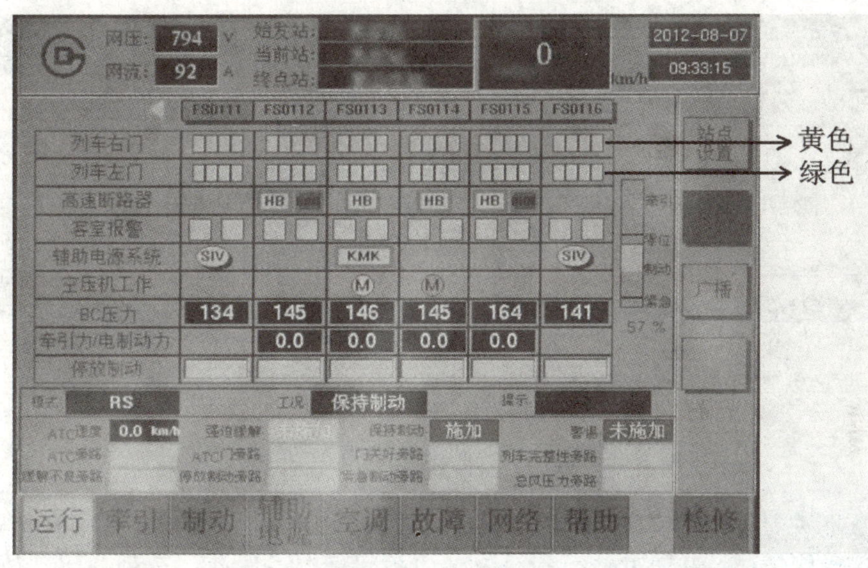

图 5-30　列车状态显示屏的门状态显示

对于装有屏蔽门的站台，司机还须确认屏蔽门打开情况。屏蔽门的状态由 PSL（PSD Local Control Panel，屏蔽门就地控制盘）显示，PSL 安装在端门墙上或司机门旁，如图 5-31所示。

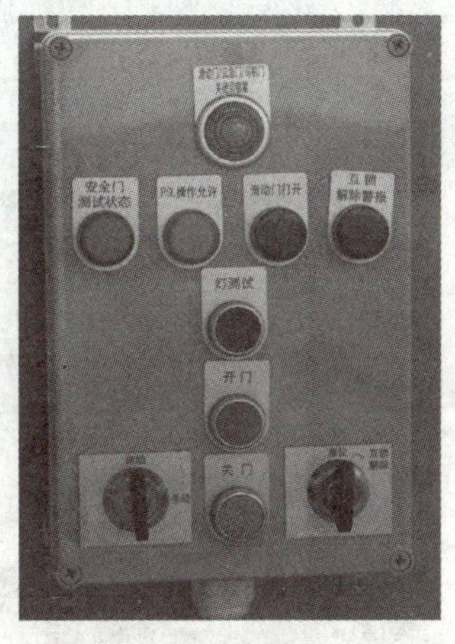

图 5-31　就地控制盘 PSL

司机在驾驶室侧门外立岗，监控乘客在站台的上下车情况并观看 TDT 倒计时，如图 5-32所示；司机也可通过站台端部的 CCTV 监控系统查看乘客上下车情况。

待 TDT 倒计时到规定发车时刻，司机站在车外，按下驾驶室侧墙上的关车门按钮 2s 以上，关闭客室车门，如图 5-33所示。若客流量较大，必要时，司机可通过广播系统通知乘客车门即将关闭，防止乘客冲门被夹等危险发生。

注意：双人执乘时两人均需下车在各自规定位置处进行监护，遇站停时间较长时，需保持标准站姿，不得随意走动及做与行车无关的事情。

a)

13:09:38
010

b)

图 5-32　站台立岗

a）北京地铁房山线　b）北京地铁 4 号线

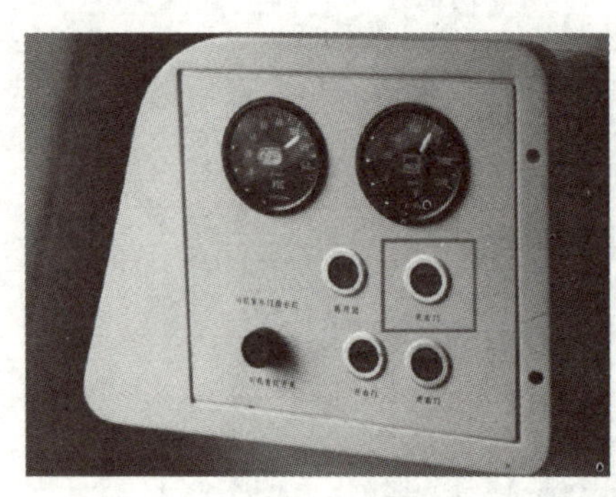

a)

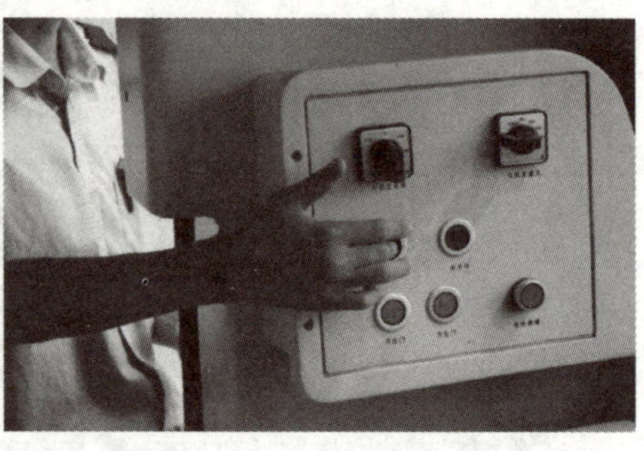

b)

图 5-33 关门操作

a）右侧墙关门按钮 b）左侧墙关门按钮

司机在按下关门按钮后，应及时返回规定位置认真观察车门关闭过程中有无异常情况，认真观察乘客乘降情况，并通过 PSL 确认屏蔽门关闭情况。屏蔽门全列关闭到位时，门锁紧灯点亮，如图 5-34 所示。

司机确认客室车门和屏蔽门全部关闭后，还须仔细确认车门和屏蔽门之间的间隙无夹人及异物，如图 5-35 所示。

图 5-34 PSL 门锁紧灯指示

图 5-35 车门与屏蔽门间隙

案 例

上海地铁夹人事故

2007 年 7 月 15 日下午 3 时 34 分，上海轨道交通 1 号线上海体育馆站下行（往莘庄方向）站台上，一名男性乘客在上车时被夹在屏蔽门和列车之间，列车正常起动后，该乘客不幸被挤压坠落隧道不幸身亡。事故发生后，车站立即拨打急救电话，将这名男子送往医院。不过，这名男子在送往医院前已经死亡。

上海地铁运营有限公司表示，当时，列车蜂鸣器与屏蔽门灯光已经发出警示，列车即将开动。

在这种情况下，这名乘客仍强行上车，由于车内拥挤，他未能挤进车厢。这时，屏蔽门已经关闭，列车正常起动，这名男子遂被挤压坠落隧道。

确认完客室车门和屏蔽门之间没有人及异物后，司机走进驾驶室，确认客室车门关闭情况，并关上驾驶室侧门。客室车门关闭情况可由关门灯（或门全关闭指示灯）查看，当全列客室车门关闭到位时，该灯点亮，如图5-36所示。

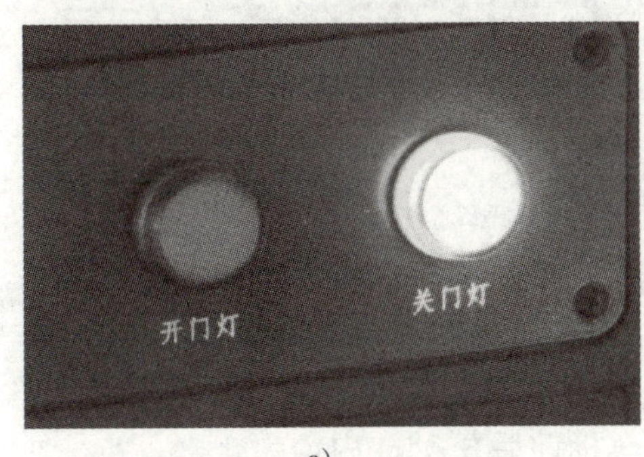

a)

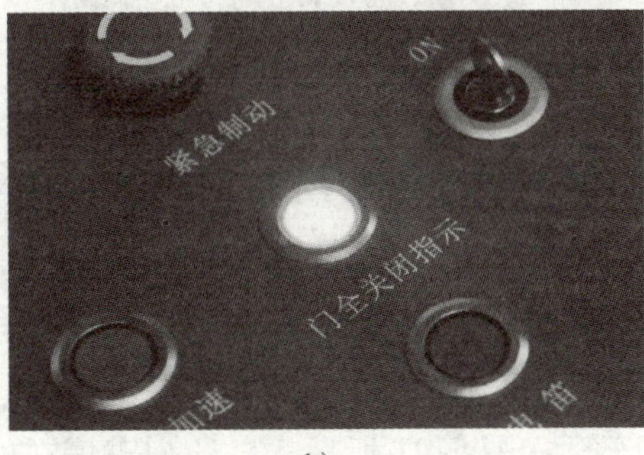

b)

图5-36　客室车门全关闭指示

a）BJD01型车关门灯亮　b）SFM05型车门全关闭指示灯亮

（三）发车

当关门作业完成且信号系统收到门全关闭的信息，就会向列车发送允许发车信号。这个允许发车信号可以通过车载信号显示屏上的目标速度和目标距离来确认：一旦目标速度和目标距离不为零，变成一个有效值，便意味着列车可以开往下一站，如图5-37a所示；有些列车通过信号显示屏上的离站指示来确认能够发车，如图5-37b所示。

a)

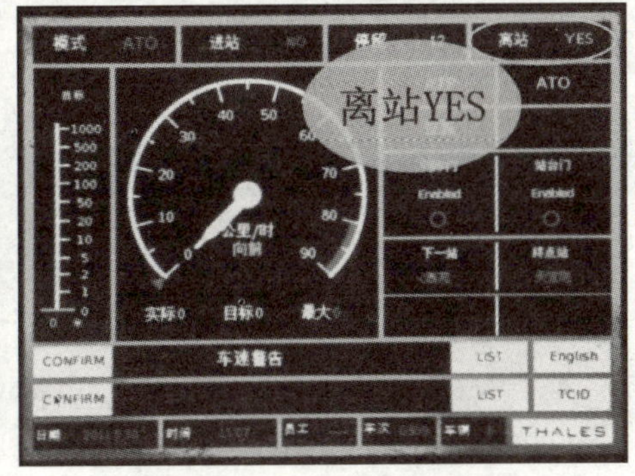

b)

图5-37　允许发车指示

a）目标速度、目标距离　b）离站“YES”

一切发车条件具备后，司机确认司机控制器手柄在“惰行”位（图5-38），按下“ATO启动”按钮（图5-39）大于2s，起动列车，离站运行。

图 5-38　司机控制器手柄位于“惰行”位

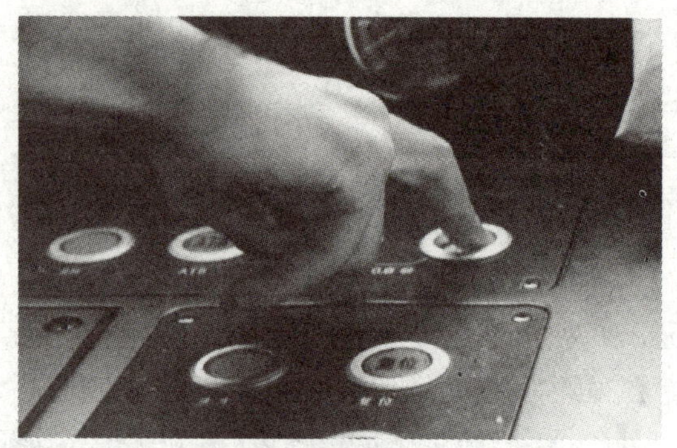
图 5-39　按压“ATO 启动”按钮

二、列车人工驾驶模式下的站台作业

1. 列车进站

在人工驾驶模式下，司机操作电动列车进站停稳的过程应考虑到列车制动的平稳性和乘客的舒适性，进站速度一般不得高于 40km/h，看进站信号机红灯（图 5-40），对准停车标停车。停车标如图 5-41 所示。一般列车停在停车标前后 0.25m 内均为合格。

图 5-40　进站信号机红灯

图 5-41　停车标

小贴士

北京地铁正副司机对标停车考核标准

停车按规定对标停车。

距标停车：0.25m 以内不扣分，0.35m 以内扣 2 分，0.45m 以内扣 5 分；0.5m 以内扣 10 分，超过 0.55m 扣 20 分，超过 1m 失格。

过标停车：0.25m 以内不扣分，0.35m 以内扣 5 分，0.45m 以内扣 10 分，超过 0.55m 失格。

2. 开关门作业

在人工驾驶模式下，客室车门的开关模式为“手动”，司机人工控制客室车门的打开与关闭。开关门作业的工作流程与“列车自动驾驶模式下的站台作业”中开关门作业内容一

致，此处不再赘述。

3. 发车

与自动驾驶模式一样，当司机完成一系列的开关门作业后，列车会收到信号系统发来的允许发车信号。如果线路运行要求同时看车载信号和地面信号，那么司机还须确认出站信号机开放，灯光颜色应为绿色或黄色，如图 5-42 所示。

a)

b)

图 5-42 出站信号机指示

a）出站信号机绿灯 b）出站信号机黄灯

一切发车条件具备后，司机握住司机控制器手柄，推至 P1 位，停留几秒，待列车完全起动后，再逐级推向 P4 位，牵引列车出站。

4. 站台作业呼唤应答程序

1）司机将列车停于站台规定位置后，进行开门作业。

手指设备：站台侧开门按钮；

呼唤内容：开左门（或开右门）；

应答内容：开左门（或开右门）。

2）司机站在驾驶室座椅旁，通过信号显示屏确认车门全部开启。

手指设备：信号显示屏运行界面；

呼唤内容：车门全开；

应答内容：车门全开。

3）开启站台侧驾驶室侧门，通过 PSL 确认屏蔽门全部开启。

手指设备：屏蔽门就地控制盘开门指示灯；

呼唤内容：屏蔽门全开；

应答内容：屏蔽门全开。

4）确认 PSL 显示安全门开启状态无异常后，及时站在规定位置面向站台侧监护乘客上下列车（站台监护），按规定关闭车门。

手指设备：屏蔽门就地控制盘关闭锁紧指示灯；

呼唤内容：屏蔽门全关；

应答内容：屏蔽门全关。

5）确认车门与屏蔽门缝隙。

手指位置：车门与屏蔽门缝隙；

呼唤内容：无异物；

应答内容：无异物。

6）回到驾驶室，关闭侧门，观察“车门全关闭”灯及信号显示屏情况。

手指设备：门全关闭指示灯（或门关好灯）；

呼唤内容：车门关好；

应答内容：车门关好。

7）恢复“门选向”开关（若使用）确认发车条件具备，操纵列车离站，期间须执行手指呼唤应答制度。

三、终点站作业

当列车完成一次单向运行、到达终点站后，根据运行图的安排，进行折返作业或回库运行。折返作业的具体操作参见本书项目六，回库作业的具体操作参见本书项目四。下面介绍终点站的站台作业部分。

1）在进站停稳前，广播终点站到站通知（可以多播放几遍）；如果必要，使用人工广播进行播报，提醒乘客到达此次列车终点，乘客需全部下车。

2）不论是自动驾驶模式还是人工驾驶模式，列车均须在停车点范围内停车（否则车门无法正常打开）。

3）与中间站不同，列车在终点站停稳后，司机须将司机控制器置于“紧急”位（图5-43）、“方向选择”开关置于“0”位（图5-44）。

图5-43　司机控制器置于“紧急”位

图5-44　“方向选择”开关置于“0”位

4）司机按照标准作业流程进行开门作业，确认车门和屏蔽门全部开启，走出驾驶室进行乘客下车监护工作，如图5-45所示。

5）终点站的清客工作由站务员协助完成。站务员进入车厢内部进行清客，必须确保所有乘客下车，不得载客进入折返线或回车辆段、停车场；然后向司机做一个“一切妥当、可以关门”的手信号，如图5-46所示；司机看到最近的站务员的手信号后，关闭客室车门和屏蔽门。

关门过程中，司机和站务员应密切注意观察站台上的状况，若有乘客未下车或在关门过程中上车，及时联系站务人员处理。

终点站的作业过程司机也须进行呼唤应答制度，步骤与站台作业一致。

6）开关门作业完毕后，司机回到驾驶室，等待允许发车信号、出站信号机开放及道岔

开通，驾驶列车进行折返作业或回段、场。图5-47所示为道岔开通正向，回库线路开放；若开通侧向，则折返线路开放。

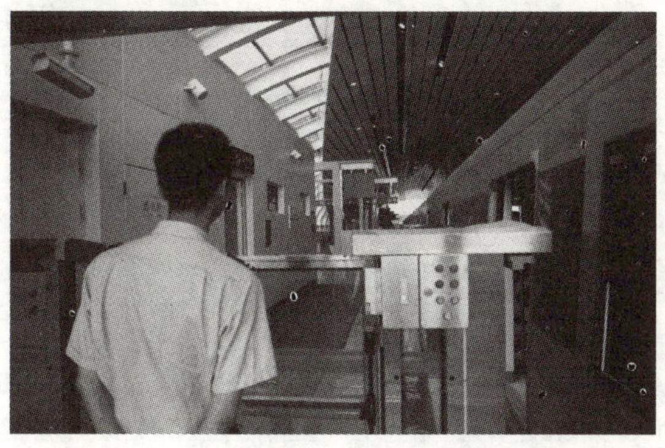

图5-45　终点站乘降监护

图5-46　站务员“关门”手信号

图5-47　回库线路开放

7）若终点站为运营一圈的终点，司机还须填写《列车状态记录单》和《司机手账》，记录运营情况。

实践训练与项目考核

任务	站台与开关门作业		
考核说明	教师考核组长操作步骤及内容，组长对组员逐一考核		
班　级		姓　名	
学习小组		考核时间	
考核目标			
1. 能正确进行开关门作业 2. 能确认列车车门状态 3. 能理解PSL灯光显示的含义 4. 掌握列车发车计时器表示含义 5. 能确认列车是否具备发车条件 6. 按标准进行手指呼唤作业 7. 培养严谨、规范的操作流程			

（续）

考核内容			
考 核 项 目	考 核 标 准	分 值	得 分
列车进站	速度不超过40km/h	5	
对标停车	距停车标不超过0.25m	10	
开门	按要求打开正确的车门（不论何种门模式），进行呼唤确认	5	
确认开门状态	起立，手指呼唤确认列车状态显示屏的门状态	5	
确认屏蔽门打开	走出驾驶室，并手指呼唤确认屏蔽门全打开（能说出PSL含义）	10	
乘客上下车监视	在驾驶室外监视乘客上下车，并注意观看CCTV	5	
列车发车计时器	说出列车发车计时器的作用及表示含义，并能正确掌握关门时机	10	
关门	按要求关闭车门	5	
确认屏蔽门关闭	查看PSL，手指呼唤确认屏蔽门关闭	5	
确认车门与屏蔽门之间缝隙	手指呼唤确认车门与屏蔽门之间缝隙处无人及异物	5	
确认列车客室车门全关到位	回到驾驶室，确认关门灯亮、列车状态显示屏上门光带的状态，手指呼唤确认关门灯亮	10	
确认发车条件	通过信号显示屏确认具备发车条件，进行手指呼唤确认	10	
确认出站信号机	确认出站信号开放，手指呼唤出站信号机状态	5	
发车	按要求（以自动或人工驾驶模式）起动列车	10	
指导教师意见：			
任务完成人签字：　　　　日期：　年　月　日 指导教师签字：　　　　日期：　年　月　日			

注：本任务中的开关门作业考核均按“手动模式”处理。

任务四　广播作业

任务说明

广播系统是司机在驾驶列车运营过程中须密切关注、随时操作的设备，广播作业是司机与乘客进行沟通、交流的有效手段。

通过此项任务，学生在操作列车的过程中能够正确掌握播报时机，进行自动或人工广播，达到良好服务乘客的目的。

知识要点

1. 了解列车广播系统的组成。
2. 了解乘客服务心理学。
3. 掌握人工广播标准用语。

素质和能力要点

1. 能正确操作列车广播设备。
2. 能根据不同情况组织广播词，流畅进行人工广播。
3. 培养乘客导向的意识和良好的沟通能力。

任务准备

列车驾驶模拟器（含列车广播装置）、乘客紧急通话装置。

项目实施

一、列车广播系统

列车广播系统是地铁运营、行车组织的必要手段，能为乘客提供高质量的广播和信息显示。其主要作用有：对乘客广播，通知列车到站、离站、线路换乘、时间表变更、列车误点、安全状况等；播放音乐改善列车车内环境；在发生突发事件或紧急情况时，组织指挥事故抢险，提高应急响应能力。

（一）列车广播系统构成

列车广播设备主要由驾驶室设备、客室设备和辅助设备构成。两端的驾驶室各有一套设备，两套设备互为热备份，当一方为主机时，另一方则为子机；主机负责信息的播出。客室设备的数量因列车节数而不同。

驾驶室主要设备包括：驾驶室广播系统主控设备、司机控制单元、驾驶室对讲装置。驾驶室广播主控设备如图5-48所示。

图5-48　驾驶室广播系统主控设备

客室主要设备包括：客室主控设备、电子地图显示、乘客紧急通话装置、客室噪声检测器、音箱。

（二）列车广播系统的功能

根据地铁列车运行的实际需要，列车在进行数字式语音自动广播的同时，应能保证人工播放站名和注意事项、两端驾驶室之间的对讲通话、电子地图信息播放、功能优先级设置、客室紧急报警通话、预录紧急广播信息、从控制中心对列车进行广播。广播信息内容以数字音频方式存储在 SD 卡存储器内，可提供中文和英文报站内容。

1. 自动语音广播

系统提供自动语音广播功能，广播系统控制器接收到列车的速度信号、关门信号，并把它作为语音自动播放的起动信号，控制列车运行过程中的全自动语音广播。自动语音广播内容包括预报列车前方到站和列车到站信息以及服务用语等插播信息。

2. 半自动语音广播

根据列车运行的状态，由司机通过驾驶室广播系统主控面板上的按键操作实现预报前方到站、报到站和其他广播内容，广播内容为预录制的语音信息。

3. 人工语音广播

司机通过广播系统的主用话筒向客室车厢播放实时语音信息。

4. 功能优先级

功能优先级可以设置。高级别的广播可以打断低级别的广播，而低级别的广播要等候高级别广播结束后才能开始播放。被高级别打断的低级别广播在高级别结束后自动恢复。

系统默认的优先级设置为运营控制中心（OCC）对列车的广播（紧急广播）、乘客紧急报警、驾驶室对讲、人工语音广播、自动语音广播和实时新闻播放。以上优先级别为通用建议序列，用户可以方便地对优先级别进行修改。

运营控制中心对列车的广播级别最高，可通过车载无线设备进入列车有线广播系统，作为行车调度向列车乘客进行广播。当紧急广播出现时，列车广播系统的广播主机会自动撤销当时正在进行的人工和自动广播，而将紧急广播信息送至客室。

5. 乘客紧急报警通话

乘客紧急报警通话装置用于车厢内出现紧急情况时乘客向驾驶室报警，可实现乘客与司机的双向通话。

在每个客室中设有两个紧急报警器，该报警器具有双向通话功能，用于乘客向司机报告紧急事件。乘客报警后，在驾驶室可听到蜂鸣器的声响报警，在列车状态显示屏上显示报警乘客的位置和列车编号、车厢编号等位置信息。司机可以与乘客进行通话，并处理紧急事件；处理结束后，由司机远程按下取消报警键，客室端报警按键恢复等待状态，也可以到乘客报警位置手动复位，完成报警通话。

在某一乘客报警通话期间，若有其他乘客报警时，系统会储存其呼叫信息，在当前乘客报警结束后，已被储存等待的乘客报警将会继续自动进行音响告警。

乘客报警的时间和通话的内容将被记录在硬盘上，用于后续事件情况查询。乘客紧急通话装置如图 5-49 所示。

司机可以在乘客报警、紧急广播、列车广播、内部通信之间进行选择和切换。

6. 电子地图信息显示

在客室乘客信息系统 LED 屏幕上进行站名汉字显示或站名地图显示，使声音广播报站与文字或地图显示同步进行，在 LED 屏幕上以中文或英文实时显示列车前方到站和到站。LED 屏幕的显示内容和显示方式可通过广播设备的主控面板经通信网络串口进行设置和操作。

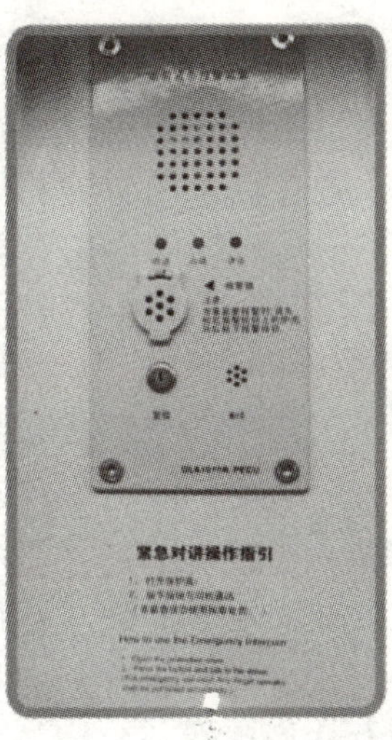

图 5-49　乘客紧急通话装置

二、广播作业

（一）广播作业内容

在列车运营过程中，广播内容可以分为：常规广播、特殊广播、紧急广播、人工广播、列车服务广播和推广信息广播等几部分。

常规广播主要指前方到站、到站、列车离站时播放的信息，这些信息一般是事先录制好的；特殊广播指在运营中出现特殊状况时的广播信息，如运营延误、到站清客等；紧急广播指在运营中出现紧急情况时播放的信息，如区间清客、紧急撤离等，在紧急情况下司机必须能通过广播缓解乘客的紧张情绪；人工广播适用于列车在运营中接到需发布的实时信息，如列车通过站台不停车、临时增加运营时间等；列车服务广播和推广信息广播是为乘客的乘车需求提供更好的帮助和遏制乘客乘车时的非正常行为，服务广播有开门方向提示，推广信息广播有让座提示等。

（二）广播作业注意事项

司机在驾驶室中操作列车，必须时刻关注各节车厢中乘客的状态，通过广播系统与乘客进行良好的沟通。

城市轨道交通作为公共交通运输的组成部分，归根结底是以“服务”为出发点，司机作为地铁运营公司的一员，必须将乘客服务置于工作的出发点，在执勤过程中对乘客真正负起应有的责任，积极主动地与车上乘客进行沟通，正确表达行车必要信息，使乘客获得良好感受，提高服务质量。

乘客在乘车过程中，当乘车条件发生变化，其心理要求也会随着变化，因此司机应能掌握乘客乘车的共性心理，同时又能探索和理解乘客的个性心理，避免服务工作的片面性和盲目性。

司机的广播作业能力不仅表现在人工广播的流畅性上，更表现在突发事件发生时，冷静、准确、恰到好处地设计广播词的能力上，使乘客积极配合司机的工作，实现安全运营的目标。

（三）人工广播标准用语

在进行广播时，应尽量使用文明用语，如您、请、谢谢、对不起等。特殊和紧急情况下的广播内容应首先引起乘客注意，再简单说明情况或原因，最后委婉地提出要求。下面介绍一些特殊和紧急情况下的人工广播词，在实际工作中，司机应能根据具体情况自己快速有效地组织语言，正确进行广播。

1. 区间临时停车超过1min

各位乘客：您好，现在是临时停车，请大家耐心等待，给您带来的不便请您谅解，谢谢合作。

2. 站台临时停车超过2min

各位乘客：您好，由于（地铁设备）故障，请大家耐心等待，给您带来的不便请您谅解，谢谢合作。

3. 因列车延误导致在车站超过运行图规定时刻3min

各位乘客：您好，本次列车晚点，请您协助我们的工作抓紧时间上下车，给您带来的不便请您谅解，谢谢合作。

4. 车辆发生故障造成临时停车

各位乘客：您好，本次列车发生故障，我们正在积极处理，请您耐心等待，给您带来的不便请您谅解，谢谢合作。

5. 列车在站通过

各位乘客：您好，接调度命令，本次列车在××站通过不停车，有在该车站下车的乘客请您提前下车，在站台等候下次列车。给您带来的不便请您谅解，谢谢合作。

6. 列车清客

各位乘客：本次列车停止运营服务，请您立即下车，等候下次列车，感谢您的合作。

各位乘客：本次列车将会在前方站退出运营服务，请您携带好随身物品，到站下车，在站台等候下次列车。给您带来的不便请您谅解，谢谢合作。

7. 列车救援

各位乘客：前方列车故障堵塞运行，需本次列车救援，以便尽快开通运行，请您立即下车，等候下次列车，感谢您的合作。

各位乘客：本次列车要担当救援任务，为避免在救援过程中发生意外伤害，为了您的安全，请抓紧时间下车，感谢您的合作。

8. 接到客室报警信息

乘客您好，我们已接到您的通知，列车即将到达前方站，我们将会尽快处理，谢谢合作。

乘客请注意，现在列车×号车厢上有乘客需要协助，前方站的工作人员已收到通知并准备好提供协助。列车到站之前，请附近的乘客帮忙照顾，感谢您的配合。

乘客请注意，现在列车×号车厢发生紧急情况，正在处理中。列车即将到达前方车站，请乘客注意安全，不要拥挤，远离×号车厢，避免发生损伤。感谢您的配合。

9. 列车在区间发生火灾、爆炸等突发事件

各位乘客：您好，车厢内发生突发事件，大家不要惊慌，我们正在积极处理，请大家协

助维护车内秩序，给您带来的不便请您谅解，谢谢合作。

10. 列车在车站发生火灾、爆炸等突发事件

各位乘客：您好，因列车发生严重意外事故无法继续运行，为了您的安全，请按秩序由开启的车门下车，请不要拥挤，注意安全，以免造成损伤。请您听从工作人员的指挥，迅速撤离车站，给您带来的不便请您谅解，谢谢合作。

11. 车辆或设备发生故障造成临时停车

各位乘客：因本次列车（或前方列车、线路、设备、供电系统等）故障，现正在积极处理，请大家耐心等待，协助我们维护好车内秩序。

12. 区间疏散（从列车到车站）

乘客您好：因发生车辆故障，本次列车已无法继续运行，为了您的安全，请您按顺序前行到车头方向，按照工作人员的引导前往下一站。请不要拥挤，注意安全，以免发生损伤。给您带来的不便请您谅解，谢谢合作。

13. 区间疏散（从列车到列车）

乘客您好：本次列车无法继续运行，请您按顺序前行到车头（或车尾）方向，按照工作人员的引导转乘另一列车。请不要拥挤，注意安全，以免发生损伤。给您带来的不便请您谅解，谢谢合作。

14. 区间疏散（紧急情况）

紧急广播！因发生紧急情况，请乘客从就近的驾驶室离开列车，前往下一站或出口。情况已经受到控制，请保持镇定，不要拥挤、奔跑，以免发生损伤。

15. 缓解乘客紧张情绪的信息提示

各位乘客：目前情况已完全受到控制，请保持镇定。有进一步的消息，我们会尽快通知大家。谢谢您的配合。

16. 信号设备故障、列车产生紧急制动

各位乘客：由于信号设备故障，列车产生紧急制动，给您带来的不便请您谅解，谢谢合作。

17. 车门（或屏蔽门）**故障**

乘客请注意，现在列车×号车厢的×号车门（或屏蔽门）不能开启，下车的乘客请从其他车门下车，给您带来的不便请您谅解，谢谢合作。

实践训练与项目考核

任务	广播作业		
考核说明	教师考核组长操作步骤及广播用语，组长对组员逐一考核；或教师依次考核全员		
班　级		姓　名	
学习小组		考核时间	
考核目标			
1. 能正确操作广播设备 2. 能进行人工广播，口齿清晰，内容明确			

（续）

<table>
<tr><td colspan="5">考核内容</td></tr>
<tr><td>考 核 项 目</td><td colspan="2">考 核 标 准</td><td>分 值</td><td>得 分</td></tr>
<tr><td rowspan="2">广播设备操作</td><td colspan="2">能正确设置广播形式（自动、半自动、人工）</td><td>5</td><td></td></tr>
<tr><td colspan="2">能正确接收乘客报警</td><td>5</td><td></td></tr>
<tr><td rowspan="13">人工广播用语</td><td rowspan="4">常规广播</td><td>始发站出发</td><td>5</td><td></td></tr>
<tr><td>列车进站</td><td>5</td><td></td></tr>
<tr><td>列车出发</td><td>5</td><td></td></tr>
<tr><td>终点站到站及清客</td><td>5</td><td></td></tr>
<tr><td rowspan="9">特殊和紧急广播</td><td>临时停车</td><td>6</td><td></td></tr>
<tr><td>在站通过</td><td>6</td><td></td></tr>
<tr><td>列车终点站临时清客</td><td>10</td><td></td></tr>
<tr><td>列车区间疏散</td><td>10</td><td></td></tr>
<tr><td>列车发生突发事件</td><td>10</td><td></td></tr>
<tr><td>缓解乘客紧张情绪</td><td>10</td><td></td></tr>
<tr><td>列车紧急制动</td><td>6</td><td></td></tr>
<tr><td>列车晚点</td><td>6</td><td></td></tr>
<tr><td>列车门或屏蔽门故障</td><td>6</td><td></td></tr>
<tr><td colspan="5">指导教师意见：</td></tr>
<tr><td colspan="5">任务完成人签字：　　　　日期：　年　月　日
指导教师签字：　　　　日期：　年　月　日</td></tr>
</table>

注：教师可根据情况酌情增减人工广播用于考核条目，也可给出某一具体事件情境让学生组织广播用语。

拓展与提高

一、特殊区段的操作运行

列车在运行途中，由于弯道、坡道等诸多因素的限制，使得列车在运行中不可能固定不变地按某一种方法进行操纵，从而使途中运行的操纵变得略显复杂。根据线路坡道等因素，可近似地把线路分为平道、上坡道和下坡道三种情况，并针对不同的情况采用不同的操纵方法，实现列车的平稳操纵。

1. 平道操纵

平道上操纵列车时要尽量避免频繁移动司机控制器手柄，减少因提手柄和回手柄过程

中造成的冲动。在平道或近似平道的线路上操纵列车时，要充分利用电动列车可依靠惯性运行短时间内保持恒速的特性，将司机控制器手柄固定在所需的适当位置，使列车通过自动调节、基本上以恒速运行，达到平稳性的要求。

2. 上坡道操纵

上坡时注意要提前调整速度，保持恒速闯坡，以防坡停。

平道转上坡道时，在接近上坡道以前，应在不超过目标速度的情况下，充分利用动能闯坡，司机控制器手柄可提至适当级位，将速度抢到比理想的上坡速度略高一点，减少上坡过程中低速和空转的可能性，提高了平均速度。上坡过程中可适当平滑地增加牵引力，使列车在上坡过程中基本保持所需的速度。

下坡道转上坡道时，应在下坡道即将结束时，将司机控制器手柄提至相应的级位，当列车由下坡道转向上坡道开始降速时，利用电动列车自身的惯性使速度平滑缓慢地增加。这样既避免了上坡时人为急速提手柄而造成的列车冲动，又使列车速度不至于下降过快而影响正常运行。当列车全部处于上坡道时，如果速度还不理想，可适当缓慢地增加牵引力，使其处于理想的恒速运行。

3. 下坡道操纵

上坡道转下坡道时，应在列车大部分越过坡顶后，逐渐退级，退级时一定要逐级操作，并使手柄在低制动级位停留3～5s，以防止回手柄过快而造成列车冲动。同时，要适当控制好坡顶速度，以免造成列车冲动。

遇27‰的长大坡道，下坡运行中要严守速度，当列车接近限速前要适当制动，将速度控制在规定范围之内。

若在运行过程中因各种原因导致在坡道被迫停车时，司机应确认列车处于制动状态，如因车辆故障、接触轨停电等短时间内不能继续运行时，注意做好防溜措施（如使用止轮器）。

二、客室车门的特殊操作

由于客室车门在电动列车的大系统中对安全运营起着至关重要的作用，因此在列车运行的过程中司机必须密切关注车门状态。从电动列车互联互通、安全保护的设计角度来看，车门的状态也直接影响着列车是否能正常运作。

门控单元EDCU在整个客室车门控制系统中，起着承上启下的关键作用：一方面接收、检测来自驾驶室控制单元的控制信号和命令，根据当前状态条件执行相应的动作控制流程，另一方面时时检测车门状态和故障信息并向列车监控中心汇报。

1. 门旁路操作

（1）门全关闭旁路　在驾驶室后墙的电气柜中有一个“车门全关闭旁路”开关（有些列车称为“门关好旁路”），如图5-50所示。当列车客室车门安全连锁环路发生故障，不能使列车门全关闭继电器得电或列车门全关闭继电器本身故障造成列车无法牵引时，闭合“车门全关闭旁路”开关，直接接通牵引电路，使列车在司机的控制下“强制”牵引（必须确认所有列车所有车门已关闭到位），进行非正常运行。

在正线运行时，如果司机确认所有客室车门、屏蔽门及驾驶室侧门已经关闭到位，

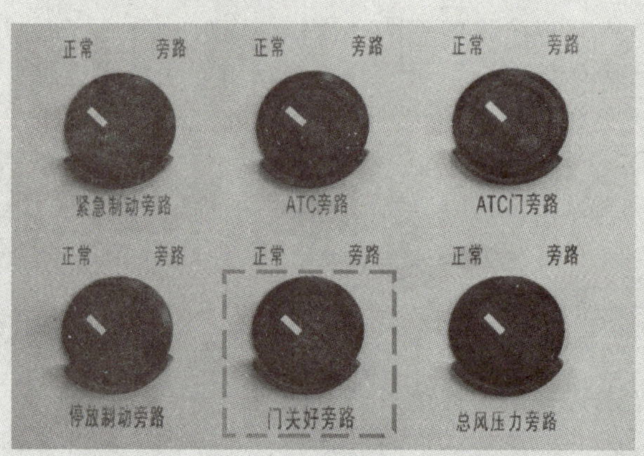

图 5-50 “门关好旁路”开关

但不能收到允许发车信号、无法牵引列车，判断为门关好继电器故障导致不能走车，司机可将控制柜内“门关好旁路”开关置于“旁路”位，忽略门状态起动运行，实现故障状态下的应急走车。有些地铁运营公司要求该状态下不得载客运行。

（2）零速旁路 EDCU 在保证列车行驶安全方面的一个重要功能就是零速保护，即只有在车辆处于静止状态下（同时隔离锁未锁闭、无紧急解锁）才可以进行电控开门操作。当列车处于运行状态，没有完全关闭的车门将自动关闭，关好的车门保持关闭状态，车门完全关好并锁闭后，EDCU 不再响应开关门信号操作。

零速旁路就是强制给各客室车门的 EDCU 发送零速信号，即故障开门。“零速旁路”开关一般在 ATC 门使能信号故障和零速继电器电路故障的情况下使用。

当 ATC 门使能信号故障时，按照 ATC 信号提示，将驾驶室控制柜内“ATC 门旁路”开关置于“旁路”位，模式为“RM”时，可故障开门。

当司机确认是零速继电器电路故障时，首车可将驾驶室控制柜内“零速旁路”开关置于“旁路”位，强行送零速信号到各车门，即故障开门。“零速旁路”开关如图 5-51 所示。

图 5-51 “零速旁路”开关

2. 门隔离

门隔离指车门故障隔离装置，当某扇客室车门不投入运行或车门出现故障而不能及时修理时，可锁闭隔离锁，隔离锁如图 5-52 所示。

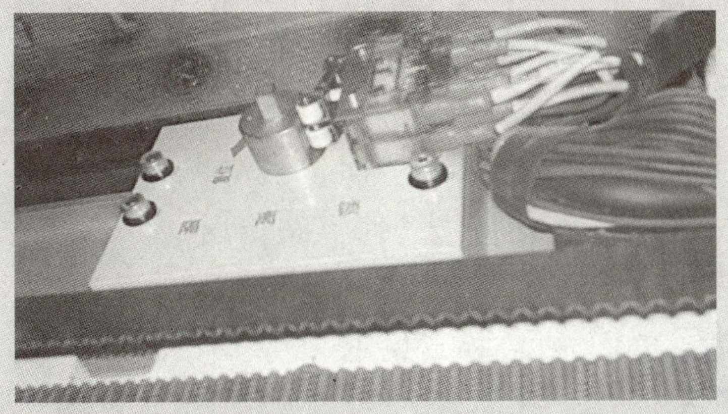

图 5-52　BJD01 型车客室车门隔离锁

当门系统出现故障后，需手动先将门扇关闭到位，用钥匙操作隔离锁，锁舌将触发隔离锁开关。当隔离锁锁闭后，隔离锁将车门机械锁闭，同时将隔离信号传至门控器，门控器自动切断该车门的控制回路，同时隔离开关输出 DC 110V，点亮隔离指示灯，并向车辆计算机报告该车门退出服务，保证车辆的正常运行工作。操作方法如图 5-53 所示。

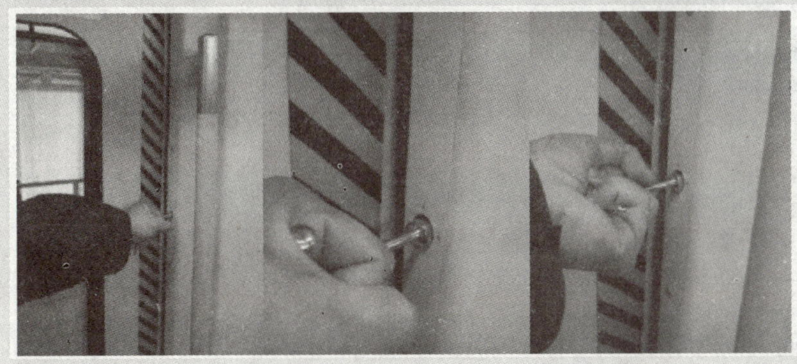

图 5-53　SFM05 型车客室车门隔离操作

隔离锁的操作一般由副司机或站务员完成。

项目六 折返作业

任务一 终点站折返

任务说明

列车折返是指列车通过进路改变、道岔转换，经过车站的调车进路由一条线路至另外一条线路运营的方式，它是司机每天必须进行的任务之一。司机操作熟练程度的高低，直接影响列车的折返效率，进而影响列车的发车间隔。

折返作业根据折返位置的不同分为在终点站的折返和在中间站的折返。

通过此项任务，学生能够熟练进行列车在终点站的人工折返和自动折返工作，并且操作规范符合企业标准。

知识要点

1. 熟悉终点站折返线布置。
2. 掌握终点站折返方式。
3. 了解终点站自动折返的技术原理。

素质和能力要点

1. 能辨别终点站折返线的布置形式。
2. 能完成列车驾驶操纵台转换作业。
3. 能完成终点站自动折返操作。
4. 能进行终点站人工折返作业。

任务准备

列车驾驶模拟器、列车发车计时器、司机包、司机手账、操纵台激活钥匙、三角钥匙、四角钥匙、手持电台、列车运行图、列车周转图、列车状态记录单。

相关理论

折返线主要用于组织列车的折返，实现行车的合理调度。按折返站位置不同折返线可分为起终点折返站和中间折返站，按折返方式不同折返又可分为站前折返、站后折返、混合折返和循环折返四种。

一、终点站折返线布置及折返方式

1. 站前折返

站前折返是在车站前端设置辅助线，在站台末端前完成折返调头的折返方式。站前折返线布置形式较多，最简单的是在车站站台前端设置交叉渡线或单渡线，车站根据需求采用侧式或岛式站台。这种折返线结构简单，道岔设备少，一般适用于折返量较小的车站。图 6-1 所示的侧式站台方案，通常仅使用一侧站台，当两侧站台均使用时，需及时引导乘客，避免上错站台影响出行。

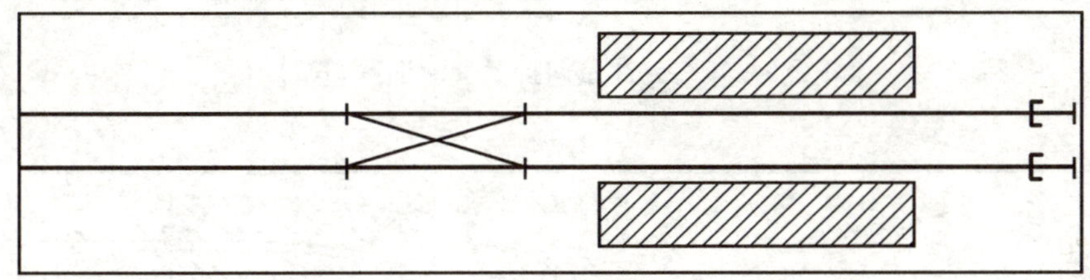

图 6-1　侧式站台前交叉渡线

当采用岛式车站方案时则无此问题，如上海 7 号线花木路站、10 号线航中路站和 11 号线安亭站，如图 6-2 所示。

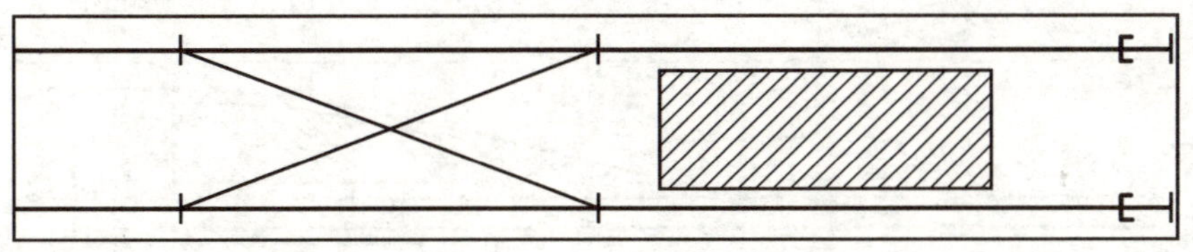

图 6-2　岛式站台前交叉渡线

图 6-3 所示为站前单渡线的形式，图 6-4 的侧式站台站前双单渡线的布置形式一般称为“八字线”，其折返功能与站前交叉渡线是相同的，特点是避免使用结构相对复杂的交分道岔。目前一般较少采用此形式。

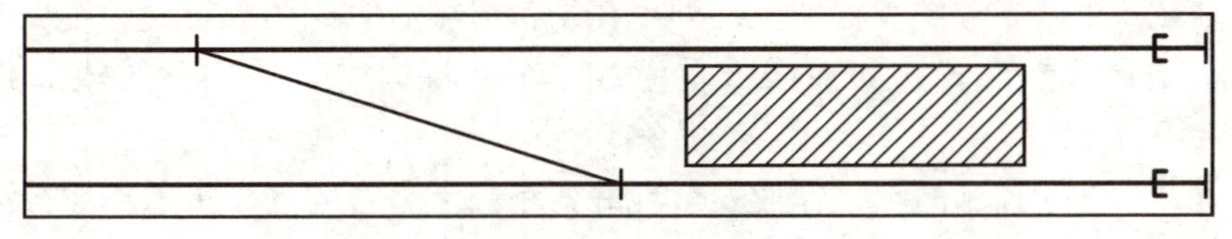

图 6-3　岛式站台站前单渡线

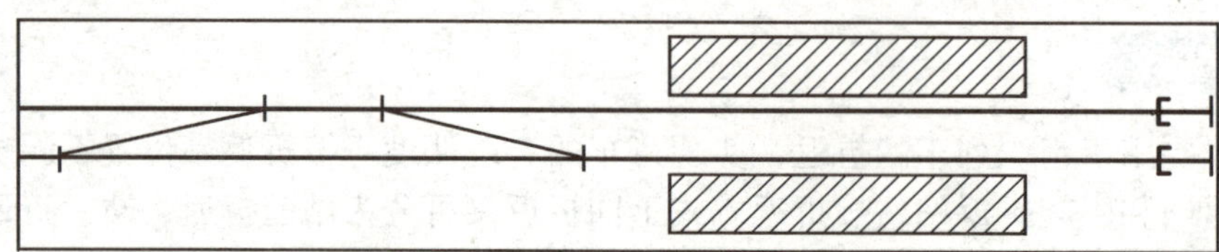

图 6-4　侧式站台站前双单渡线

当受周边条件限制只能采用站前折返形式而折返能力需求又较高时，可通过增加站台和配线来实现，如图 6-5 的深圳罗湖站、图 6-6 的北京 13 号线西直门站和图 6-7 的上海临港新城站所示。这样就增加了平行进路，提高了折返能力。

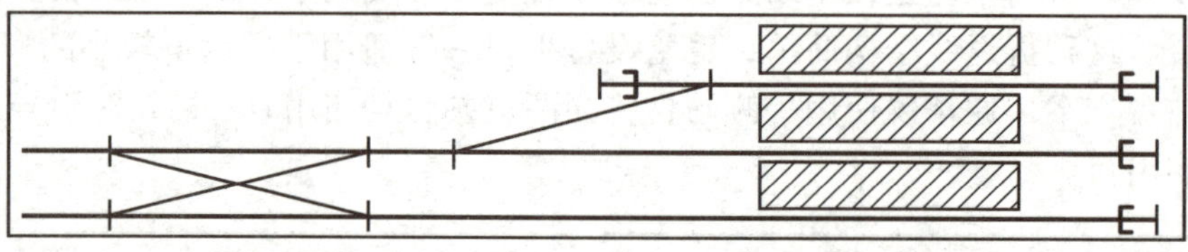

图 6-5　三岛三线站前折返（深圳罗湖站）

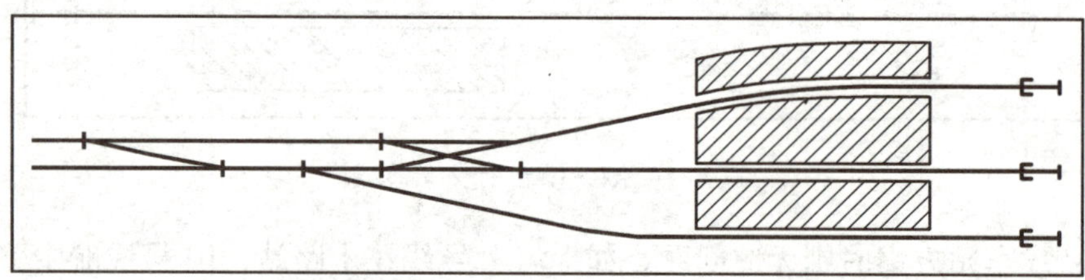

图 6-6　三岛三线站前折返（北京 13 号线西直门站）

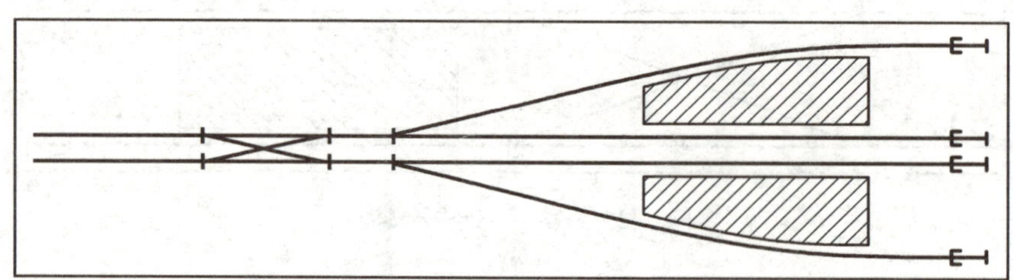

图 6-7　双岛四线站前折返（上海临港新城站）

2. 站后折返

站后折返是在车站后端设置辅助线，列车在站台清客后完成调头折返。站后折返线最简单的是在车站站台后端设置交叉渡线或单渡线，车站根据需求采用侧式或岛式站台，如图 6-8 ~ 图 6-10 所示。

站后折返方式列车控制简单，作业安全性好，车站上下客与列车折返作业分离进行，不仅避免了上下客流的对冲，而且在进行折返作业时，还能进行车厢内部清洁工作。图 6-8 和图 6-9 具有车站规模小、工程造价低等优点。图 6-10 岛式站台站后双单渡线的形式，虽避

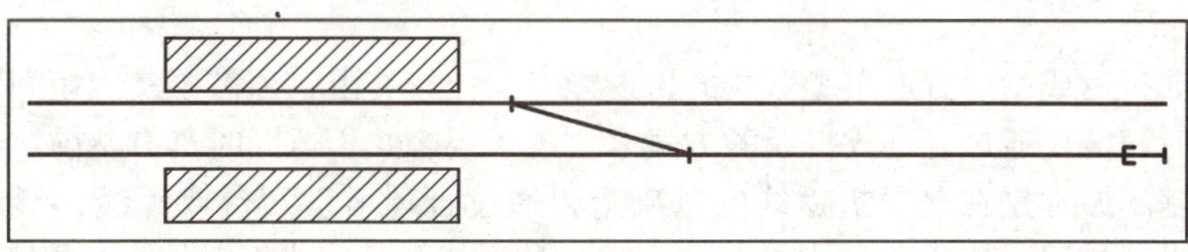

图 6-8　侧式站台站后单渡线

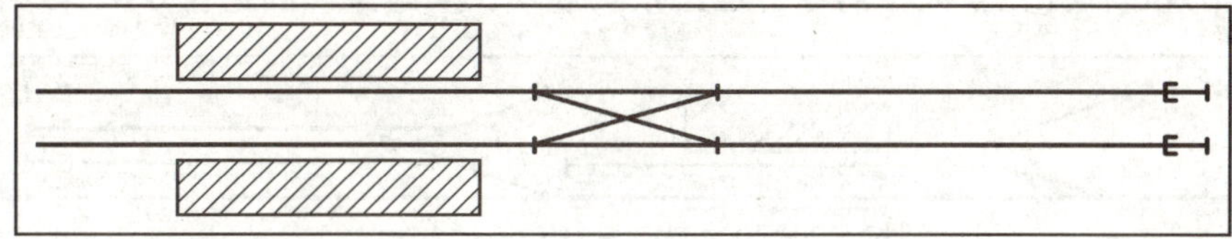

图 6-9　侧式站台站后交叉渡线

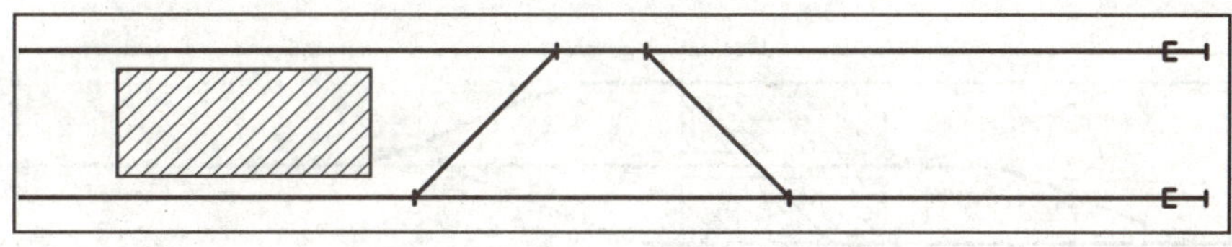

图 6-10　岛式站台站后双单渡线

免了交分道岔，但线路长度有所增加，目前也较少采用。

根据运营需求，岛式车站还可以利用上下行线间的空间，布置单线或双线折返，如图 6-11、图 6-12 所示。此形式车站规模较大，但增加了存车线，当停车场距离车站较远时，适合采用此种配线，减少列车空驶距离。

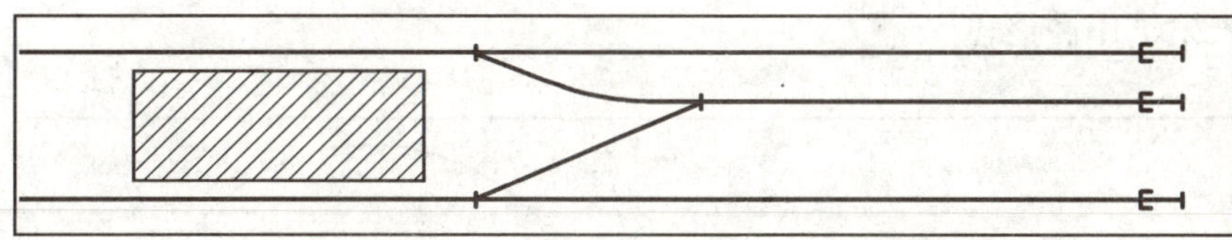

图 6-11　岛式站台站后单线折返

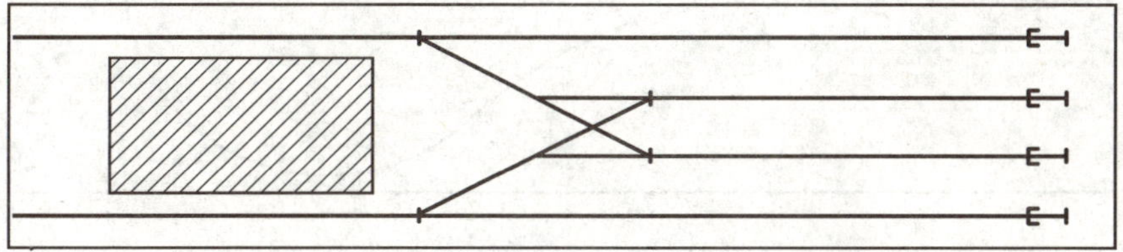

图 6-12　岛式站台站后双线折返

图 6-11 和图 6-12 的两种形式车站规模相差不大，图 6-12 相对道岔设备较多，但增加了存车线，并且当出现故障列车时，可借用折返线暂时停放故障列车，迅速恢复行车秩序，一般较常采用。

3. 混合折返

上述站前折返或站后折返布置形式的折返能力均比较有限，当需要实现短间隔的高峰时段发车需求时，需要通过混合式折返的方式来实现。混合式折返同时具有站前、站后两种折返方式，其基本原理是在普通折返线的基础上，通过合理增设站台或配线，形成接车、转线、发车的平行进路，使两列（或以上）列车在站内能平行完成折返作业，提高折返能力。

混合式折返布置的形式比较常规的为岛侧式和双岛式，如图 6-13 和图 6-14 所示。混合式折返站车站规模往往比较大，需综合考虑投资规模、实施条件和运营效果等综合因素。

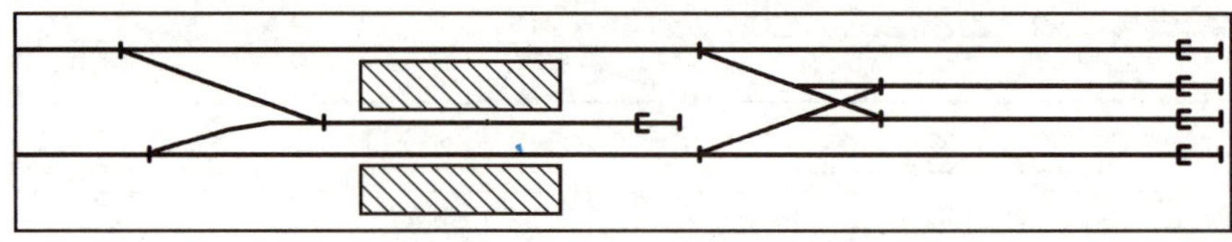

图 6-13　一岛一侧式混合折返

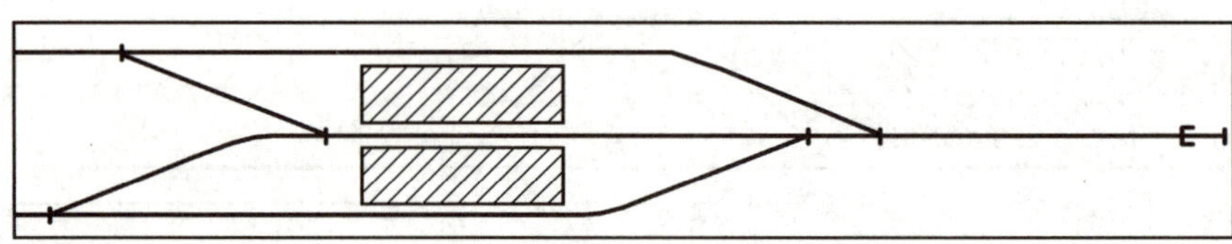

图 6-14　双岛式混合折返

4. 循环折返

循环折返是在站后设置灯泡环形线，如图 6-15 所示，利用该线达到转向折返的目的。循环折返消除了折返运行对线路通过能力的不利影响，且自动完成了列车的转向作业，使车轮内外侧磨耗均匀。但循环折返需要适合的地形条件，线路长度也明显增加。目前在城市轨道交通中基本不采用此形式。

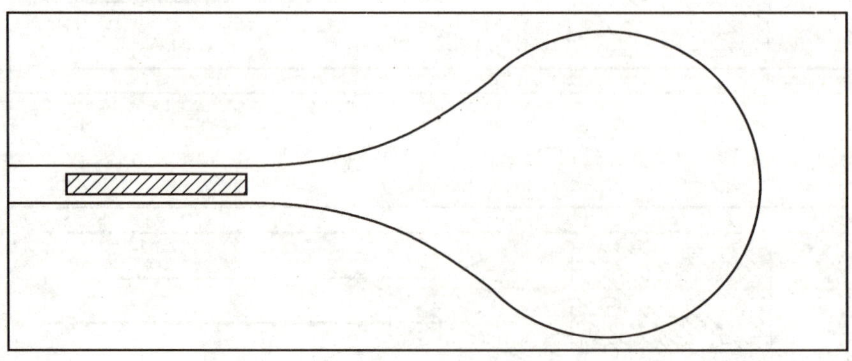

图 6-15　循环折返

二、折返原理概述

现代列车和信号系统能支持三种折返操作，分别为：使用折返轨进行列车无人折返操作，停稳时的列车自动换端、手动换端。

1. 使用折返轨进行列车无人折返的原理

在有自动折返功能的车站，ATP/ATO 车载计算机单元指示列车自动折返操作准备完毕，利用自动折返按钮起动折返操作，ATP/ATO 车载计算机单元就会执行折返运行。当车门关闭、司机关断主控钥匙并且 ATP/ATO 车载计算机单元得到一个移动授权，ATO 就会驾驶列车进入折返轨。当列车停稳，ATP/ATO 车载计算机单元就会执行交换驾驶室功能。当新的进路设定后，ATP/ATO 车载计算机单元从 ATP 轨旁计算机单元得到移动授权，ATO 就会驾驶列车驶入车站相反侧的站台。列车再次停稳后，司机确认车门/ 屏蔽门开启后，激活司机台。

如图 6-16 所示，信号系统接收到无人自动折返指令信号后，通过轨旁无线（DCS）传输相关信息，确保 SICAS 联锁系统和 ARS 自动进路排列系统完成进路设置，车载 ATP 能够收到相关移动授权，由车载系统自行完成折返。Tc1 端将对系统的整个折返过程进行监控，Tc1 端控制列车从终点站下行站台开始进行无人自动折返，运行至折返轨Ⅰ道或Ⅱ道停车；自动折返运行进路设置后，Tc1 端控制列车由折返轨Ⅰ道或Ⅱ道出发，列车执行无人折返，并将列车停在出发站台，在列车停稳且 ATP 释放车门后，ATO 车载设备自动打开车门和站台屏蔽门。

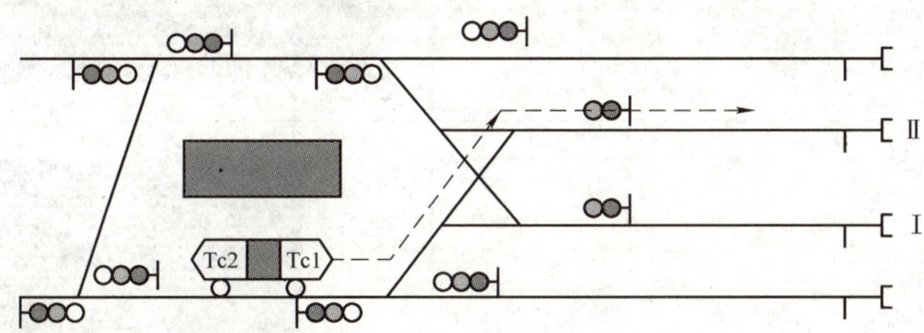

图 6-16　无人自动折返并有折返轨

2. 停稳时的列车自动换端原理

停稳时的列车自动换端原理就是 ATO 模式下人工驾驶进行自动折返，列车以 ATO 模式进折返线停稳后，司机按压“折返”按钮后换端，司机确认进路开放后开钥匙按压“ATO”按钮，列车自动运行至发车站站台自动开门上下客。

3. 手动换端原理

手动换端原理即 ATP 防护下的人工驾驶，是指列车的折返操作由司机来执行，ATP 进行监督，在这种情况下无 ATO 自动驾驶模式。当所有车门和屏蔽门（或安全门）关闭后，司机按压“AR”按钮，人工驾驶列车到折返轨，改变驾驶室并驾驶列车到出发站台，然后人工打开车门和站台屏蔽门（或安全门）。

三、终点站折返作业

（一）ATO 下的自动驾驶折返

1. 列车操纵台转换作业

无论是单司机折返还是双司机折返，都必须进行换端操控，列车操纵台的转换作业见表 6-1。

表 6-1　列车操纵台转换作业

终端驾驶室（A 端）	1）将司机控制器放置“紧急”位，“方向转换”开关置于“0”位	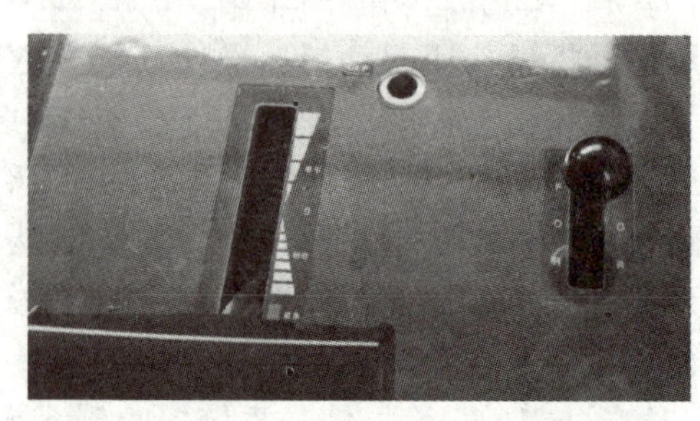
	2）“门选向”开关置于“0”位，断开各负载开关，断开“BHB”（高速断路器）开关，确认驾驶室各开关位置正确	
	3）取出激活钥匙	
	4）携带钥匙及用品，锁好驾驶室门，由客室通道到达另一端驾驶室	

（续）

<table>
<tr>
<td rowspan="2">始端驾驶室
（B 端）</td>
<td>5）司机到达另一端驾驶室后，使用钥匙激活驾驶室，“方向转换”开关置于“前”位，闭合各负载开关</td>
<td></td>
</tr>
<tr>
<td>6）闭合“BHB”开关，进行简略制动试验，确认各仪表和指示灯显示正常，转换操纵台作业完毕</td>
<td>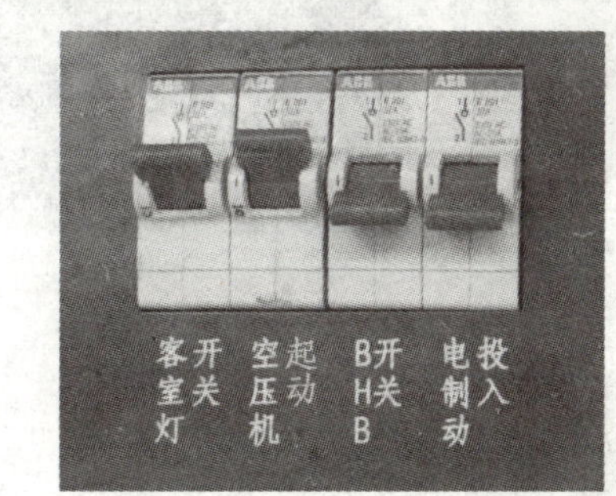</td>
</tr>
</table>

2. 自动折返流程

列车无人自动折返是采用一定的车辆设备、信号设备、固定设备实现的自动折返方式。由于各条线路的信号系统、车型及劳动条件（有的线路为单司机，有的线路为双司机，有的线路设折返司机）不尽相同，列车自动折返的控制和作业流程也有所区别。但自动折返的原理和原则都是一样的。首先，要进行终点站的站台作业；然后，上车确认各项发车条件并进行折返作业；起动列车进入自动折返状态；转换列车操纵台；最后，进入正线驾驶。本书以北京地铁 8 号线和北京地铁亦庄线的自动折返作业为例介绍。

（1）北京地铁 8 号线列车自动折返流程

1）当列车在折返站规定的停车时间结束及乘客下车完毕，车门和站台屏蔽门关闭后，由司机按压“ATO 启动”按钮，列车自动驾驶进入折返线折返轨。

2）列车完全进入折返线折返轨停稳后，头车驾驶室折返灯点亮。

3）司机按压“自动折返”按钮确认进行折返。

4）头车折返灯闪烁。

5）司机关闭头车驾驶室激活钥匙，头车驾驶室折返灯熄灭，尾车驾驶室折返灯闪烁。

6）司机锁好驾驶室门到达始端驾驶室，激活始端驾驶室。按压始端驾驶室“自动折返”按钮，始端折返灯熄灭。

7）司机确认地面调车信号开放后，司机按下“确认”按钮获取开口速度，然后司机按压“ATO 启动”按钮，ATO 自动驾驶列车驶出折返线，进入站台线。

（2）北京地铁亦庄线列车自动折返流程　北京地铁亦庄线列车终点站无人自动折返流程介绍如下：

1）监护。列车到达终点站清人作业完毕后，司机在车下站立确认值班员的清人完毕手信号，将车门关闭。关门过程中注意观察情况，遇有乘客未下车或在关门过程中再次上车时，及时开启车门并通知站务人员，如图 6-17 所示。

a）

b）

图 6-17　终点站清人

a）司机关门　b）站务员确认

注意：终点站台作业确认步骤与站台作业规范流程内容一致，均须严格遵照并认真执行呼唤制度。不同点为终点站关门时机，是以站务人员给出的“一切妥当”手信号为准，司机需严格执行，不得臆测关门。遇较长时间内，无人员给出“一切妥当”手信号时，可联系行车调度员，确认情况。

2）司机上车确认关门灯点亮，列车监控显示屏显示关门正常，信号系统显示屏上发车允许图标点亮。将“门选向”开关置于“0”位后，操纵者和非操纵者共同手指门灯和发车允许图标（2s），呼唤“门灯正确，允许发车”，如图 6-18 所示。

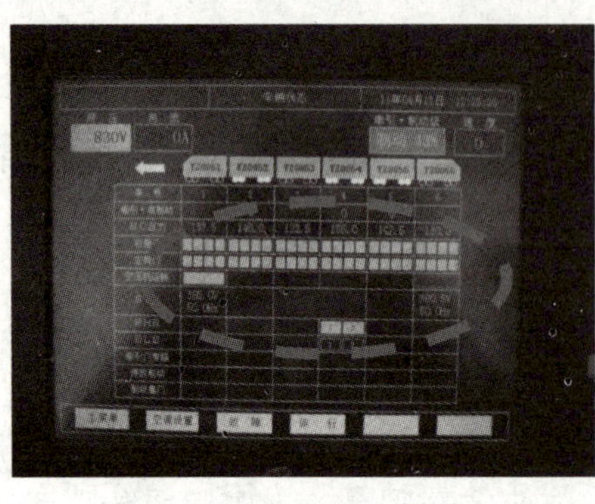

a）

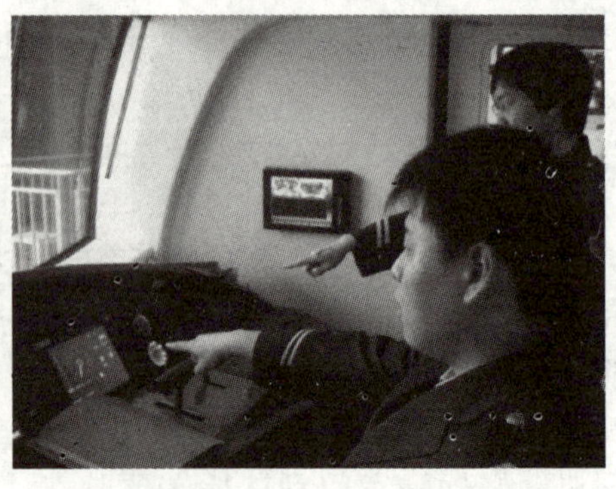

b）

图 6-18　确认关门和允许发车

a）门全关　b）手指呼唤

3）列车处于“CBTC”级别下的“列车自动防护人工驾驶”或“列车自动驾驶”模式时，停在指定的自动折返站台，车门关闭，满足无人折返的条件；车载“自动折返灯”闪

烁，信号系统显示屏显示“可进行自动折返”图标，如图 6-19 所示。

图 6-19 可进行自动折返的显示

4）司机按压车载“自动折返”（AR）按钮，如图 6-20 所示。

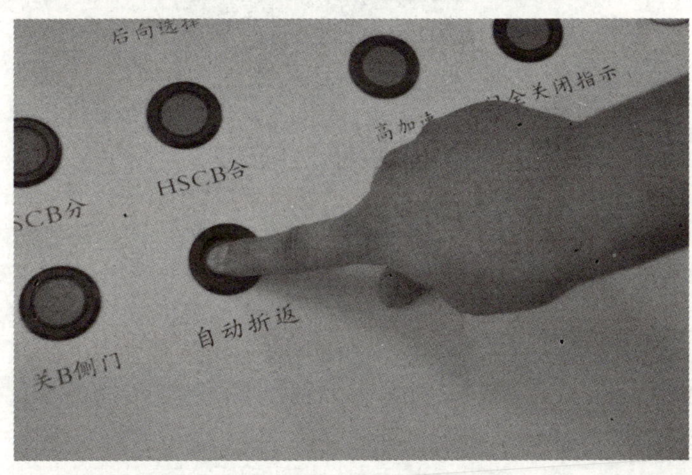

图 6-20 按压“自动折返”按钮

5）站台自动折返灯闪烁；车载“自动折返”灯点亮，信号系统显示屏显示“正在进行自动折返”图标，如图 6-21 所示。

6）司机离开驾驶室，按压站台“自动折返”按钮；站台自动折返灯点亮，如图 6-22 所示。

7）司机回到驾驶室并关闭驾驶室门，司机关闭钥匙开关。

8）车载“自动折返”灯熄灭，信号系统显示屏显示黑屏，如图 6-23 所示。

9）列车自动驶离站台。

10）站台自动折返灯熄灭。

11）列车自动进入折返库线规定位置停车。

12）列车自动完成换端，运行至目的站台。

a) b)

图 6-21 自动折返准备中

a) "自动折返" 灯亮 b) 信号系统显示屏

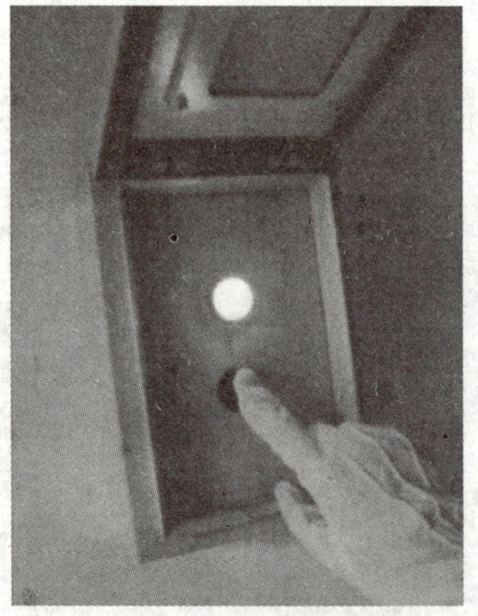

图 6-22 按压站台 "自动折返" 按钮

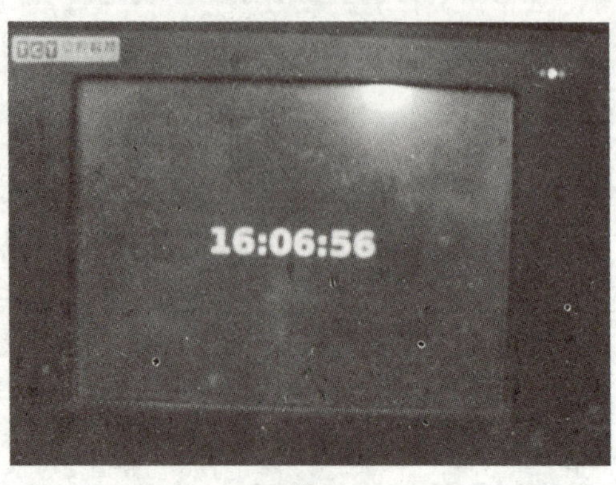

a) b)

图 6-23 自动折返操作完成

a) "自动折返" 灯熄灭 b) 信号系统显示屏黑屏

13）待列车在目的站台停稳后，司机激活前端驾驶室钥匙开关。

14）列车继续在正线上运行。

（二）终点站人工驾驶折返

人工驾驶折返作业相对自动折返流程更加简单，也更为可靠，但需要两名司机在首尾驾驶室配合完成。终点站人工驾驶折返又分为ATP监督下的人工驾驶折返和人工驾驶模式的人工折返。

1. ATP监督下的人工驾驶折返

1）一名列车司机进入列车后端驾驶室准备进行折返工作。

2）所有乘客下车后，首端司机等待进入折返库线信号开放。

3）以"列车自动防护人工驾驶"模式进入列车折返线，按规定速度入库按标停车。

4）按照规定进行更换操纵台作业，注意：在"折返"按钮闪动时，应先确认"折返"按钮后再取出激活钥匙，否则列车当前运用模式将降级。

5）后端激活列车，发车条件具备后出库。

6）列车在站台停稳、接收到信号后，列车将进入当前的驾驶模式。"折返"按钮闪动时不得按动"确认"按钮，否则列车将默认为折返作业。

2. 人工驾驶模式（RM或BY）人工折返

司机确认入库信号良好后，RM或BY模式进入列车折返线，按规定速度入库按标停车，进行更换操纵台作业，发车条件具备后以RM或BY模式按规定速度出库。

3. 手动站前折返操作

1）列车凭信号机运行到站台规定位置停车。

2）操纵列车打开站台侧车门，确认列车车门及屏蔽门全部打开。

3）司机步行到另一端驾驶室，闭合"SIV（静止逆变器）起动"按钮、"BHB"（母线高速断路器）开关、"空压机"开关、"客室照明"开关，并使用对讲装置通知副司机恢复尾车操纵台。

4）副司机接到司机的通知后断开"BHB"（母线高速断路器）"空压机""客室照明"开关，将"SIV起动"按钮关断，控制器手柄置于"紧急"位，"方向转换"开关回"0"位，取下激活钥匙，并通知司机恢复操纵台完毕。副司机锁好驾驶室门窗，由客室通道步行到另一端驾驶室。

5）司机接到副司机的通知后，将"激活钥匙"开关置于"开"位，"方向转换"开关打至"前"位，并进行简略的制动机试验。发车时机具备后，再操纵列车"关门"按钮，关闭列车门，司机操作PSL关闭屏蔽门后，并通过列车门、屏蔽门的指示灯，确认关闭正常，列车与屏蔽门间未夹人夹物。

6）出站信号开放，使用RM模式出站，在越过出站信号机前通过车载信号系统显示屏显示，确认列车已升级到"列车自动防护人工驾驶"模式后方可继续运行，如未升级到"列车自动防护人工驾驶"模式，应按RM模式运行到规定信号机；仍未升级到"列车自动防护人工驾驶"模式，按ATP故障处理。

实践训练与项目考核

考虑到操纵台转换作业的重要性，在此将"列车操纵台转换作业"作为一个单独子任务进行考核，子任务二为“单司机终点站自动折返作业”；由于工作内容一致，终点站人工折返作业可参考“本项目任务二中间站折返”后的考核评分表。

<table>
<tr><td>任务（一）</td><td colspan="5">列车操纵台转换作业</td></tr>
<tr><td>考核说明</td><td colspan="5">教师考核组长操作步骤及内容，组长对组员逐一考核</td></tr>
<tr><td>班　级</td><td colspan="2"></td><td>姓　名</td><td colspan="2"></td></tr>
<tr><td>学习小组</td><td colspan="2"></td><td>考核时间</td><td colspan="2"></td></tr>
<tr><td colspan="6">考核目标</td></tr>
<tr><td colspan="6">1. 能正确完成列车的整理复位工作
2. 能正确完成列车起动作业
3. 能正确处理操纵台转换作业中的常见问题
4. 能正确执行呼唤应答制度</td></tr>
<tr><td colspan="6">考核内容</td></tr>
<tr><td>考核项目</td><td colspan="2">考核标准</td><td>分值</td><td>得分</td><td></td></tr>
<tr><td rowspan="10">终端（A端）驾驶室各开关恢复顺序</td><td rowspan="4">确认自动折返成功</td><td>CBTC模式下，列车停于规定位置内</td><td>5</td><td></td><td></td></tr>
<tr><td>信号系统显示屏上列车停车窗显示绿色</td><td>5</td><td></td><td></td></tr>
<tr><td>当操纵台上“自动折返”灯闪烁后按下“自动折返”按钮，“自动折返”灯常亮</td><td>10</td><td></td><td></td></tr>
<tr><td>信号系统显示屏上“自动折返”图标显示黄色</td><td>5</td><td></td><td></td></tr>
<tr><td rowspan="6">整理复位</td><td>司机控制器手柄放置于“紧急”位</td><td>5</td><td></td><td></td></tr>
<tr><td>“方向选择”开关置于“0”位；“门选向”开关置于“0”位</td><td>10</td><td></td><td></td></tr>
<tr><td>按顺序关断各负载开关（SIV、电制动、母线、空压机、LCD集控）</td><td>10</td><td></td><td></td></tr>
<tr><td>关闭“前照灯”开关</td><td>5</td><td></td><td></td></tr>
<tr><td>“激活控制钥匙”开关置于“断开”位并取下</td><td>5</td><td></td><td></td></tr>
<tr><td>锁闭好驾驶室通道门，前往另一端驾驶室</td><td>5</td><td></td><td></td></tr>
<tr><td rowspan="6">始端（B端）驾驶室各开关闭合顺序</td><td colspan="2">“激活控制钥匙”开关置于“打开”位</td><td>5</td><td></td><td></td></tr>
<tr><td colspan="2">按要求闭合各负载开关（SIV、电制动、母线、空压机、LCD集控）</td><td>10</td><td></td><td></td></tr>
<tr><td colspan="2">“方向选择”开关置于“前”位</td><td>5</td><td></td><td></td></tr>
<tr><td colspan="2">确认各仪表和指示灯显示正常及信号系统显示屏上车载控制模式的显示</td><td>5</td><td></td><td></td></tr>
<tr><td colspan="2">按要求进行制动机简略试验</td><td>5</td><td></td><td></td></tr>
<tr><td colspan="2">汇报完成操纵台转换作业</td><td>5</td><td></td><td></td></tr>
<tr><td colspan="6">指导教师意见：</td></tr>
<tr><td colspan="6">任务完成人签字：　　　　　　　　　日期：　年　月　日</td></tr>
<tr><td colspan="6">指导教师签字：　　　　　　　　　　日期：　年　月　日</td></tr>
</table>

6 PROJECT

<table>
<tr><td>任务（二）</td><td colspan="3">单司机终点站自动折返作业</td></tr>
<tr><td>考核说明</td><td colspan="3">教师考核组长操作步骤及内容，组长对组员逐一考核</td></tr>
<tr><td>班　级</td><td></td><td>姓　名</td><td></td></tr>
<tr><td>学习小组</td><td></td><td>考核时间</td><td></td></tr>
<tr><td colspan="4">考核目标</td></tr>
<tr><td colspan="4">1. 能正确完成列车终点站站台作业
2. 能完成列车自动折返作业
3. 能正确监控列车自动折返过程
4. 能判断列车折返是否成功
5. 能正确执行呼唤应答制度</td></tr>
<tr><td colspan="4">考核内容</td></tr>
</table>

<table>
<tr><th>考核项目</th><th colspan="2">考核标准</th><th>分值</th><th>得分</th></tr>
<tr><td rowspan="10">终点站站台作业</td><td colspan="2">列车到站，确认车门、安全门全部开启
呼唤：开左（右）门</td><td>4</td><td></td></tr>
<tr><td colspan="2">在站台处立岗，监护乘客下车情况并等待站务人员“一切妥当”手信号</td><td>4</td><td></td></tr>
<tr><td colspan="2">确认收到站务人员给出的关门手信号</td><td>4</td><td></td></tr>
<tr><td colspan="2">按压站台侧关门按钮2s以上关门</td><td>4</td><td></td></tr>
<tr><td colspan="2">呼唤：关左（右）门</td><td>4</td><td></td></tr>
<tr><td colspan="2">在车外立岗，面冲信号机，等待出站信号机开放及道岔开通</td><td>4</td><td></td></tr>
<tr><td colspan="2">上车确认关门灯点亮，列车状态显示屏显示关门正常，信号显示屏上“发车允许”图标点亮</td><td>3</td><td></td></tr>
<tr><td colspan="2">将“门选向”开关置于“0”位</td><td>3</td><td></td></tr>
<tr><td colspan="2">手指门灯和“发车允许”图标</td><td>3</td><td></td></tr>
<tr><td colspan="2">呼唤“门灯正确，允许发车”</td><td>3</td><td></td></tr>
<tr><td rowspan="9">自动折返</td><td rowspan="3">确认满足自动折返条件</td><td>列车处于CBTC级别“列车自动防护人工驾驶”模式或“列车自动驾驶”模式</td><td>4</td><td></td></tr>
<tr><td>停在指定的自动折返站台，车门关闭</td><td>2</td><td></td></tr>
<tr><td>车载“自动折返”灯闪烁，信号系统显示屏显示“可进行自动折返”图标</td><td>4</td><td></td></tr>
<tr><td colspan="2">按压车载“自动折返”按钮</td><td>4</td><td></td></tr>
<tr><td colspan="2">站台自动折返灯闪烁</td><td>4</td><td></td></tr>
<tr><td colspan="2">车载“自动折返”灯点亮，信号系统显示屏显示“正在进行自动折返”图标</td><td>4</td><td></td></tr>
<tr><td colspan="2">司机离开驾驶室，按压站台“自动折返”按钮；站台自动折返灯点亮</td><td>4</td><td></td></tr>
<tr><td colspan="2">司机回到驾驶室并关闭驾驶室门</td><td>2</td><td></td></tr>
<tr><td colspan="2">司机关闭“钥匙”开关</td><td>2</td><td></td></tr>
</table>

（续）

考核项目	考核标准		分值	得分
自动折返	确认自动折返成功	车载“自动折返”灯熄灭，信号系统显示屏显示黑屏	4	
		列车自动驶离站台	4	
		站台自动折返灯熄灭	4	
		列车自动进入折返库线规定位置停车	4	
		列车自动完成换端，列车运行至目的站台	4	
	司机通过后端门前往另一端驾驶室		4	
激活前端驾驶室	待列车在目的站台停稳后，司机激活前端驾驶室“钥匙”开关，选择相应的驾驶模式，进行简单的制动试验		8	
	列车继续在正线上运行		2	
指导教师意见：				
任务完成人签字：		日期：　　年　　月　　日		
指导教师签字：		日期：　　年　　月　　日		

任务二　中间站折返

任务说明

通过此项任务，学生能够熟练进行列车在中间站的人工折返和自动折返工作，并且操作规范符合企业标准。

知识要点

1. 熟悉中间站折返线布置。
2. 掌握中间站折返方式。

素质和能力要点

1. 能辨别中间站折返线的布置形式。
2. 能完成中间站自动折返操作。
3. 能进行中间站人工折返作业。

列车驾驶模拟器、列车发车计时器、司机包、司机手账、操纵台激活钥匙、三角钥匙、四角钥匙、手持电台、列车运行图、列车周转图、列车状态记录单。

每一条轨道交通线路的客流断面通常是两端小，中间大，而且在不同时段、不同路段总是不均匀的。当列车全程运行时，必然反映出列车满载率的不均匀性和不经济性。因此需要设置中间折返站，组织长短交路运行，即组织部分列车在某区段按短交路折返运行。

一、中间站折返线布置及折返方式

在交路折返站需设折返线。终点站的折返线形式中，图 6-1、图 6-2 和图 6-9 的形式均可作为中间折返站，但此时列车需利用正线折返，折返列车转向时与后续列车有敌对进路交叉，存在安全隐患且影响折返能力，一般不采用此形式。

1. 站前折返

如图 6-24 和图 6-25 所示，此方案设置了专用的折返线，作业组织灵活，折返列车转向时与后续列车无敌对进路交叉，折返间隔短，提高了折返能力。缺点是车站规模较大，站台利用效率较低。当采用图 6-24 的布置形式时，需注意将岛式站台两侧股道的终点方向保持一致，避免乘客错过列车的停靠站台。

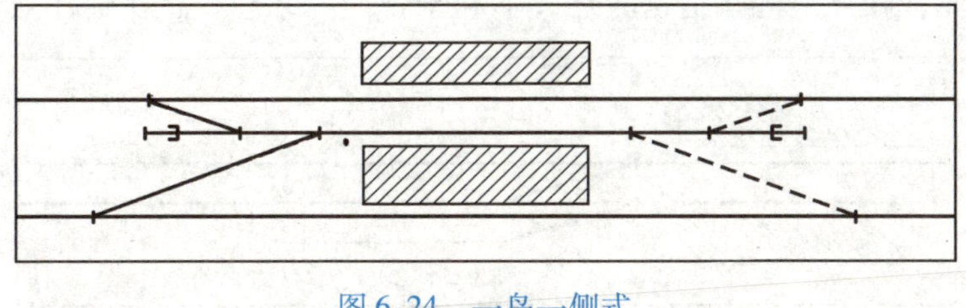

图 6-24　一岛一侧式

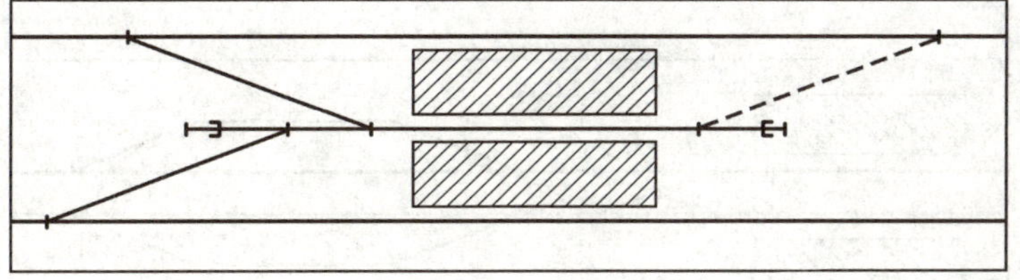

图 6-25　双岛式

2. 站后折返

当需采用岛式站台方案时，列车折返作业形式与作为起终点站时的折返形式相同，如图 6-26 ~ 图 6-28 所示。当折返线尾部与上下行正线连通时，还能实现双向列车的折返作业，但远端道岔距离车站较远，不利于管理和维修。图 6-27 和图 6-28 的形式还可借用折返线暂时停放故障列车。

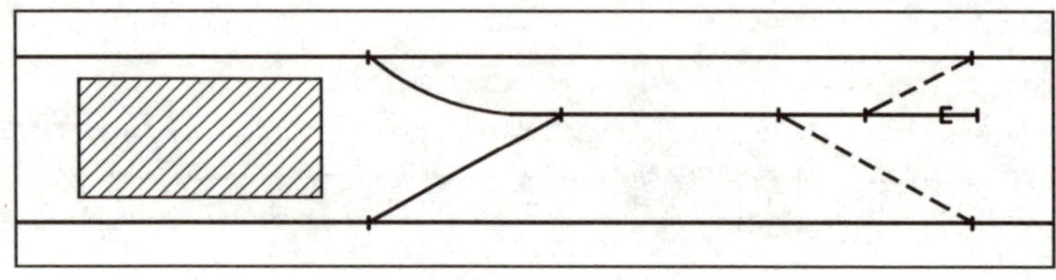

图 6-26　岛式站后单线折返

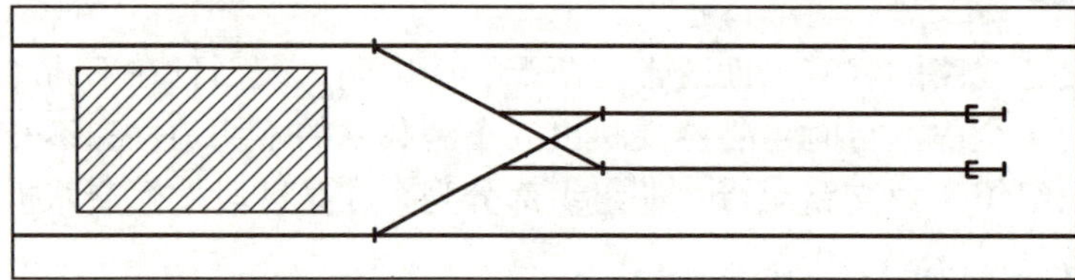

图 6-27　岛式站后双线折返

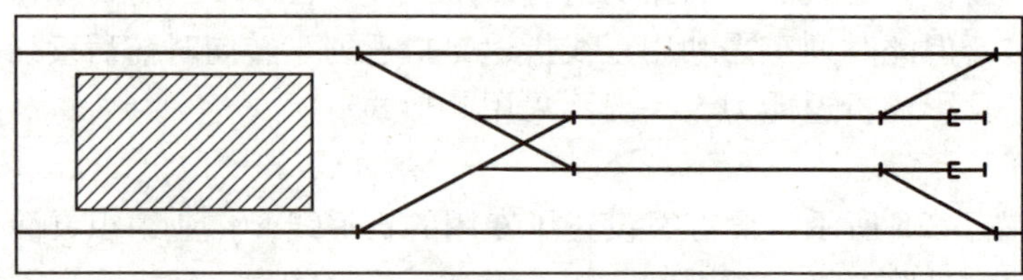

图 6-28　岛式站后双线折返（贯通）

当需采用侧式站台方案时，可采用如图 6-29 和图 6-30 的形式，此方案结构简单，也能满足双向折返需要，缺点是远端道岔较远，不利于管理和维修，且折返作业对正线有干扰。

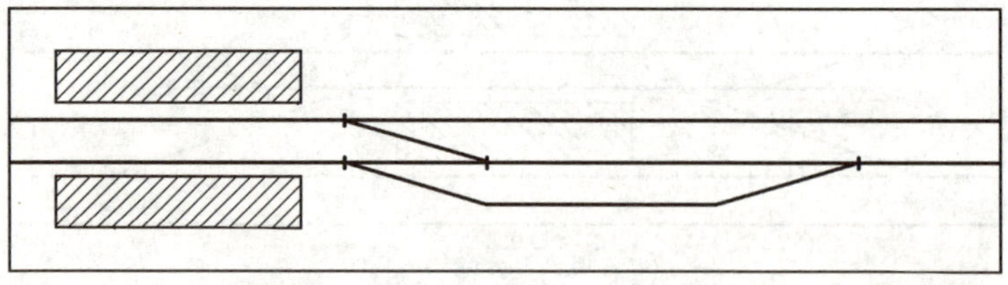

图 6-29　双岛式 1

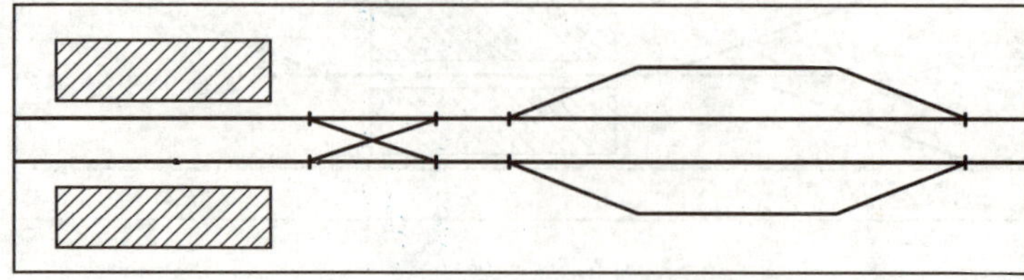

图 6-30　双岛式 2

3. 双向折返

还有一种较特殊的折返站即双向折返站，如图 6-31 ~ 图 6-33 所示，这些形式均是双向折返，同时预留了贯通的条件。

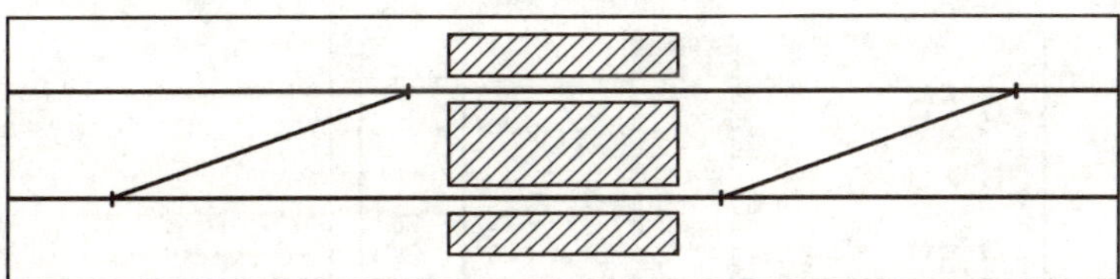

图 6-31 岛式站台双向折返

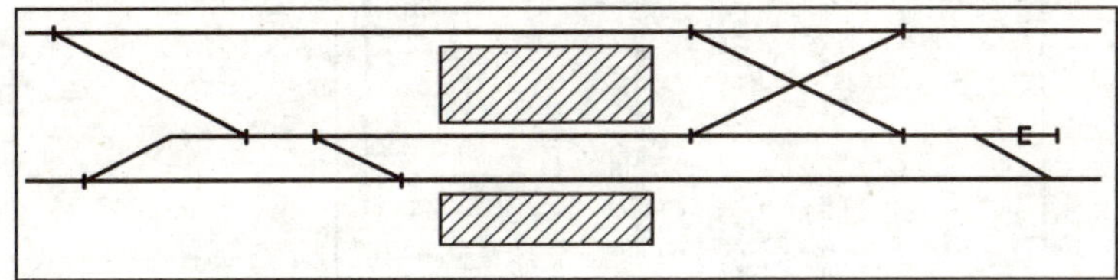

图 6-32 较复杂的岛式站台双向单线折返

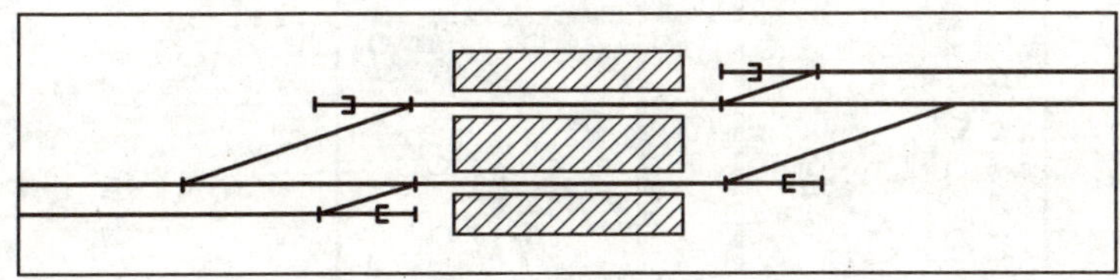

图 6-33 岛式站台双向单线折返

二、中间站折返操作

中间站的折返操作也分为自动折返和人工折返，其原理及操作与终点站折返是一样的，参见本项目任务一的操作介绍，此处不再赘述。

练习

说说图 6-34 和图 6-35 所示的线路中间站折返线的布置形式。

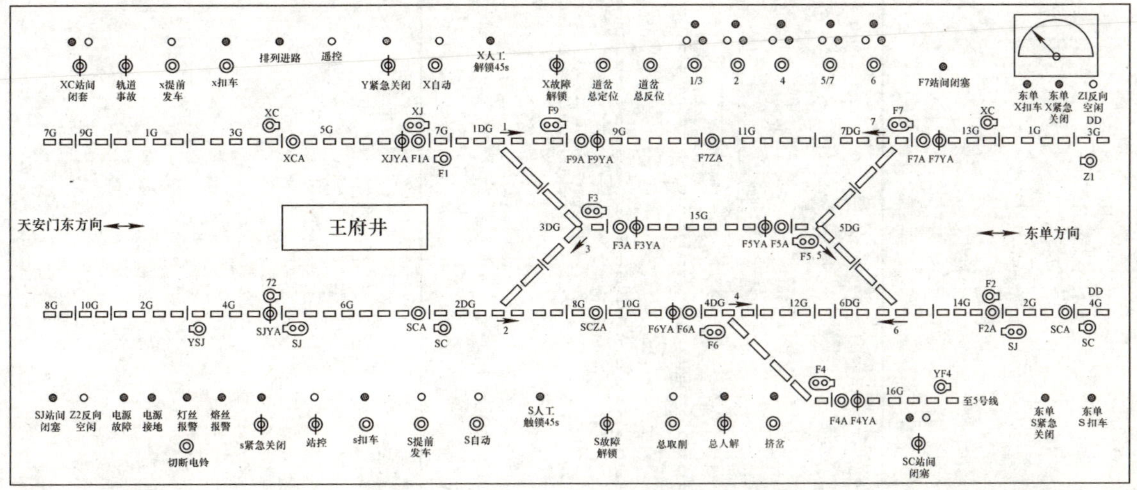

图 6-34 北京地铁 1 号线王府井站

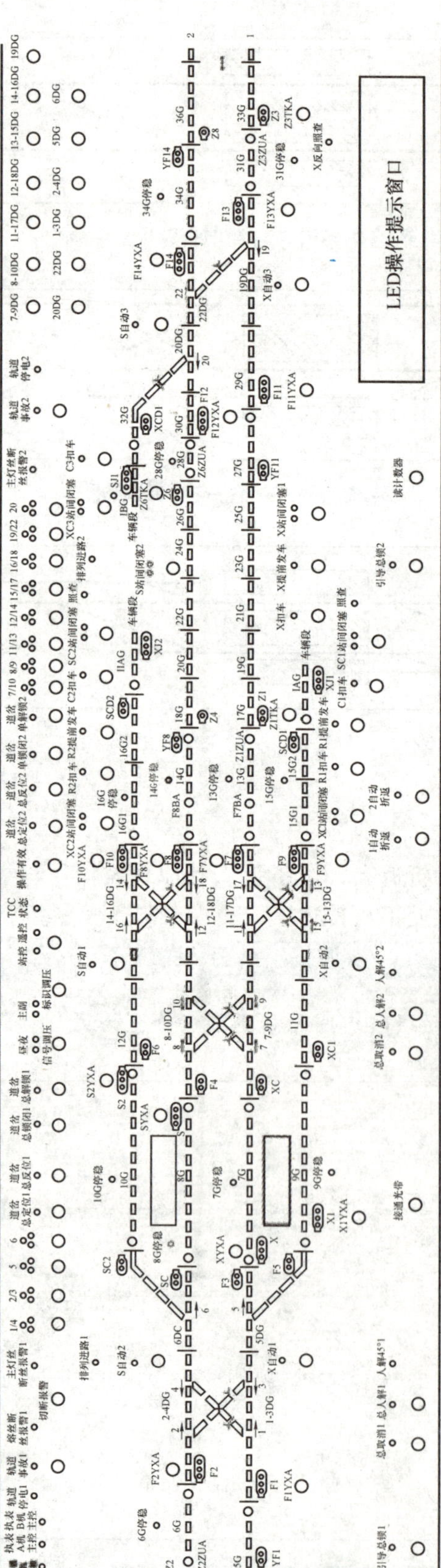

图 6-35　北京地铁 13 号线霍营站

实践训练与项目考核

由于工作内容一致，中间站自动折返作业可参考“项目一　终点站折返”后的考核评分表。

<table>
<tr><td>任务</td><td colspan="4">ATP 监督下的人工折返作业</td></tr>
<tr><td>考核说明</td><td colspan="4">教师考核组长操作步骤及内容，组长对组员逐一考核</td></tr>
<tr><td>班　级</td><td></td><td>姓　名</td><td colspan="2"></td></tr>
<tr><td>学习小组</td><td></td><td>考核时间</td><td colspan="2"></td></tr>
<tr><td colspan="5">考核目标</td></tr>
<tr><td colspan="5">1. 能完成 ATP 监督下的人工折返作业
2. 能正确监控列车自动折返过程
3. 能判断列车折返是否成功
4. 能正确执行呼唤应答制度</td></tr>
<tr><td colspan="5">考核内容</td></tr>
<tr><td>考核项目</td><td colspan="2">考核标准</td><td>分　值</td><td>得　分</td></tr>
<tr><td rowspan="10">中间站站台作业</td><td colspan="2">列车到站，确认车门、安全门全部开启
呼唤：开左（右）门</td><td>4</td><td></td></tr>
<tr><td colspan="2">在站台处立岗，监护乘客全部下车，并等待站务人员“一切妥当”手信号</td><td>2</td><td></td></tr>
<tr><td colspan="2">确认收到站务人员给出的关门手信号</td><td>2</td><td></td></tr>
<tr><td colspan="2">按压站台侧“关门”按钮 2s 以上关门</td><td>2</td><td></td></tr>
<tr><td colspan="2">呼唤：关左（右）门</td><td>2</td><td></td></tr>
<tr><td colspan="2">在车外立岗，面冲信号机，等待出站信号机开放及道岔开通</td><td>2</td><td></td></tr>
<tr><td colspan="2">上车确认关门灯点亮，列车状态显示屏显示关门正常，信号显示屏上“发车允许”图标点亮</td><td>3</td><td></td></tr>
<tr><td colspan="2">将“门选向”开关置于“0”位</td><td>3</td><td></td></tr>
<tr><td colspan="2">手指门灯和“发车允许”图标</td><td>3</td><td></td></tr>
<tr><td colspan="2">呼唤“门灯正确，允许发车”</td><td>3</td><td></td></tr>
<tr><td rowspan="9">人工折返作业</td><td colspan="2">副司机或折返司机进入后端驾驶室准备人工折返</td><td>4</td><td></td></tr>
<tr><td colspan="2">首端司机等待入折返库线信号开放</td><td>4</td><td></td></tr>
<tr><td colspan="2">以自动防护人工驾驶模式进入列车折返线</td><td>8</td><td></td></tr>
<tr><td colspan="2">按规定速度入库按标停车</td><td>8</td><td></td></tr>
<tr><td colspan="2">更换操纵台作业</td><td>15</td><td></td></tr>
<tr><td colspan="2">后端激活列车</td><td>15</td><td></td></tr>
<tr><td colspan="2">发车条件具备后出库</td><td>4</td><td></td></tr>
<tr><td colspan="2">站台对标停车，接到信号后，转换相应驾驶模式</td><td>12</td><td></td></tr>
<tr><td colspan="2">开启站台侧车门，监护乘客上车</td><td>4</td><td></td></tr>
<tr><td colspan="5">指导教师意见：</td></tr>
<tr><td colspan="5">任务完成人签字：　　　　　　　　　　日期：　　年　　月　　日

指导教师签字：　　　　　　　　　　日期：　　年　　月　　日</td></tr>
</table>

项目七　非正常情况下的运行及操作

任务一　特殊天气下的驾驶运行

任务说明

特殊天气是指有大风、雨、雪、冰、霜、雾等的天气，地面线路的列车在操作运行时，受特殊天气影响较大。正确判断天气对行车的影响，进而采取相应操作措施达到安全行车的目的，是本任务的训练要点。

知识要点

1. 了解特殊天气的相关规定。
2. 理解特殊天气对行车的影响。
3. 掌握特殊天气下的操作规范。

素质和能力要点

1. 能正确判断天气条件。
2. 能根据不同天气条件进行正确操作运行。
3. 谨记“安全第一”，安全、高效地操作电动列车。

任务准备

列车驾驶模拟器、列车发车计时器、司机包、司机手账、操纵台激活钥匙、三角钥匙、四角钥匙、手持电台、手电、列车运行图、列车周转图、列车状态记录单。

相关理论

正常情况下，风、雨、雪、雾、霜仅对地面线的操作运行造成影响，不会对地下线有较

大影响（雨天有可能造成积水渗漏），因此本任务的练习主要针对地面线操作。

一、特殊天气对行车的影响

（一）特殊天气的相关规定

雾天：仅指能见度低于100m时的浓雾天。

雪天：仅指下雪持续时间过长以致影响正常行车。

霜天：仅指轨面结冰厚度已经影响正常行车。

雨天：仅指因下雨以致影响正常行车。

大风天：仅指因大风以致影响正常行车。

（二）特殊天气的影响

1. 大风天

大风是一种灾害性天气，给人们的生活带来许多不便，严重时还能造成巨大的生命财产损失。大风灾害四季均有，频率高、范围广、灾情重，冬春季主要以寒潮大风为主，还伴有剧烈的降温。生活在城市里的人们也会对大风有很强烈的认识，大风对城市高层建筑、电力设施、交通运输及人民生活都会造成很大的影响。

大风可颠覆车辆，使列车脱轨，或使之失控和停驶。大风还可能将异物刮到车辆限界内，影响列车正常运营。

案例一

2011年8月9日，大雨和大风将北京地铁13号线望京西至北苑区间运营正线围挡外的大树吹倒，树干树枝砸在运营正线上，造成接触轨停电。抢险人员迅速赶到现场清理树干树枝，列车分两个区段运营，即西直门站至立水桥站、东直门站至望京西站维持运营，望京西站至立水桥站区间暂时无车。1h后，砸入区间的大树处理完毕，13号线开始恢复正常运营。

案例二

广州地铁4号线车辆段控制中心使用的自动气象站实时资料显示及报警系统可以“捕捉”风力强度，当风力达到6级时，系统会自动预警，不断提醒列车司机加强瞭望，密切观察轨行区是否有杂物影响行车；当风力达到8级时，地铁控制中心的工作人员会根据气象指标，要求司机限速运行；当风力达到9级后，中心会停止高架线路的列车营运。

2. 雨天

雨天对安全行车的影响是巨大的。司机的视线受阻；轨道黏着力变小，若不能正确控制列车牵引和制动，就会造成车轮打滑；雨天还有可能造成正线地势较低处的部分电缆被水浸泡，造成电缆局部短路打火，影响电网正常供电。

另外，雨天会造成地铁客流激增，这对客运服务来说也提出了极大的挑战。

案　例

2011 年 6 月 23 日，北京经历了 60 年来的特大暴雨，北京地铁各线运营都遭遇极大挑战，并且有部分线路运营受到影响。

16 时 33 分，地铁 1 号线古城车辆段与运营正线的联络线洞口积水猛涨，有少量雨水进入正线。为防止雨水淹没接触轨，地铁公司采取古城至苹果园上下行区间接触轨停电措施，1 号线列车在八角游乐园站折返，维持八角游乐园站至四惠东站运营。直到 19 时 44 分，地铁 1 号线才恢复全线正常运营。

16 时 59 分，地铁亦庄线旧宫至肖村站区间有块金属板被大风刮入，造成接触轨短路跳闸，该区间被迫停电。为了尽快恢复通车，列车司机和工作人员一直在冒雨工作，在确保安全的前提下，第一节车厢内的部分乘客也通过驾驶室冲进了大雨中，帮助工作人员清理起高空铁轨上的钢板。2h 后，列车故障还是没有排除，19 点，列车工作人员接到了疏散乘客的指令。小红门站以南高架上停驶的两列列车上的乘客开始被疏散。至 20 时 18 分，亦庄线才恢复全线正常运营。

在地铁 13 号线西直门站，正线一列车出站口地势较低处的部分电缆被水浸泡，造成电缆局部短路打火。17 时 40 分，地铁公司采取西直门至大钟寺区段接触轨停电措施。地铁 13 号线维持知春路至东直门双向运营。此间，地铁车站均采取告知措施，并做好乘客疏导措施。18 时 18 分，停电区段恢复供电和运营。

3. 雪、霜天

出现大范围降雪和降霜时，可能会导致：尖轨滑床板冰冻、尖轨与基本轨无法密贴、接触轨冰冻无法与受流器接触造成机车无电、钢轨冰冻造成车辆牵引制动受影响、乘客摔伤等。大雪天还会导致能见度下降、司机视线受阻，以及轨道黏着力变小，车轮易打滑。图 7-1所示为雪天的地面线轨道情况。

图 7-1　雪天的地面线轨道情况

案　例

北京地铁应对大雪

2010年1月3日至5日下午5点，北京地铁公司所辖的8条线路，员工共1万余人次不顾严寒，不分昼夜，加班加点坚守在工作岗位进行雪天保障工作，铺设防滑垫2000多块，安置温馨提示牌900余块，使用融雪剂6000余公斤，加开临客106列。

2010年1月4日，记者从北京地铁部门了解到，由于3日晚13号线、八通线、5号线等地面线路采取不停运、轧道车提前预热等措施，目前，北京地铁各条线路运行正常。

3日晚共开出21组轧道车，开行列车129列，保证轨道提前预热，同时，工作人员随时出动清扫车场道岔。

5号线北段、13号线、八通线以及机场线都是在地面运行的线路，北京地铁公司所辖9个车辆段，8个有地面露天车场，车场共有道岔373个，地面线路道岔71个。目前，地铁的地面线路已达到101km，约占总里程的44.3%。随着地面线路的增加，雨、雪天气的考验越来越凸显。

注：案例中所涉及的数据均为当时数据。

4. 雾天

雾天能见度下降、瞭望距离不足，影响司机的观察和判断，在雾天行车应更小心。

在出车之前应准确地判断大雾天当日的能见度，做到心中有数。能见度越小，驾驶时越要提高警惕。图7-2所示为雾天的地面线轨道情况。

图7-2　雾天的地面线轨道情况

案　例

北京地铁13号线短时封站应对大雾

2006年11月21日，北京地铁13号线立水桥—霍营、上地—五道口两区段行车受到影响，造成大量乘客滞留车站。8点10分至8点50分的40min高峰时间里，回龙观站和立水桥站分别进行了临时封闭，站前广场最多时挤满了上千人。

地铁运营公司相关负责人介绍，立水桥—霍营、上地—五道口两区段能见度仅二三十米，司机不得不停下车瞭望信号，造成早高峰一些列车晚点。

下面从恶劣天气对行车影响的几个方面，说明电动列车的操作注意事项。

二、特殊天气下的运行及操作

在车场及地面线路运行中遇恶劣的大风、雨、雪、冰、霜、雾等特殊天气，影响行车安全时，司机应及时向行车调度员或相关站综控员报告；司机应在乘务长（司机队长）的统一组织下严格听从行车调度员、信号楼的命令并遵照执行。

1. 瞭望距离不足的操作

雾天、雨天和雪天都有可能造成司机在驾驶列车运行时，瞭望距离不足。

列车在地面线路运行遇特殊情况，瞭望困难时，司机应及时将情况报告行车调度员或相关站综控员，必要时开启前照灯，适时鸣笛，适当降低速度。当看不清信号、道岔时，宁可停车确认也不可盲目臆测行车。

司机在驾驶瞭望困难条件下应遵守表7-1的限速要求。

表7-1 瞭望距离不足的速度限制

列车司机驾驶瞭望条件	列车运行限速/(km/h)
瞭望距离不足100m	50
瞭望距离不足50m	30
瞭望距离不足30m	15
瞭望距离不足5m	立即停车，与行车调度员或车站综控员联系，按其指示办理

在瞭望距离不足的条件下行车时，司机必须规范呼唤应答的执行标准，一定集中注意力，在通过岔区时应提前减速并观察信号显示灯光、道岔开通位置是否正确，确保信号、道岔正确；按标准使用车载电台或手持电台与行车调度员或综控员随时保持联络呼唤，报告当前的情况，以保证安全运行；在保证安全、正点的前提下，注意行车速度，以不高于规定速度运行；在运行中多鸣笛、鸣长笛进行警示，接近信号要慢，控制好列车速度，随时准备停车。

车辆如出现故障，司机应在行车调度员的指挥下将列车维持到车站换车；如需要救援，也应将列车尽量维持到就近车站等待救援。

列车在进行折返作业时，司机应将列车速度严格控制在20km/h以下，当确认信号、道岔位置正确后，司机经呼唤应答方可动车。

各班乘务长应密切注意运转室ATS显示车辆所在位置并通过车载电台、手持电台时刻与各车司机保持联系，以保证安全、正点地完成运营任务。

2. 遇雨天的操作

司机在雨天操纵列车时，应时刻观察线路情况并保持与行车调度员联系，发现影响行车应立即上报，不应贸然行车。当雨大影响视线时，司机应通过呼唤应答确认线路情况，保证列车正常运行。

司机使用司机控制器手柄进行牵引，当出现打滑时，应立即将手柄回到“惰行”位，待速度正常时，再重新使用手柄进行低级位牵引。在使用司机控制器手柄进行制动时，要适当延长制动距离，时刻警惕打滑的出现。当打滑现象出现时，不应使用“紧急制动”

按钮，应使用低级位常用制动将速度控制好，根据情况追加或缓解，确保在规定位置停车。

司机驾驶列车通过线路上的岔区时，应提前减速并观察信号显示灯、道岔位置是否正确。

列车在运行中发现积水漫过道床排水沟时，如接触轨能正常供电，司机应以能随时停车的速度运行，并及时将情况报告给行车调度员或车站综控员。

因水灾造成路基塌陷、滑坡等危及行车安全时，应立即停车，将情况如实报告给行车调度员，按其指示行车。

3. 遇雪、冰、霜的操作

司机在雪天、有冰霜的天气下操纵列车时，应时刻观察线路情况并保持与行车调度员联系，发现影响行车应立即上报，不应贸然行车。

从停车库出车时，司机在确认降雪高度不超过接触轨但超过走行轨时，应立即与段、场信号楼联系，待轨面出清后方可动车。

列车起动时，司机控制牵引各级位要顺序操作，严格遵守“逐级牵引”的要求，防止发生空转；如发生空转，及时将司机控制器退回“惰行”位，空转结束后方可继续操作运行。

在使用司机控制器制动时，应时刻注意打滑的出现。在接近下坡或将要进站时，应提前采用小级位制动，防止打滑的出现。

在雨、雪、冰、霜等易产生车轮打滑的天气下，列车从高架站、地面站出站时，应合理使用司机控制器手柄进行牵引，平稳起动列车以免造成车轮打滑。进站时，应时刻注意站前200m标（第二预告标，图7-3b）所在位置，当看到200m标时，应采取制动措施，当列车到车站尾端墙时，车速应控制在35～40km/h以内，以防冒进信号事故的发生，保证列车平稳准确地停于站内停车标处。

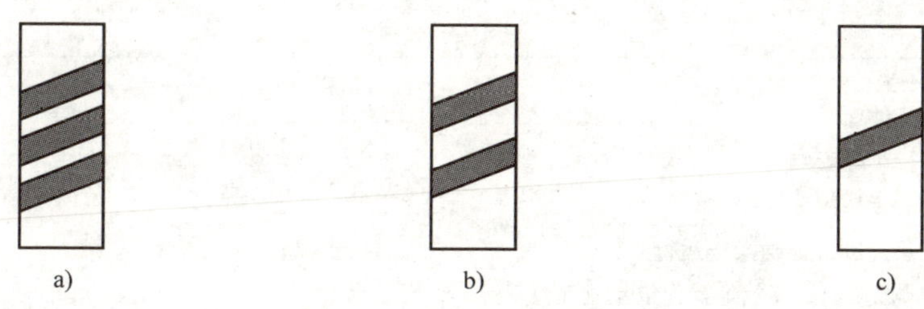

图7-3 预告标

a）第三预告标（300m处） b）第二预告标（200m处） c）第一预告标（100m处）

4. 遇大风时的操作

列车在运行中遇有大风恶劣天气，危及行车安全时，司机应及时与行车调度员或相关站综控员联系，接到通知后，按其指示行车。

当突遇大风，司机未接到通知时，应立即采取减速措施，必要时立即停车，并及时将情况报告给行车调度员或前方站综控员。

大风天的限速要求见表7-2。

表 7-2　大风天的限速要求

风　　速	运行线路区段	列车运行限制
8 级及以上大风	风力波及线路区段或行车调度员通知的范围之内	停止运行
8 级以下至 7 级大风	风力波及线路区段或行车调度员通知的范围之内	以不超过 60km/h 的速度运行

小贴士

为什么大风能吹翻列车？

2007 年 2 月 28 日 5807 次列车被 13 级大风吹翻、脱轨，大风何以能吹翻重达上百吨的列车？

其实，13 级大风不至于吹翻静止的 5807 次列车，之所以能吹翻，根本原因为：列车在高速行驶时，受到来自正前方的空气阻力，由于空气动力的原因，导致列车车轮对铁路轨道的轮压减小，即“飘”，当轮压小于横向侧风风力的时候，就发生脱轨。

如果当时列车适时减速甚至停车，列车自身的重量使列车车轮恢复对轨道的轮压，就可能逃过此劫。

实践训练与项目考核

<table>
<tr><td>任务</td><td colspan="4">特殊天气下的操作</td></tr>
<tr><td>考核说明</td><td colspan="4">教师考核组长操作步骤及内容，组长对组员逐一考核</td></tr>
<tr><td>班　　级</td><td></td><td>姓　　名</td><td colspan="2"></td></tr>
<tr><td>学 习 小 组</td><td></td><td>考 核 时 间</td><td colspan="2"></td></tr>
<tr><td colspan="5">考核目标</td></tr>
<tr><td colspan="5">1. 能正确判断天气条件
2. 理解特殊天气对行车的影响
3. 掌握特殊天气下的操作规范
4. 能根据不同天气条件进行正确操作运行
5. 谨记“安全第一”，安全、高效地操作电动列车</td></tr>
<tr><td colspan="5">考核内容</td></tr>
<tr><td>考 核 项 目</td><td colspan="2">考 核 标 准</td><td>分　　值</td><td>得　　分</td></tr>
<tr><td rowspan="6">雾天的操作驾驶</td><td colspan="2">正确判断瞭望距离</td><td>4</td><td></td></tr>
<tr><td colspan="2">瞭望困难时，报告行车调度员</td><td>4</td><td></td></tr>
<tr><td colspan="2">根据瞭望条件和限速的要求控制列车速度运行</td><td>6</td><td></td></tr>
<tr><td colspan="2">必要时开启前照灯，适时鸣笛</td><td>5</td><td></td></tr>
<tr><td colspan="2">认真确认信号和道岔状态</td><td>5</td><td></td></tr>
<tr><td colspan="2">随时与行车调度员保持联系</td><td>4</td><td></td></tr>
</table>

（续）

考核项目	考核标准	分值	得分
雨天的驾驶操作	当大雨可能危及行车安全时，报告行车调度员	4	
	正确使用司机控制器手柄进行列车牵引	5	
	制动时，适当延长制动距离	5	
	正确应对打滑	5	
	认真确认信号和道岔状态	5	
	若瞭望距离不足，按相关规定行车	3	
雪、冰、霜天的驾驶操作	确认降雪高度是否对接触轨造成影响	4	
	当可能危及行车安全时，报告行车调度员	4	
	正确使用司机控制器手柄进行列车牵引	5	
	正确应对空转和打滑	5	
	制动时，适当延长制动距离	5	
	认真确认信号和道岔状态	5	
	若瞭望距离不足，按相关规定行车	3	
大风天的驾驶操作	当大风可能危及行车安全时，报告行车调度员	4	
	突遇大风而未接到行车调度员的通知时，采取减速措施，按照相关规定控制列车速度运行	6	
	加强瞭望线路情况，以防大风将异物刮入限界	4	
指导教师意见：			
任务完成人签字：	日期： 年 月 日		
指导教师签字：	日期： 年 月 日		

任务二　反方向运行

任务说明

反方向是指在双线单向运行的区间因某种需要，按有关规定临时组织列车在线路上与规定方向反向运行的情况。

通过本任务的学习和训练，学生掌握反方向运行条件下的操作注意事项，培养安全行车的意识和习惯。

知识要点

1. 掌握反方向运行的行车条件。
2. 掌握反方向运行的操作注意事项。
3. 了解反方向运行的行车组织。

素质和能力要点

1. 能正确接收和记录行车调度员关于反方向行车的命令。
2. 正确判断是否具备反方向行车的条件。
3. 能规范进行反方向运行下的列车操作。

任务准备

列车驾驶模拟器、司机包、司机手账、操纵台激活钥匙、三角钥匙、四角钥匙、手持电台、手电、口头调度命令记录单、路票。

相关理论

一、反方向运行的条件

列车反方向运行是指在双线区间，列车的运行方向与线路规定的使用方向相反。

反方向运行通常是当发生正方向区间的线路封锁施工、发生自然灾害或因事故中断行车等特殊情况时才进行的一种非正常情况下的行车组织。

反方向运行必须由行车调度员发布调度命令，相应运行区段变更闭塞方式为电话闭塞，办理发车和接车进路；司机须确认行车凭证（路票）后，根据综控员的发车手信号发车。

二、反方向运行时司机的操作

1）接收行车调度员的反方向运行命令。注意：调度命令复诵和记录。

2）在反方向运行时，需要切除信号系统对列车的控制，因此列车发车前，司机应将“ATC 旁路”开关置于“旁路”位（图 7-4），模式选择到“非限制人工驾驶”模式。

3）司机接到综控员发放的行车凭证（路票）后，确认列车起动条件具备，看发车手信号起动列车。发车手信号如图 5-13 所示。

注意：路票只在一个站间区间有效，当列车到达第二个车站后，须重新领取路票。

4）在运行中要加强瞭望，按规定鸣示音响信号，运行速度不得超过 35km/h。

5）进站前要适时采取制动措施，凭综控员的引导手信号进站（引导手信号见图 5-4），

进站速度不得超过25km/h，并做好随时停车的准备，无引导手信号时要将列车停于车站外方。

6）完成反方向行车的运行任务。

三、反方向运行的行车组织

在司机看到发车手信号之前，反方向行车区段中各车站的综控员已接到行车调度员的调度命令，命令内容为："准××站—××站反方向行车，停止基本闭塞法，按电话闭塞法办理行车，凭综控员手信号接发列车。又自即时起将××站—××站控制权下放车站办理。"行车调度员将调控权下放，各车站接收了控制权，反方向行车组织开始。

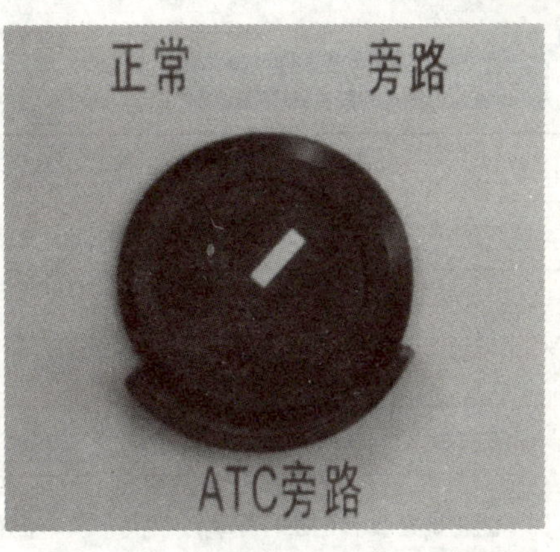

图7-4 "ATC旁路"开关

1. 发车站的办理

发车站综控员应在接收到行车控制权后，首先核对运行计划，确认列车的车次和位置。

确认发车区间空闲后，向接车站请求闭塞。注意，电话闭塞的闭塞区间是两相邻站的出站信号机间。

接收电话电报号码及承认时分，填写《电话电报登记簿》及《行车日志》。

办理发车进路（按正方向办理），确认发车进路道岔位置正确且锁闭（可能涉及手摇道岔的操作及人工开放信号机）。

填写路票，将路票交递给司机，手信号发车。注意：路票须在查明闭塞区间空闲、得到接车站闭塞承认后才能填写，一式两份，填写后应与《电话电报记录簿》核对，确认调度命令和电话电报号码无误后，方可交递给司机。路票只在一个站间区间有效。

本次列车出发后，向接车站通报列车车次及发车时分，双方填写《行车日志》。

待列车从接车站发出后，接收到闭塞解除时分，填写《行车日志》（只作为前发列车闭塞的结束，不作为下次列车承认闭塞的依据）。

2. 接车站的办理

接车站综控员在接收到行车控制权后，等待发车站的闭塞请求。

接到发车站的闭塞请求后，确认接车区间、接车线路空闲，办理接车进路（按正方向办理），并确认接车进路道岔位置正确且锁闭。

向发车站发出电话电报号码及时分，填写《电话电报记录簿》和《行车日志》。

接收发车站发车次及时分，填写《行车日志》。

待列车到达出站信号机内方（即后方），显示引导手信号将列车引导进站。

列车整列到达后，填写《行车日志》，并向发车站发出闭塞解除时分，再次填写《行车日志》（只作为本次列车闭塞的结束，不作为下次列车承认闭塞的依据）。

发车站和接车站均须对各次列车办理电话闭塞手续，以电话电报号码作为承认闭塞的依据。

实践训练与项目考核

<table>
<tr><td>任务</td><td colspan="4">反方向运行</td></tr>
<tr><td>考核说明</td><td colspan="4">教师考核组长操作步骤及内容，组长对组员逐一考核</td></tr>
<tr><td>班　级</td><td></td><td>姓　名</td><td colspan="2"></td></tr>
<tr><td>学习小组</td><td></td><td>考核时间</td><td colspan="2"></td></tr>
<tr><td colspan="5">考核目标</td></tr>
<tr><td colspan="5">1. 能正确接收和记录行车调度员关于反方向行车的命令
2. 掌握反方向运行的行车条件
3. 正确判断是否具备反方向行车的条件
4. 掌握反方向运行的操作注意事项
5. 能规范进行反方向运行下的列车操作
6. 了解反方向运行的行车组织</td></tr>
<tr><td colspan="5">考核内容</td></tr>
<tr><td>考核项目</td><td colspan="2">考核标准</td><td>分值</td><td>得分</td></tr>
<tr><td rowspan="10">反方向运行的操作</td><td colspan="2">接收和复诵行车调度员的反方向运行命令</td><td>10</td><td></td></tr>
<tr><td colspan="2">切除信号系统对列车的控制</td><td>10</td><td></td></tr>
<tr><td colspan="2">选择正确的驾驶模式</td><td>10</td><td></td></tr>
<tr><td colspan="2">接收综控员发放的路票</td><td>10</td><td></td></tr>
<tr><td colspan="2">确认列车起动条件具备</td><td>10</td><td></td></tr>
<tr><td colspan="2">看发车手信号起动列车</td><td>10</td><td></td></tr>
<tr><td colspan="2">运行速度不得超过35km/h</td><td>10</td><td></td></tr>
<tr><td colspan="2">凭综控员的引导手信号进站，进站速度不得超过25km/h</td><td>10</td><td></td></tr>
<tr><td colspan="2">到达第二个车站后，重新领取路票</td><td>10</td><td></td></tr>
<tr><td colspan="2">无引导手信号时将列车停于车站外方</td><td>10</td><td></td></tr>
<tr><td colspan="5">指导教师意见：</td></tr>
<tr><td colspan="5">任务完成人签字：　　　　　　　　　　日期：　　年　　月　　日
指导教师签字：　　　　　　　　　　日期：　　年　　月　　日</td></tr>
</table>

任务三　推进运行

任务说明

推进运行指在尾端驾驶室按线路规定方向操作列车运行，一般在前方操纵台因故不能操纵列车时采用。

通过本任务的学习和训练，学生掌握推进运行的操作注意事项，培养安全行车的意识和习惯。

知识要点

1. 掌握推进运行的操作步骤。
2. 掌握推进运行的注意事项。

素质和能力要点

1. 正确判断列车故障，向行车调度员汇报关于推进运行的情况。
2. 能组织清客工作，正确进行广播。
3. 能规范进行推进运行下的列车操作。

任务准备

列车驾驶模拟器、司机包、司机手账、操纵台激活钥匙、三角钥匙、四角钥匙、手持电台、手电、口头调度命令记录单。

相关理论

一、推进运行的操作步骤

在列车运行时，前端操纵台因故不能操纵列车时，采取更换操纵台的办法推进运行。另外，当进行列车救援或车辆段调车作业时，都有可能采用推进运行操作。

当司机判断列车故障、须改牵引运行为推进运行时，应立即将情况向行车调度员报告，得到准许后才能进行。操作步骤介绍如下：

1）司机和副司机确认列车当前已不能使用前端操纵台，立即利用车载电台或手持电台向行车调度员汇报，申请内容包括：清人掉线、切除操纵端 ATP 设备、按站间自动闭塞法或进路闭塞法行车（具体采用哪种闭塞法根据线路信号系统而定）。

2）得到行车调度员准许后，广播清客通知：“本次列车因故障停止运营服务，请您立即下车，等候下次列车，给您带来的不便请您谅解，感谢您的合作。”清客工作应尽量在站台进行。

3）清客完毕后，司机关好客室车门、屏蔽门、驾驶室侧门，关断前端操纵台，切除操纵端 ATP 设备，操作步骤见表 7-3；副司机应前往尾端驾驶室。

表 7-3　推进运行关断前端操纵台的步骤

操作顺序	操作内容	图　示
1	母线重联开关（BHB，Bus High Speed Breaker）置于“断开”位	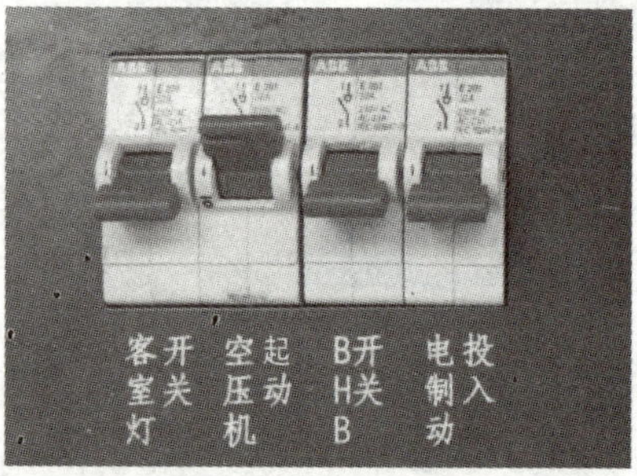
2	“紧急制动”按钮在复位状态	
3	“开门模式选择”开关置于“手动”位	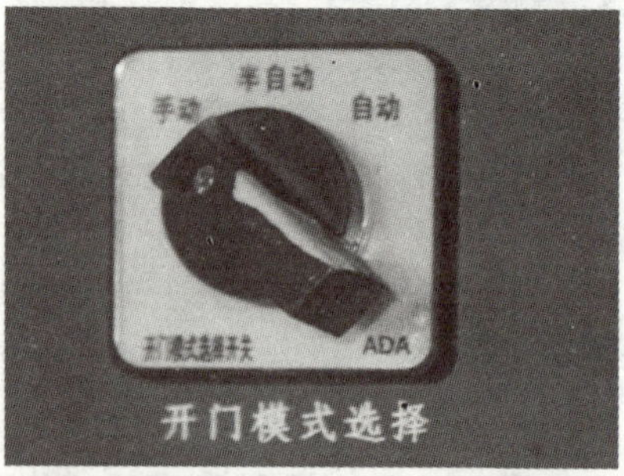
4	“门选向”开关置于“0”位	

（续）

操作顺序	操作内容	图　示
5	“强迫缓解”按钮在复位状态	
6	司机控制器手柄置于“紧急”位	
7	“方向选择”开关置于“0”位	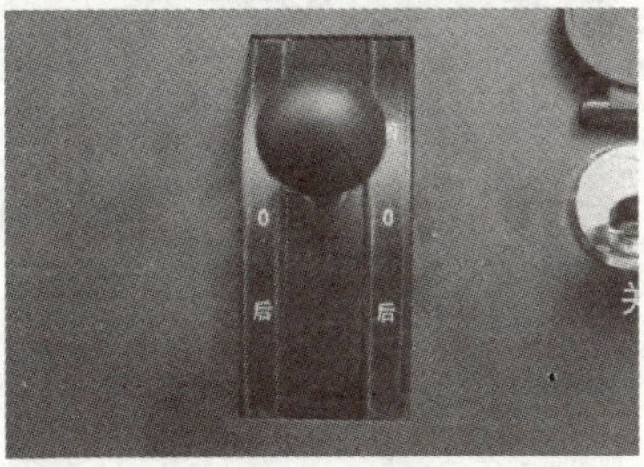
8	“钥匙”开关置于“关”位	
9	“ATP 切除”旋钮置于“切除”位	

4）司机确认好行车命令，出站信号机的进行显示后，使用对讲装置通知尾端的副司机进行激活作业，激活作业见表7-4。

表7-4　推进运行激活尾端操纵台的步骤

操作顺序	操作内容	图　示
1	“钥匙”开关置于“开”位	 开 关 0 后
2	将“ATC旁路”旋钮置于“旁路”位	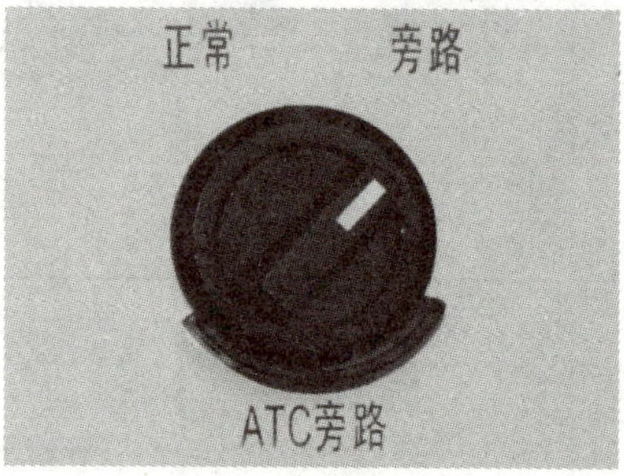 正常　旁路 ATC旁路
3	“方向选择”开关置于“后”位	
4	司机控制器手柄置于“紧急”位，再推至“惰行”位，试验制动系统（可以进行制动机简略试验：制动一位至紧急制动，逐级压力输出正常）	
5	尾车母线重联开关（BHB）置于“闭合”位	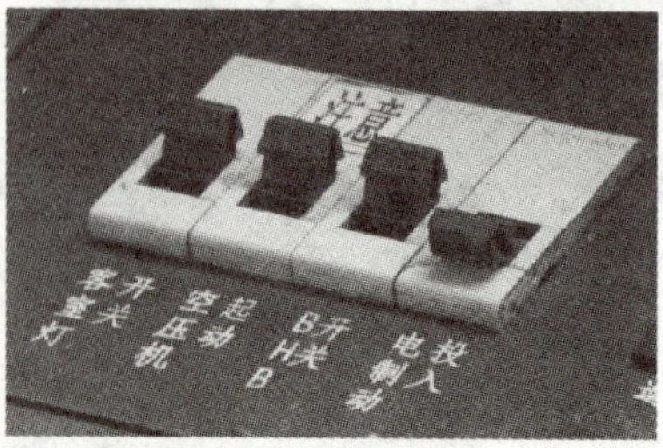 注意 客室灯开关 空压机起动 BHB开关 电制动投入

（续）

操作顺序	操作内容	图　示
6	“紧急制动”按钮在复位状态	
7	“开门模式选择”开关置于“手动”位	
8	“门选向”开关置于“0”位	
9	“强迫缓解”按钮在复位状态	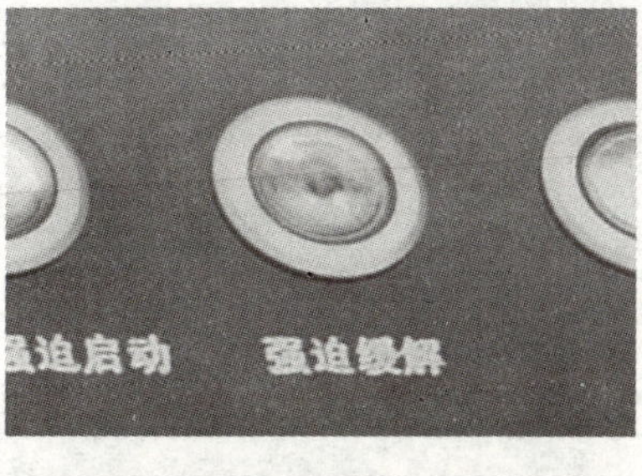
10	确认关门灯亮	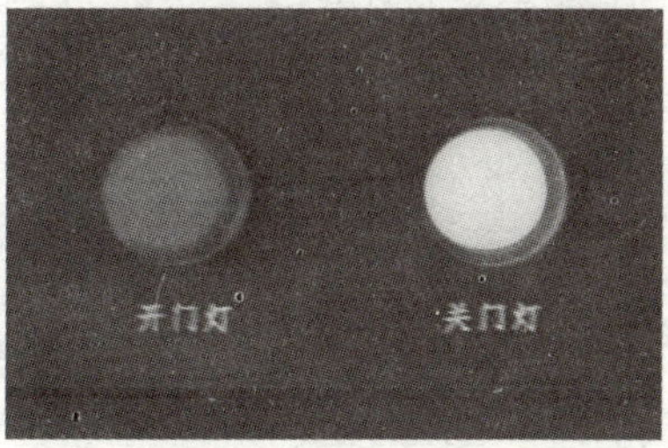

5）副司机激活尾端操纵台后，可以进行牵引一位点动动车工作。方法：将司机控制器手柄推至牵引一位，列车点动后，制动停车。然后通知列车前端的司机做好推进准备工作。

6）前端司机在得到尾端副司机的通知后，再次确认出站信号机的进行显示，通知尾端副司机开始推进。

7）尾端副司机操纵司机控制器手柄逐级牵引列车推进运行，速度不得超过30km/h。列车的牵引、惰行、制动凭前端司机的指令操纵。

8）前端司机应认真确认线路、信号、道岔状态，遇有紧急情况，果断采取紧急停车措施。停车后立即向行车调度员说明情况，经妥善处理后方能继续运行。

二、推进运行的注意事项

推进运行的操作须由正司机和副司机合作完成，在推进运行中必须严格执行呼唤确认信号制度，司机与副司机保持不间断联系。列车推进允许速度为30km/h，推进时，副司机在后方驾驶室操作列车，司机须在前端驾驶室负责瞭望信号、线路情况，并随时通知副司机牵引及制动的实施。

实践训练与项目考核

任务	推进运行		
考核说明	教师考核组长操作步骤及内容，组长对组员逐一考核		
班　级		姓　名	
学习小组		考核时间	

考核目标

1. 正确判断列车故障，向行车调度员汇报关于推进运行的情况
2. 掌握推进运行的操作步骤和注意事项
3. 能规范进行推进运行下的列车操作

考核内容

考核项目	考核标准		分值	得分
推进运行的准备	判断前方操纵台已不能操纵列车须推进运行		6	
	报告行车调度员	列车故障情况	6	
		申请清人掉线	6	
		申请切除操纵端ATP设备	6	
		申请采用代用闭塞法	6	
	得到准许后，复诵和记录调度命令		6	
	广播清客通知并进行清客		8	
关断前端操纵台	BHB置于“断开”位		2	
	“紧急制动”按钮在复位状态		2	
	“开门模式选择”开关置于“手动”位		2	
	“门选向”开关置于“0”位		2	
	“强迫缓解”按钮在复位状态		2	
	司机控制器手柄置于“紧急”位		2	

（续）

考核项目	考核标准	分　值	得　分
关断前端操纵台	“方向选择”开关置于“0”位	2	
	“钥匙”开关置于“关”位	2	
	“ATP 切除”旋钮置于“切除”位	2	
激活尾端驾驶室的准备	关好客室车门、屏蔽门、驾驶室侧门	2	
	确认好行车命令、出站信号机的显示	2	
激活尾端操纵台	“钥匙”开关置于“开”位	2	
	“方向选择”开关置于“后”位	2	
	司机控制器手柄置于“紧急”位，再推至“惰行”位	2	
	BHB 置于“闭合”位	2	
	“紧急制动”按钮在复位状态	2	
	“开门模式选择”开关置于“手动”位	2	
	“门选向”开关置于“0”位	2	
	“强迫缓解”按钮在复位状态	2	
	确认关门灯良好	2	
推进运行	牵引一位点动列车工作	6	
	逐级牵引列车推进运行，速度不得超过 30km/h，凭前端驾驶室内人员的指挥进行牵引、惰行和制动	10	
指导教师意见：			
任务完成人签字：　　　　日期：　　年　　月　　日			
指导教师签字：　　　　日期：　　年　　月　　日			

任务四　列车退行

任务说明

列车退行指列车由于某些原因必须向后退，属于非正常操作的一种。

通过本任务的学习和训练，学生掌握列车退行的操作注意事项，培养安全行车的意识和习惯。

知识要点

1. 掌握列车退行的操作步骤。

2. 掌握列车退行的注意事项。
3. 了解列车退行的行车组织。

素质和能力要点

1. 正确判断需列车退行的情况。
2. 能规范进行列车退行操作。

任务准备

列车驾驶模拟器、司机包、司机手账、操纵台激活钥匙、三角钥匙、四角钥匙、手持电台、手电、口头调度命令记录单。

相关理论

一、列车退行的操作步骤

列车退行是指使列车运行方向与列车原运行方向相反，是一种非正常情况下的操作，司机须与行车调度员或相关站综控员联系，得到准许后，方可进行。

1）司机判断（因线路原因或其他原因）列车不能继续向前运行，需从站间退回车站或从车站向区间退行时，利用车载电台或手持电台与行车调度员或综控员联系。

2）获得准许后，司机通过广播向乘客播放关于列车退行的通知："各位乘客：您好，本次列车将向车站（或向区间）退行，请您坐稳扶好，谢谢合作。"

3）司机将驾驶模式转换至"RM"（限制人工驾驶模式），切断地面信号系统对列车的控制，"方向选择"开关置于"后"位，以不超过15km/h的速度将列车退行至车站或区间规定位置。

二、列车退行的注意事项

列车退行须由行车调度员准许、发布调度命令后，司机才能进行，切不可私自操作。

一般地，车载ATP系统对列车退行有距离限制，当退行的距离接近限定值时，列车会自动起动紧急制动，如果这时列车还未退至规定位置，司机需要重新建立列车安全电路，再次起动列车退行。列车退行的距离限制可以被预先设置，允许各地铁运营公司根据线路情况进行不同的规定，如北京地铁某些线路将退行距离限制为5m。

列车退行时，要求驾驶模式为"RM"，这一步操作是为了切断地面信号系统对列车的控制；若有"ATC旁路"按钮，也可以通过将此按钮置于"旁路"位来切断地面信号的控制。

三、列车退行的行车组织

1. 行车组织

1）接车站综控员确认接车线路空闲后，关闭进站信号机（显示红灯）进行防护。

2）办理接车进路，广播通知站内候车乘客注意退行列车。

3）列车在出站信号机后方停车，凭引导手信号进站。

4）综控员向行车调度员报告接车情况。

2. 行车组织的注意事项

1）若实行电话闭塞法行车，应在列车整列退回到车站后，与邻站办理取消闭塞的手续，发出电话电报号码作为取消闭塞的依据。

2）预定退行的列车发出后，出站信号机应显示停车信号，须确定该列车已回到本站或已到达前方站后，方准显示绿色灯光。

实践训练与项目考核

任务	列车退行		
考核说明	教师考核组长操作步骤及内容，组长对组员逐一考核		
班　　级		姓　　名	
学 习 小 组		考 核 时 间	

考核目标

1. 正确判断列车需要退行的情况
2. 掌握列车退行的操作步骤和注意事项
3. 能规范进行列车退行操作
4. 了解列车退行的行车组织

考核内容

考 核 项 目	考 核 标 准	分　　值	得　　分
列车退行的操作运行	判断列车需进行退行	10	
	与行车调度员或综控员联系	10	
	获得准许，复诵和记录调度命令	12	
	广播通知乘客	12	
	将驾驶模式转换至“RM”，切除信号系统的限制	12	
	“方向选择”开关置于“后”位	12	
	起动列车退行，速度不超过 15km/h	12	
	在出站信号机后方停车	10	
	得到凭证后，进站停车	10	

指导教师意见：

任务完成人签字：　　　　　　　　　　日期：　　年　　月　　日

指导教师签字：　　　　　　　　　　　日期：　　年　　月　　日

任务五　冒进出站信号机的操作

任务说明

列车冒进出站信号机指列车前端任一部分越过出站信号机，并占用该信号机内方闭塞区间。

通过本任务的学习和训练，学生掌握冒进出站信号机的处理方法，培养安全行车的意识和习惯。

知识要点

1. 掌握列车冒进出站信号机的操作步骤和注意事项。
2. 了解列车冒进出站信号机的行车组织。

素质和能力要点

正确判断和处理列车冒进出站信号机的情况。

任务准备

列车驾驶模拟器、司机包、司机手账、操纵台激活钥匙、三角钥匙、四角钥匙、手持电台、手电、口头调度命令记录单。

相关理论

一、列车冒进出站信号机的处理

列车冒进出站信号机指按规定在站台停车上下人的列车整列或部分越过出站信号机，分为冒进进行信号和冒进停车信号两种情况。无论是哪种情况，司机都应立即向行车调度员报告，再根据其指示进行办理。

1. 列车整列冒进出站信号机

当列车整列冒进出站信号机，未经行车调度员允许，严禁退回站内。

若整列冒进进行信号，司机依据行车调度员的口头指示，操作列车继续运行；同时应利用列车广播向乘客做好解释工作。

当整列冒进停止信号时，司机停车，行车调度员与车站综控员共同确认前方区间情况：

若区间符合闭塞条件，可以运行，则司机利用列车广播向乘客做好解释工作，将列车运行至前方站进行乘降作业；若区间不能运行时，行车调度员应以口头命令，令司机操作列车退回站内，方法与列车退行的操作相同。

2. 列车部分冒进出站信号机

当列车部分冒进出站信号机时，司机应立即利用车载电台与行车调度员联系，报告冒进信号的相关事项。

若冒进的为进行信号，司机接到退行命令后，按照列车退行的处理方法操作列车退回站内规定位置，同时利用列车广播向乘客做好宣传解释工作。另一方面，行车调度员通知车站做好接车准备，车站广播通告站内候车的乘客有关列车退行的注意事项，综控员向司机显示手信号，使列车退回到规定的位置。列车退回后，使出站信号机重新开放。司机在具备发车条件后，与行车调度员联系，恢复原驾驶模式运行。

若冒进的为停止信号，司机接到退行命令后，按照列车退行的处理方法操作列车退回站内规定位置，同时利用列车广播向乘客做好宣传解释工作。另一方面，行车调度员通知车站做好接车准备，车站广播通告站内候车的乘客有关列车退行的注意事项，综控员扣车、关闭出站信号机，向司机显示手信号，使列车退回到规定的位置。司机按照站台作业要求完成乘客乘降的同时，综控员与行车调度员共同确认闭塞区间空闲，与前方站综控员联系确认符合闭塞条件后，解除扣车，使出站信号机重新开放。司机在具备发车条件后，与行车调度员联系，恢复原驾驶模式运行。此时的列车到达时刻以列车退回到规定的停车位置并停稳时为准。

3. 末班车的处理

末班车或乘客无返乘条件的列车冒进出站信号机时，无论是部分冒进还是整列冒进出站信号机，司机均应按照行车调度员的口头命令，操作列车退回站内规定的停车位置。

列车退回站内时，行车调度员与车站综控员应共同确认后续列车的位置，对后续列车采取相应的防护措施，保证退行列车及后续列车的安全。

二、关于列车冒进信号处理的一些说明

综控员在接到行车调度员关于列车冒进信号的相关行车指示后，应记录列车车次、车号等有关内容，依据调度命令指示列车向前方站运行或退回到站内。

实际运营时，也可不以列车部分冒进或整列冒进决定是否退回站内或继续运行，而以冒进出站信号机的实际距离灵活调整行车组织，如冒进 10m、冒进 100m 等。

在 ATP 系统的安全防护下，列车不可能冒进停止信号。若信号显示红灯，那么列车将在无限接近信号机时被强制紧急制动，从而实现对闭塞区间的保护。司机在驾驶列车运行时，应时刻保持高度集中的注意力，防止冒进信号事故的发生。

实践训练与项目考核

<table>
<tr><td>任务</td><td colspan="4">冒进出站信号机的处理与操作</td></tr>
<tr><td>考核说明</td><td colspan="4">教师考核组长操作步骤及操作，组长对组员逐一考核</td></tr>
<tr><td>班　　级</td><td></td><td>姓　　名</td><td colspan="2"></td></tr>
<tr><td>学 习 小 组</td><td></td><td>考 核 时 间</td><td colspan="2"></td></tr>
<tr><td colspan="5">考核目标</td></tr>
<tr><td colspan="5">1. 正确判断列车冒进出站信号机的情况
2. 掌握列车冒进出站信号机的操作步骤和注意事项
3. 正确、及时处理列车冒进出站信号机的事故
4. 了解列车冒进出站信号机的行车组织</td></tr>
<tr><td colspan="5">考核内容</td></tr>
<tr><td>考 核 项 目</td><td colspan="2">考 核 标 准</td><td>分　　值</td><td>得　　分</td></tr>
<tr><td rowspan="3">列车整列冒进出站信号机的处理</td><td colspan="2">向行车调度员报告整列冒进出站信号机的情况</td><td>10</td><td></td></tr>
<tr><td colspan="2">获得行车调度员的指示后，继续向前运行</td><td>10</td><td></td></tr>
<tr><td colspan="2">广播通知乘客，做好解释</td><td>12</td><td></td></tr>
<tr><td rowspan="6">列车部分冒进出站信号机的处理</td><td colspan="2">报告行车调度员</td><td>10</td><td></td></tr>
<tr><td colspan="2">获得准许退行的命令，进行复诵和记录</td><td>12</td><td></td></tr>
<tr><td colspan="2">按退行方法操作列车</td><td>12</td><td></td></tr>
<tr><td colspan="2">广播通知乘客</td><td>12</td><td></td></tr>
<tr><td colspan="2">看综控员的手信号退回到站内规定位置</td><td>10</td><td></td></tr>
<tr><td colspan="2">具备发车条件后，与行车调度员联系，恢复原驾驶模式</td><td>12</td><td></td></tr>
<tr><td colspan="5">指导教师意见：</td></tr>
<tr><td colspan="5">任务完成人签字：　　　　　　　　日期：　　年　　月　　日

指导教师签字：　　　　　　　　日期：　　年　　月　　日</td></tr>
</table>

项目八　故障条件下的运行及操作

任务一　列车救援的操作

任务说明

当线上运营的列车遇故障无法继续运行时，视情况应派出救援列车，以便尽快开通线路。

通过本任务的学习和训练，学生掌握被救援司机和救援司机的工作职责，正确完成列车救援任务。

知识要点

1. 了解列车救援的相关基本概念。
2. 掌握请求救援的报告事项。
3. 掌握救援列车司机的操作规范。
4. 掌握被救援列车司机的操作规范。

素质和能力要点

1. 能正确请求救援并完成列车清客。
2. 能正确做好故障车的救援准备工作。
3. 能正确进行列车连挂操作。
4. 能安全、高效地合作完成列车救援过程。

任务准备

列车驾驶模拟器、司机包、司机手账、操纵台激活钥匙、三角钥匙、四角钥匙、手持电台、手提灯、列车状态记录单、故障记录单、止轮器、防护服、绝缘手套、绝缘鞋、手信号灯。

一、救援列车

当列车因故障在正线上迫停，为尽快开通线路，需要开行救援列车去故障列车迫停点。救援列车连挂牵引或推送故障列车到适当的车站清人，返回车辆段，称为救援调车。

救援视施行地点分为两类：车站救援和区间救援。

车站救援是指列车连挂位置在站内的救援。列车在车站救援时，按有车线接车办理，凭综控员的调车手信号引导进站。

区间救援指列车连挂位置在区间的救援。列车在区间救援时，须将相关线路封锁，救援列车凭调度命令和综控员手信号进入封锁区间。

二、列车救援的操作

（一）请求救援的情况

司机在运营线上操作列车运行突遇故障或事故时，应根据当时情况正确判断是否需要请求救援，并立刻与行车调度员联系，经行车调度员授权后，司机及时判明故障部位和确定能否自己处理，如在规定时间内不能修复或不能自行处理时，应申请救援；或是判明故障可以自行修复但在规定时间内未能修复时，应立刻停止工作并处理好现场，请求救援。

一般来说，遇到下列几种情况时，司机可以请求救援：

1）列车发生故障，进行处理后前方驾驶室仍不能牵引全列车维持运行时。

2）制动系统发生故障，致使全列车不能缓解时。

3）电动列车发生火灾，处理后无法运行时。

4）发生严重故障有危及行车安全的可能，司机认为须救援时。

（二）请求救援的报告

司机根据车辆故障情况经处理不能继续运行时，应立即以列车无线电话、手持电台或其他有效方法向行车调度员或有关站综控员请求救援。

请求救援的报告内容应包括：

1）列车车次、车号。

2）请求救援的事由。

3）迫停的时间、地点（以百米标为准）。

4）是否妨碍邻线。

5）是否需要分部救援。

6）有无人员伤亡及其他必要说明的事项。

在线列车的救援应竭力遵循正向救援的准则，以确保其他在线列车的正常运行秩序。在确定救援列车开来方向后，行车调度员应向司机说明。

（三）救援准备

故障列车司机发出救援请求、得到行车调度员关于救援的指示后，应当为列车救援做好

准备。具体工作包括如下几点：

1）司机应尽量将列车停放在平直道上，并靠近车站停车，在等待救援列车期间不得动车。

2）故障列车若在坡道迫停，应做好制动防溜措施，如打好止轮器，做好防护，如图8-1所示。

图8-1 防溜措施

3）使用列车广播设备向乘客进行广播，做好安慰乘客的宣传，根据行车调度员的命令决定是否进行清客，若迫停区间，须在区间与救援列车进行连挂，广播内容为："列车故障不能继续运行，请您坐好扶牢，救援列车准备连挂救援。"

救援连挂后的列车到达车站或故障车迫停车站时，使用人工广播播放："列车发生故障不能继续运行，请您下车换乘下次列车，谢谢您的合作。"

4）司机将列车制动好，按规定穿戴好防护用品（图8-2），携带通信设备、驾驶室钥匙，必要时带好照明用品（图8-3），迅速到达救援列车开来方向的驾驶室，打开前照灯进行防护，做好引导接车准备。

a） b）

图8-2 防护用品

a）绝缘手套 b）绝缘鞋

5）在弯道上迫停且与瞭望距离不足50m时，司机应在距离救援列车开来方向50m处向救援列车显示停车手信号（无红色信号灯或信号旗时，两臂高举头上向两侧上下急剧摇动，见图8-4），并引导救援列车与被救援列车连挂。

6）救援连挂后的列车到达车站或故障车迫停车站时，应按规定用语对乘客宣传广播。

图 8-3　手提灯

图 8-4　停车手信号（无信号灯或信号旗）

（四）列车救援过程

1. 救援司机的工作

1）救援司机在接到行车调度员关于救援的任务后，了解故障列车迫停的位置，按其指示驾驶列车按规定限速（如 30km/h）前往救援地点。若救援列车是从车站派出的，应当做好清客工作和乘客解释工作，方准担任救援任务："各位乘客，前方列车故障堵塞运行，需本次列车救援，以便尽快开通运行，为避免在救援过程中发生意外伤害，请您立即下车，等候下次列车，感谢您的合作。"若使用在区间运行的列车担当救援列车时，应在前方最近车站清客。

2）接近被救援列车时，一度停车，停车位置距被救援列车的距离应不小于 30m。与弯道瞭望距离不足 50m 时，须看被救援车司机的停车手信号，在距故障车 50m 处停车。

3）由被救援车司机引导，在距被救援车 5m 处停车，确认两车钩状态无异常。

4）再次起动列车，在距被救援车 0.5m 时再度停车，看到被救援司机给出的连挂信号后，以 3km/h 的速度、轻微冲击的方式连挂，进行制动机简略试验（用于证明列车制动管路连接状态和基础制动性能的试验），并试验驾驶室联络对讲设备，确认连挂妥当、通信良好后，方准起动。

5）起动列车，密切观察线路和列车状态，与被救援列车司机保持联络。救援列车牵引运行时，前方进路的确认由救援列车司机负责；救援列车推进运行时，前方进路的确认由被救援列车司机负责并及时传递给救援列车司机；遇有意外情况应紧急停车。

2. 被救援司机的工作

1）做好救援准备工作，接到行车调度员关于救援列车开来方向的指示后，准备引导接车。

2）指示救援列车一度停车；若故障列车迫停于弯道且瞭望距离不足 50m，应向救援列车司机给出停车手信号，使其按指示在距故障车 50m 处停车。

3）与救援列车司机确认可以再次起动列车，利用手势引导救援列车在距故障车 5m 处停车，确认连挂车钩的状态正常。

4）利用手势引导救援列车再次起动，缓慢靠近故障车，使其在距故障车 0.5m 处停车。

5）查看并确认两车车钩钩位对准，向救援车司机显示连挂信号，密切关注连挂过程，确保两列车准确连挂，在车钩连挂上后，给出手势。

6）待制动机简略试验正常后，回到驾驶室，与救援列车司机确认对讲设备通信良好。

7）运行过程中密切关注列车状态，与救援列车司机保持联系。若采用救援列车推进运行时，应不间断瞭望线路，确认信号和道岔无异物，并及时将信息通过对讲传递给救援列车司机。

3. 连挂后的运行及注意事项

1）列车连挂后，司机应及时报告行车调度员，或通过综控员（或信号楼值班员）向行车调度员报告连挂完毕。

2）救援列车全列进站后，司机得到行车调度员赋予的救援车次后，方可继续运行。

3）救援列车推进故障列车运行时，前方进路的确认由故障列车司机负责，并用联络设备通知救援列车司机；遇有危及安全的情况，立即通知救援列车司机停车。救援列车司机在运行中要严守速度。推进运行时速度不得超过 30km/h。

4）已请求救援的列车不得擅自移动。故障排除不再需要救援时，应及时与行车调度员或相关站综控员联系，得到准许后方可继续运行。

5）需正线进行解钩作业的救援列车，当被救援列车全列在停车库线内停稳后，由救援列车及被救援列车司机共同负责将救援列车和被救援列车解钩分离，救援列车凭调度命令继续运行。

6）当列车在区间故障请求救援时，自行车调度员制定担当救援的列车时起，被救援列车所在区间即进入封锁状态。救援完毕，救援列车全列出清封锁区间后，封锁区间即解除封锁。

实践训练与项目考核

<table>
<tr><td>任务</td><td colspan="3">列车救援</td></tr>
<tr><td>考核说明</td><td colspan="3">教师考核组长操作步骤及内容，组长对组员逐一考核</td></tr>
<tr><td>班　级</td><td></td><td>姓　名</td><td></td></tr>
<tr><td>学习小组</td><td></td><td>考核时间</td><td></td></tr>
<tr><td colspan="4">考核目标</td></tr>
<tr><td colspan="4">1. 掌握列车救援的报告事项
2. 掌握救援列车司机的操作规范
3. 掌握被救援列车司机的操作规范
4. 能根据实际情况正确进行判断是否需要请求救援
5. 能正确做好故障车的救援准备工作
6. 能正确进行列车连挂操作
7. 能安全、高效地合作完成列车救援过程</td></tr>
</table>

（续）

考核内容			
考核项目	考核标准	分　值	得　分
救援报告事项	列车车次、车号	4	
	请求救援的事由	2	
	迫停的时间、地点（以百米标为准）	4	
	是否妨碍邻线	2	
	是否需要分部救援	2	
	有无人员伤亡	2	
	其他必要说明的事项	2	
救援准备工作	平直道上停车，等待救援期间不动车	3	
	防溜措施	3	
	乘客广播	4	
	穿戴、携带用品和设备	4	
救援司机的操作	正确接收行车调度员的救援命令	4	
	乘客处理	4	
	限速前往救援地点	4	
	视救援地点掌握一度停车的位置	4	
	再次起动，看被救援列车司机的引导停车	4	
	看被救援列车司机的手信号进行连挂	4	
	确认连挂妥当	6	
	起动列车，完成救援牵引	4	
被救援司机的操作	正确接收行车调度员关于救援工作的指示	4	
	停车手信号	4	
	引导救援列车在距故障车5m处停车	4	
	查看车钩状态	4	
	引导救援列车再次起动，在距故障车0.5m处停车	4	
	查看车钩对准，显示连挂信号	6	
	连挂妥当后，回到驾驶室，确认通信设备状态	4	
	与救援列车司机保持联系，完成救援牵引	4	
指导教师意见：			
任务完成人签字：	日期：　年　月　日		
指导教师签字：	日期：　年　月　日		

任务二　屏蔽门故障的站台作业

任务说明

为充分保证运营安全，地铁车站站台装设屏蔽门。正常情况下，当列车在站台打开或关闭车门时，屏蔽门接收到信号，联动打开或关闭，或由人工操作完成。当屏蔽门发生故障，为了不影响正常站台作业和乘客乘降，司机须尽快解决，保证安全、正点运营。

通过本任务的学习和训练，学生应掌握屏蔽门故障时的解决方法，准确、高效地完成屏蔽门故障下的站台作业。

知识要点

1. 掌握屏蔽门的控制方式。
2. 掌握屏蔽门在非正常情况下影响行车的处理方法。

素质和能力要点

1. 能人工操作屏蔽门的打开与关闭。
2. 能在规定时间内应对屏蔽门故障，使列车进出站。

任务准备

列车驾驶模拟器、PSL、司机包、司机手账、操纵台激活钥匙、三角钥匙、四角钥匙、PSL钥匙、手持电台、列车状态记录单、故障记录单。

相关理论

一、屏蔽门的控制方式

（一）屏蔽门的组成

屏蔽门（PSD，Platform Screen Doors）系统由机械部分和电气部分组成。机械部分包括门体结构（由承重结构、滑动门、固定门、应急门、端门、门槛、顶箱等组成）和门机系统（由电动机、减速器、传动装置和锁紧装置等组成），门体部分如图8-5所示当列车停靠在正确的位置时，列车门相对应于屏蔽门的各个滑动门。

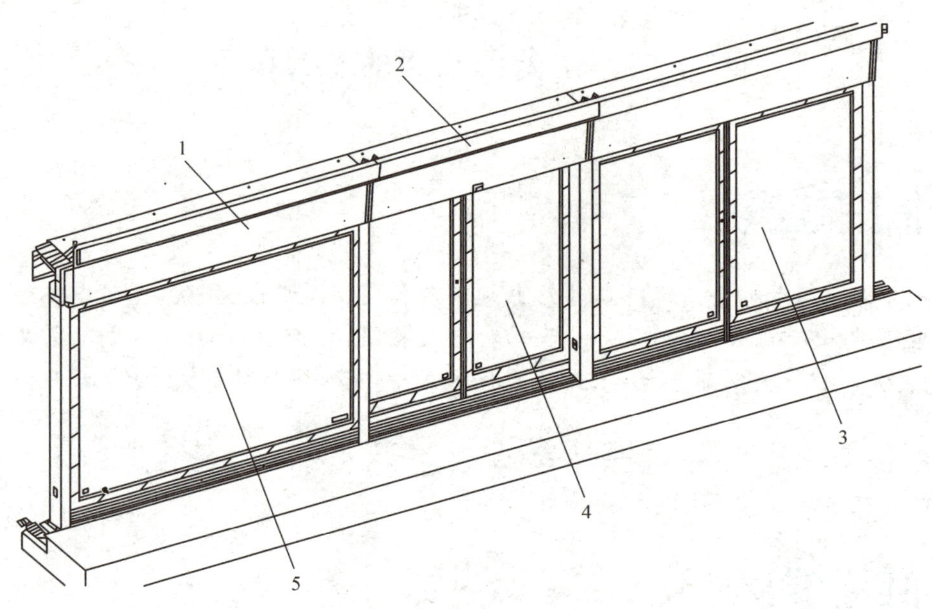

图 8-5 屏蔽门门体部分

1—顶箱 2—灯带 3—应急门 4—滑动门 5—固定门

电气部分包括电源系统和控制系统。电源系统由驱动电源和控制电源等组成；控制系统由中央控制盘（PSD Control and Monitoring Panel，PSC）、就地控制盘（PSD Local Control Panel，PSL）、紧急控制（PSD Emergency Control，即 IBP 盘）、电源（Power Supply）、门控单元（Door Control Unit，DCU）等组成。

（二）屏蔽门的控制等级

屏蔽门具有系统级控制、站台级控制和手动操作三级控制方式。

1. 系统级控制

系统级控制是在正常运行模式下由信号系统直接对屏蔽门进行控制的方式。在系统控制方式下，列车到站并停在允许的误差范围内时，列车信号系统向屏蔽门发送开/关门指令，控制指令经信号系统发送至屏蔽门中央控制盘（PSD）。中央接口盘通过门控单元（DCU）对滑动门开/关进行实时控制，实现安全门的系统级控制操作。

2. 站台级控制

在系统级控制出现故障时，可进行站台级控制。站台级控制是由站务人员在就地控制盘（PSL）上对屏蔽门进行开/关的控制，实现屏蔽门的站台级控制。

3. 手动操作

手动操作是站台工作人员或乘客对屏蔽门进行操作。当系统电源或个别屏蔽门操作机构发生故障时，站台工作人员可在站台侧用钥匙开/关屏蔽门，或者乘客可在轨道侧操作屏蔽门开门把手打开屏蔽门，实现屏蔽门的手动控制。

（1）IBP 盘紧急控制　在发生火灾或紧急情况下，可进行紧急开门操作，配合站台火灾排烟模式需要。站务人员用“钥匙”开关打开 IBP 盘上的操作允许开关，站务人员在 IBP 上对屏蔽门进行开门的控制，实现屏蔽门的灾害级控制。

（2）LCB 手动操作　当系统电源或个别屏蔽门操作机构发生故障时，站台工作人员可在站台侧利用 LCB（Local Control Box，就地控制盒）钥匙开/关屏蔽门。此外，乘客也可在轨道侧操作屏蔽门开门把手打开屏蔽门，实现屏蔽门的手动控制。

二、司机对屏蔽门的操作

1. 就地控制盘

就地控制盘（PSL）设置在车站站台列车前进方向车头端部，用于就地控制单侧屏蔽门，司机可观察 PSL 的门灯显示情况来确认屏蔽门的状况。在“项目五　正线运行及操作”的站台作业中，已详细介绍了 PSL 与司机作业的关系。

2. 端门

端门（或称司机手推门）分别与列车前进方向发车端驾驶室和列车尾端驾驶室门相对应，供司机进出站台使用。

端门在轨道侧推压推杆，向站台侧平推打开；在站台侧用钥匙打开端门，向站台侧平拉打开。端门使用完毕后，必须确保其处于关闭且锁紧状态。

3. 屏蔽门的自动打开与关闭

正常情况下，列车进站，司机通过开/关列车门实现屏蔽门的开/关门操作。在“列车自动驾驶”模式下，列车进站自动校准停车，在“列车自动防护人工驾驶”模式下，列车进站人工校准停车，不得超出规定的停车范围，然后司机发出开门指令，车门和屏蔽门打开。

当屏蔽门和车门全部关闭，列车收到车门和屏蔽门的关好指令，方可发车。

4. 屏蔽门的人工操作

当屏蔽门系统级操作发生故障时，司机通过发车端的 PSL（就地控制盘）对屏蔽门进行开/关门操作，并及时报告车站综控员或行车调度员。

人工操作屏蔽门时，开门时先利用 PSL 打开屏蔽门，再开列车门；关门时先关闭列车门，再利用 PSL 关闭屏蔽门。

1）屏蔽门开门时，将 PSL 钥匙置于“开门”位，此时“滑动门打开”指示灯闪烁，屏蔽门开启到位后，此灯点亮。

2）屏蔽门关门时，PSL 发出关门指令，屏蔽门开始关闭，“滑动门打开”指示灯闪烁，在屏蔽门全部关闭且锁紧后，PSL 上的“关闭且锁紧”指示灯点亮，将 PSL 钥匙置于“自动”位并拔出。

采用 RM 模式运行的列车，进站按规定位置停车后，按人工操作屏蔽门处理。

三、非正常情况下的操作

1. 屏蔽门正常关闭，列车车门不能正常关闭

当有车门故障（包括无法关闭）时，司机向行车调度员报告故障，司机通过 PSL 打开屏蔽门，按应急故障处理相关规定对车门进行处理。经处理车门关闭后，屏蔽门恢复关闭状态，司机将处理情况报告行车调度员。如果车门仍关不上，司机立即申请清人掉线。得到行车调度员清人命令后，司机应将车门全部打开，屏蔽门应在打开状态，将乘客全部清出。

2. 整列屏蔽门不能开启与关闭

1）司机发现整列屏蔽门未打开时，应立即使用 PSL 将屏蔽门打开，并报告行车调度员。

2）关门时先关闭列车门，如屏蔽门未关闭，司机应用 PSL 立即关闭屏蔽门，并报告行车调度员。

3）当列车发生连续两站采用 PSL 进行开关屏蔽门操作时，司机应将情况报告行车调度员，按其指示运行。

4）车门和屏蔽门的操作顺序为：开门时先利用 PSL 打开屏蔽门，再开列车门；关门时先关闭列车门，再关闭屏蔽门。

3. 列车运行中预先接到行车调度员前方站屏蔽门故障的通知

1）列车进站后司机利用 PSL 先进行屏蔽门的开启操作，再打开列车门。

2）屏蔽门无法打开时，司机利用广播告知乘客，由乘客自行操作滑动门手柄开门。

4. 屏蔽门开门系统故障致使整列屏蔽门不能打开

1）使用 PSL 不能打开屏蔽门时，司机利用车内广播告知乘客，由乘客自行操作滑动门手柄开门，并将情况报告车站综控室值班员或行车调度员。

2）司机利用 PSL 关门，关门后正常发车。

5. 屏蔽门关门系统故障致使整列屏蔽门不能关闭

司机利用 PSL 不能关闭屏蔽门时，车站人员操作 PSL“互锁解除”开关，使列车出站。

6. 单个屏蔽门故障（开门）处理

1）若有单个屏蔽门未打开时，司机利用列车广播告知乘客屏蔽门故障，可由乘客手动操作滑动门手柄开门。

2）司机进行关门操作，故障屏蔽门正常关闭后，列车正常发车。

7. 单个屏蔽门故障（关门）处理

1）若有单个屏蔽门未关闭时，由车站人员协助现场关门。

2）待车站人员对故障屏蔽门处理后，列车正常发车。

8. 屏蔽门“互锁解除”信息失效，影响列车发车

1）车站人员操作 PSL“互锁解除”开关，此功能失效，列车不能发车，综控室值班员立即报告行车调度员，行车调度员通知司机“准许红灯发车”。

2）司机得到行车调度员发车的允许后转换至“限制人工驾驶”模式发车。

实践训练与项目考核

任务	屏蔽门故障的站台作业		
考核说明	教师考核组长操作步骤及内容，组长对组员逐一考核		
班　　级		姓　　名	
学习小组		考核时间	
考核目标			
1. 掌握屏蔽门的控制方式 2. 掌握屏蔽门在非正常情况下影响行车的处理方法 3. 能人工操作屏蔽门的打开与关闭 4. 能在规定时间内应对屏蔽门故障，使列车进出站			

（续）

<table>
<tr><td colspan="4">考核内容</td></tr>
<tr><th>考核项目</th><th>考核标准</th><th>分值</th><th>得分</th></tr>
<tr><td rowspan="5">屏蔽门正常关闭，列车门不能正常关闭</td><td>向行车调度员报告</td><td>4</td><td></td></tr>
<tr><td>通过 PSL 打开屏蔽门</td><td>4</td><td></td></tr>
<tr><td>处理故障列车车门</td><td>3</td><td></td></tr>
<tr><td>若故障车门关闭，则关闭屏蔽门</td><td>4</td><td></td></tr>
<tr><td>若故障车门无法关闭，申请清人掉线</td><td>4</td><td></td></tr>
<tr><td rowspan="6">整列屏蔽门不能开启与关闭</td><td>使用 PSL 打开屏蔽门</td><td>4</td><td></td></tr>
<tr><td>报告行车调度员</td><td>4</td><td></td></tr>
<tr><td>开列车车门</td><td>3</td><td></td></tr>
<tr><td>关列车车门</td><td>3</td><td></td></tr>
<tr><td>关屏蔽门</td><td>4</td><td></td></tr>
<tr><td>视情况报告行车调度员</td><td>4</td><td></td></tr>
<tr><td rowspan="4">屏蔽门开门系统故障，整列打不开</td><td>广播通知乘客，指示乘客操作滑动门</td><td>5</td><td></td></tr>
<tr><td>报告综控室值班员或行车调度员</td><td>4</td><td></td></tr>
<tr><td>关列车车门</td><td>3</td><td></td></tr>
<tr><td>利用 PSL 关闭屏蔽门</td><td>4</td><td></td></tr>
<tr><td rowspan="3">屏蔽门关门系统故障，整列关不上</td><td>报告综控室值班员或行车调度员</td><td>4</td><td></td></tr>
<tr><td>等待车站人员操作 PSL“互锁解除”开关</td><td>3</td><td></td></tr>
<tr><td>确认列车可以出发</td><td>4</td><td></td></tr>
<tr><td rowspan="2">单个屏蔽门开门故障</td><td>广播通知乘客，指示乘客操作滑动门</td><td>5</td><td></td></tr>
<tr><td>关列车车门，确认故障屏蔽门正常关闭</td><td>4</td><td></td></tr>
<tr><td rowspan="3">单个屏蔽门关门故障</td><td>报告综控室值班员或行车调度员</td><td>4</td><td></td></tr>
<tr><td>等待车站人员操作 PSL“互锁解除”开关</td><td>3</td><td></td></tr>
<tr><td>确认列车可以出发</td><td>4</td><td></td></tr>
<tr><td rowspan="3">屏蔽门“互锁解除”信息失效</td><td>报告行车调度员或综控室值班员</td><td>4</td><td></td></tr>
<tr><td>收到行车调度员“准许红灯发车”的指示</td><td>4</td><td></td></tr>
<tr><td>将驾驶模式转换至 RM 模式发车</td><td>4</td><td></td></tr>
<tr><td colspan="4">指导教师意见：</td></tr>
<tr><td colspan="4">任务完成人签字：　　　　日期：　年　月　日

指导教师签字：　　　　日期：　年　月　日</td></tr>
</table>

注：操作顺序错误不得分。

任务三　电话闭塞法下的操作

任务说明

电话闭塞法是当基本闭塞法不能使用时的代用闭塞法，是一种非正常情况下的行车方式。由于电话闭塞不使用信号设备而采用人工确认闭塞是否空闲，因此在该闭塞法下司机的安全操作、行车组织人员的安全意识就更显重要。

通过本任务的学习和训练，学生应掌握电话闭塞法下的操作注意事项和行车组织办法。

知识要点

1. 了解电话闭塞法的使用条件。
2. 掌握电话闭塞法的行车凭证、闭塞特点。
3. 掌握电话闭塞法下的列车操作注意事项。

素质和能力要点

1. 在采用电话闭塞法时，能正确判断是否具备行车凭证。
2. 能安全操作列车，完成电话闭塞法下的运行。

任务准备

列车驾驶模拟器、司机包、司机手账、操纵台激活钥匙、三角钥匙、四角钥匙、手持电台、手电、列车状态记录单、绿色许可证、信号旗、手信号灯。

相关理论

一、电话闭塞法

1. 电话闭塞法的特点

电话闭塞是当基本闭塞设备故障或不能使用时，由两端车站综控员利用站间行车电话，以电话记录的方式办理闭塞的方法。电话闭塞不论运行区间是单线还是双线，均按站间区间办理。由于它没有机械、电气设备的控制来保证安全，办理闭塞时手续必须完善，对办理过程有严格的规定，对综控员有极为严格的要求。

在正线上，电话闭塞的闭塞区间是两相邻站的出站信号机间。在段（场）与相邻站间，对于出段（场）方向，闭塞区间为出段（场）信号机至相邻站出站信号机间，对于回段（场）方向，闭塞区间取决于进段（场）信号机和出段（场）信号机是差置设置还是并置设置：若为差置设置，闭塞区间为相邻站出站信号机至进段（场）信号机间；若为并置设置，闭塞区间为相邻站出站信号机至段（场）内第一架调车信号机间，如图 8-6 所示。

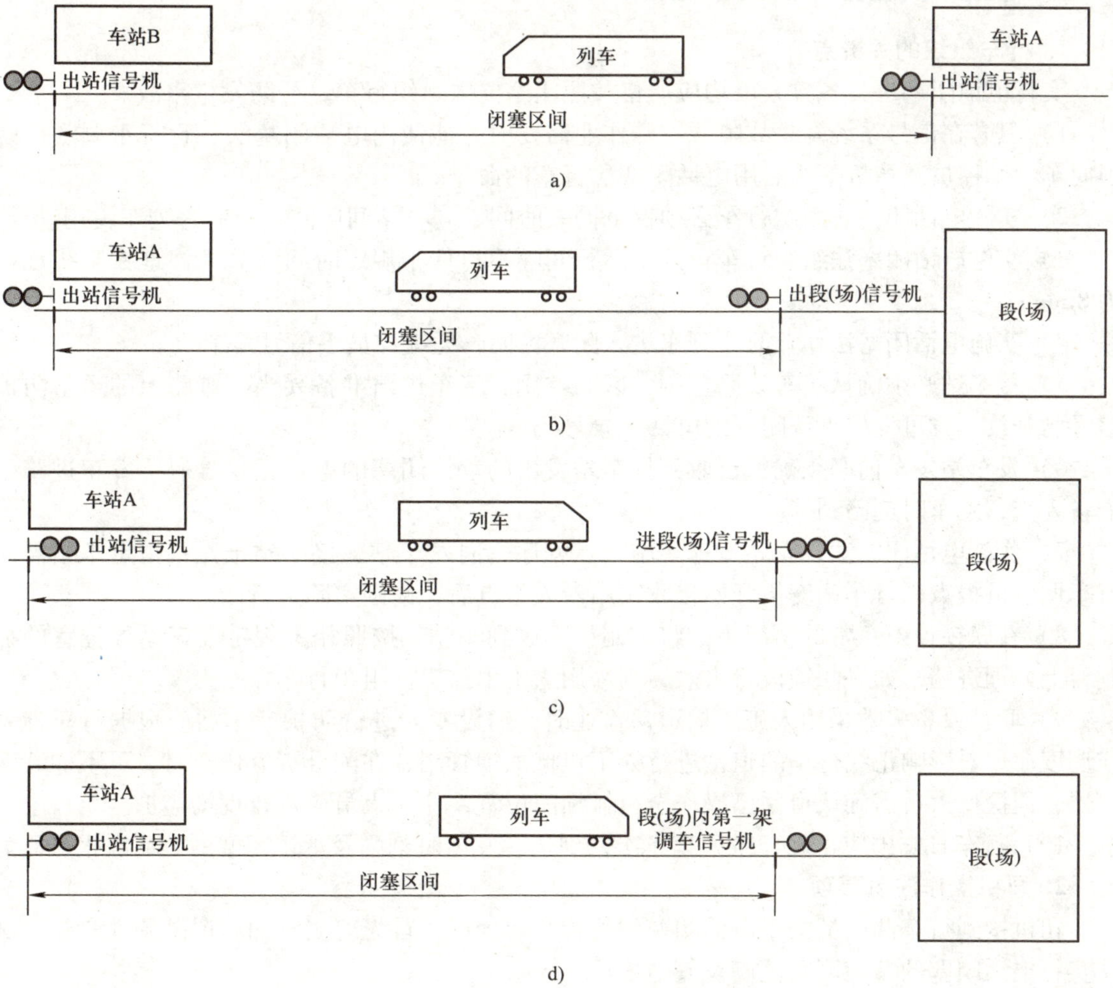

图 8-6　电话闭塞的闭塞区间

a）正线的闭塞区间　b）出段（场）方向　c）进段（场）方向——差置设置

d）进段（场）方向——并置设置

2. 电话闭塞的使用时机

电话闭塞是一种代用闭塞法，即当基本闭塞设备故障或因其他原因不能使用基本闭塞法时，为保证列车运行、达到闭塞区间只有一列列车运行的目的，而临时采用的闭塞法。只有当超速防护自动闭塞法、站间自动闭塞法和进路闭塞法都没有条件使用的时候，才采用电话闭塞法。一般采用电话闭塞法的情况如下：

1）基本闭塞设备发生故障时：站间区间轨道电路发生故障时；ATP 地面设备故障时。

2）基本闭塞设备不能使用时：双线区间列车反方向运行时；遇有特殊情况，列车由区间返回发车站时。

3）站间自动闭塞法或进路闭塞法不能使用时。

4）各运营线的联络线间开行过轨列车时。

二、电话闭塞法下的列车运行

1. 行车组织的关键点

实行电话闭塞法，各方人员均应严格按照闭塞要求组织行车，严防发生事故。

1）只有在信号系统发生故障或特殊作业需要时才能使用电话闭塞法，且行车调度员必须向车站综控员及司机下达启用电话闭塞法行车的命令。

2）实施电话闭塞法组织行车必须保证同一时间、同一站间区间，只有一列车占用。

3）实施电话闭塞法组织行车，列车运行间隔不得低于规定时间（如天津地铁某线规定为8min）。

4）实施电话闭塞法作业时，列车进入闭塞区间，凭综控员手信号发车。

5）接车站必须确认接车线路空闲、区间空闲，接车进路准备妥当，进路上的道岔防护信号已开放，方可发出承认闭塞的电话记录号码。

6）发车站发车前必须确认已收到接车站发出的承认闭塞的电话记录号码，发车进路已准备妥当，发车时刻已到。

7）实施电话闭塞法，车站专人实施报点程序，向发车站、接车站报点；指定车站需向行车调度员报点；行车调度员开始接收车站专人报点后，铺画实际运行图。

8）在联锁设备正常的情况下，将控制权下放到车站，按照相关规定在车站综控室的控制台上办理进路；如果联锁设备失效，则采用人工手摇道岔组织行车。

9）联锁设备失效采用人工手摇道岔作业时，需设专人进行防护，车站应根据行车计划或调度命令对影响正线行车的道岔进行人工机械加锁管制，在配合折返作业时，可不加装钩锁器，但操作人员需确认道岔已操作至机械锁闭位置，作业人员应进行现场监护。

10）行车日志内应正确记录列车车次，到达、发出时刻，及承认闭塞的电话电报号码。

2. 司机操作注意事项

司机接到行车调度员关于电话闭塞法的行车命令后，首先应当复诵和记录调度命令，确认实行电话闭塞的站间区间范围及其他事项。

按照电话闭塞法的限制速度操作列车运行，注意瞭望线路和道岔情况，发现紧急情况立即采取相应措施并汇报行车调度员。区间分界点信号机、顺向阻挡信号机停用；遇防护信号机显示红灯时，在该信号机前停车，按引导信号的显示运行，若引导信号无显示，则与行车调度员联系，按其指示运行，通过该区段限速15km/h。

司机进站停稳列车后，需使用PSL钥匙手动打开屏蔽门，进行乘降作业。等待综控员发放的行车凭证：若出站信号机正常，则凭信号机的绿色或黄色灯光进入前方闭塞区间；遇出站信号机因故不能开放时，司机在收到“绿色许可证”（图5-12）后，看到发车手信号（图5-13），才能起动列车出站。如果在等待发车凭证的时候造成晚点，向行车调度员报告。

电话闭塞下的道岔状态有可能通过人工扳动来改变，因此司机在出站时，还应贯彻执行“呼唤应答”制度，仔细确认道岔方向，防止事故发生。进入区间运行后，一定严守速度，

发现有影响行车的异常情况立即紧急制动。

案 例

2011年9月27日14时51分，上海地铁10号线豫园至老西门下行区间两列车不慎发生追尾，5号车从后方撞上了前车16号车。

14时10分，10号线新天地站设备故障，交通大学至南京东路上下行采用电话闭塞方式，列车限速运行。由于上海地铁将“两站两区间”作为同意闭塞的条件，所以南京东路站到老西门站（中间隔了一个豫园站）的两站区间都必须是空闲，没有其他车辆行驶或停留。很显然，16号车正停在豫园站和老西门站之间，但南京东路行车值班员和调度中心都没有发现，就发给了5号车司机“路票”。在开车30s之后，列车以10km/h的速度前进，谁能料到，在闭塞区间的隧道中，竟然还停着一辆列车，这时即使司机立刻采取紧急制动，也为时已晚。

本次事故发生在信号系统故障后采用电话闭塞方法运行约40min后。经排查，在人工调度行车时，有关人员未能严格执行相关管理规定，导致事故发生。由于基本没有任何自动设备的辅助，电话闭塞的安全性全凭人员的责任心来保证，在行业内又被称为“良心闭塞”。

实行电话闭塞法时，出站信号机以停车信号（红灯）定位，司机一旦看到出站信号机开放，就表示当前所在车站已与前方接车站办理好闭塞手续，具备了发车条件。列车凭出站信号机的显示出发，可以保证列车运行安全。同时，这也要求综控员一定要注意，在未办好闭塞之前，一定使出站信号机置于显示停车信号的状态，否则就有可能造成未办闭塞而司机将列车起动出发的事故。

闭塞办理好之后，必须在得到接车站闭塞承认号码或闭塞解除时分，办理好发车进路后，才能开放出站信号机发车。若出站信号机不能显示进行信号时，综控员应发给司机绿色许可证，作为列车占用区间的行车凭证，并证明闭塞手续办理妥当。当综控员将有关凭证交付给司机后，以发车手信号发车。当列车出发后，应及时关闭出站信号机。

小贴士

电话闭塞行车调度员与司机联系标准用语：

1. 行车调度员与司机联系标准用语

行车调度员：中心呼叫××车组（车次）。

司机：××车组（车次）收到，中心请讲。

2. 设备故障确认标准用语

行车调度员：××次列车，中心显示××区间设备故障，你车载信号什么显示？

司机：车载显示无码（无移动授权）。

3. 与列车确认位置标准用语

行车调度员：××车组（车次），报告你现在的位置。

司机：我现在停于（运行于）××站—××站（××站）上（下）行区间（站线）

4. 通知司机变更闭塞的标准用语

行车调度员：××次列车，因信号故障，××站—××站改电话闭塞行车，由××站交递调度命令（行车凭证）。

司机：因信号故障，××站—××站改电话闭塞行车，由××站交递调度命令（行车凭证）。明白。

5. 列车迫停区间联系标准用语

行车调度员：××次列车，因信号故障，××站—××站区间及××站站线空闲，道岔位置正确且锁闭，准许××次列车运行至××站。

司机：因信号故障，××站—××站区间及××站站线空闲，道岔位置正确且锁闭，准许××次列车运行至××站。明白。

3. 按电话闭塞法行车造成行车事故的因素

近年来，随着信号系统的不断升级和进步，城市轨道交通列车运行与操作的自动化和智能化也快速提升。但从另一方面来看，在“人—机—环”系统中，即使设备再先进，人的作用也不能被忽视：人对城市轨道交通系统中的信息处理和操纵功能，都决定着系统的安全性。因此，当信号系统被迫降级时，各方人员必须严格按照规定参与行车组织，如果有一个环节疏忽、出现问题，就有可能导致严重的、不可挽回的后果（比如前面列举的上海地铁追尾事故案例）。下面总结了几点在实行电话闭塞法时容易出现的疏漏点，也是应杜绝的工作隐患。

1）发车站未得到前方接车站闭塞承认就发车，造成无牌发车。

2）车站相关人员联系不彻底，导致无牌发车。

3）接车站未确认前次列车已开出本站，即向发车站发出闭塞承认，导致有车线接车。

4）错办或未办发车进路（或接车进路），未锁闭道岔。

5）未交递有关行车凭证或调度命令发车。

实践训练与项目考核

任务	电话闭塞法下的运行操作		
考核说明	教师考核组长操作步骤及内容，组长对组员逐一考核		
班　　级		姓　　名	
学习小组		考核时间	
考核目标			
1. 了解电话闭塞法的使用条件 2. 掌握电话闭塞法下的列车操作注意事项 3. 正确判断是否具备行车条件 4. 能安全操作列车，完成电话闭塞法下的运行			

（续）

考核内容			
考核项目	考核标准	分值	得分
电话闭塞法的特点	闭塞区间掌握正确	8	
	能正确说出使用时机	8	
电话闭塞法下的运行	正确接收行车调度员的命令，进行复诵和记录	10	
	看综控员的发车手信号进入闭塞区间	8	
	按照限制速度操作列车运行	8	
	密切瞭望线路和道岔情况	8	
	遇信号机显示红灯或无显示，与行车调度员联系，按其指示运行	8	
	进站停稳列车进行乘降作业，注意手动开关屏蔽门	10	
	等待行车凭证：出站信号机绿灯或黄灯；“绿色许可证（路票）”和发车手信号	12	
	发车：若晚点，向行车调度员报告	8	
	执行“呼唤应答”制度	12	
指导教师意见：			
任务完成人签字：　　日期：　　年　　月　　日 指导教师签字：　　日期：　　年　　月　　日			

任务四　接触轨停电

任务说明

接触轨是城市轨道交通列车主要供电方式之一，与线路结合较好，故障率低，维护成本低，但其缺点也很明显，如对人身安全威胁大，影响运营程度大。当列车运营中接触轨无电时，司机须下车查明故障点，以便采取相应手段恢复运营。

通过本任务的学习和训练，学生应掌握接触轨停电时的应急处理方法和安全操作的注意事项。

知识要点

1. 了解接触轨供电的优缺点及对运营的影响。

2. 掌握接触轨停电后的报告内容和处理要点。
3. 掌握接触轨送电失败后的应急处理措施。

素质和能力要点

1. 能正确判断接触轨停电的情况。
2. 能正确向行车调度员汇报相关情况。
3. 能按规定穿戴防护用品，到车下检查受流器。

任务准备

列车驾驶模拟器、司机包、司机手账、手持电台、手电、列车状态记录单、故障记录单、绝缘鞋、绝缘手套、快速分离钩、止轮器。

相关理论

一、接触轨供电的特点

目前国内城市轨道交通列车都是采用电力作为牵引动力，采用的供电方式主要由接触网供电和接触轨供电。北京地铁除6号线和14号线以外，均采用接触轨供电；上海地铁除建设中16号线外，均采用接触网供电；广州地铁4、5号线采用接触轨供电；天津地铁除9号线（津滨轻轨）采用接触网供电外，1、2、3号线均采用接触轨供电。

接触网供电是一种比较成熟的列车供电方式，其主要优点是对运营的影响较小，缺点是建设维修成本较高。而接触轨供电方式在我国北方城市被广泛采用，其主要优点有：

1）结构简单，相对于接触网复杂的结构而言，建设成本相对较低。

2）故障率低。

3）检修维护成本低。

4）在地面及高级线路上抗自然灾害能力强（特别是对大风的抵抗能力）。

5）与线路结合较好，不影响城市美观，对周围环境的影响较小。

但接触轨也有其固有的缺点：

1）当运营期间线路设备（如道岔）故障时，对运营的影响较大，影响时间较长。

2）运营期间，当需要进行区间疏散时，会对乘客的人身安全造成较大威胁，需要做停电处理再清客。

3）夜间施工时，所有需要在轨行区进行的施工都需要停电挂接地线才可以进行作业，这样势必影响施工的效率。

4）车辆段、停车列检库内使用接触轨供电，致使进行车辆检修时，由于人员与接触轨的距离较小，需要停电、挂接地线后才可以检修，增加了操作流程和作业风险。

二、接触轨停电的应急处理

（一）列车故障造成接触轨停电时的处理

运行中司机通过网压表发现接触轨无电，即网压为“0”时，及时报告行车调度员。报告内容如下：

1）列车车次、车号。

2）迫停时间、地点（以百米标为准）。

3）其他必要说明的事项。

司机向行车调度员报告完毕后，注意将列车制动好，断开列车 BHB 开关（即母线高速断路器开关、母线重联开关或称母线投入开关，见图 8-7）及负载开关。

接着，司机应穿戴好绝缘鞋、绝缘手套，带好手持电台和手电，到车下查找故障车或接地处所：迅速检查车辆受流器、母线等处有无接地引起烟火状况。

图 8-7　BHB 开关

司机判断出故障车或故障点后，向行车调度员请求停电，得到行车调度员接触轨停电通知后，司机确认接触轨网压为“0”，立即在处理区域做好接地防护，将故障车受流器全部分离。

当故障车受流器分离后，撤除接地防护，司机向行车调度员申请送电，若列车能自行起动，则维持运行至下一站立即清人掉线。列车送电前应注意 BHB 开关应在“断开”位。

若司机未确认出故障车或故障点时，向行车调度员申请试送电，同时司机注意观察车辆情况，查找故障车或故障点。确认出故障车或故障点时，及时将情况报告行车调度员，得到行车调度员的停电通知后，司机确认接触轨网压为“0”，应立即做好接地防护，将故障车受流器全部分离。撤除接地防护，向行车调度员申请送电，若列车能自行起动，则维持运行至下一站立即清人掉线。列车送电前应注意 BHB 开关应在“断开”位。

当接触轨试送电再次失败，及时将情况报告行车调度员，得到行车调度员的停电通知后，司机确认接触轨网压为“0”，迅速将全列车受流器全部分离，请求救援。

（二）受流器接地的故障处理

1. 接地点排查

司机发现列车网压表突然为“0”且无恢复迹象，并通过列车状态显示屏确认全列无网压后，立即将情况报告给行车调度员，并尽可能将列车运行至前方车站停车处理；如已判断出故障点，可向行车调度员说明并做好到达前方站进行处理的准备工作。如列车无法运行至车站时，向行车调度员说明情况，在区间停车并进行处理的准备工作。

司机可通过列车所发生的弧光、异味、异音、冒烟等异常现象判断列车是否存在接地点。

辅助判断方法：受流器接地后，单车 HB（High Speed Circuit Breaker，高速断路器）会因电流瞬间过大而断开，故司机应注意观察高速断路器断开状态确认接地点。

故障列车停于车站时，司机可向行车调度员申请应急司机协助处理工作。如需二次送电判断接地点时，司机需应急司机上车后申请试送电工作，并指示应急司机观察非接触轨一侧，本务司机观察接触轨一侧的缝隙处在送电瞬间是否有异响、火光等现象；故障列车停于区间时，由司机分别确认列车两侧在试送电时有无异常。

2. 接地点处理

通过试送电司机判断出故障点后，向行车调度员申请列车在站清客及接触轨停电。接到接触轨已停电命令后，断开全列高速断路器，携带好所需备品：手电、手台（调整到正线组）、三角钥匙、受流器分离钩（图 8-8），快速到达故障列车位置。

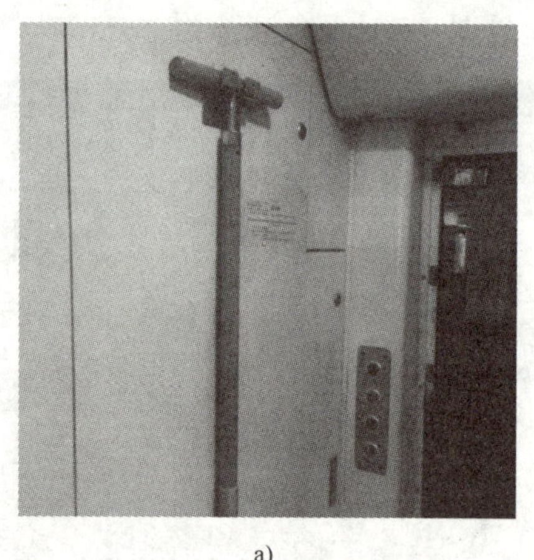
a)

b)

图 8-8　受流器分离钩
a）上部　b）下部

到达故障列车后，使用车门内紧急解锁装置将故障车对应受流器的四个车门手动逐一开启，并将故障车受流器钩起（共四个）后及时恢复车门关闭状态。

司机使用内部紧急解锁手动开门时，为提高工作效率，可要求站务人员协助进行操作，如有需要可在隔离受流器时，要求站务人员协助照明及处理工作。确认故障车四个受流器全部钩起后，快速返回驾驶室并在途中使用手台向行车调度员申请送电。

到达驾驶室后司机闭合高速断路器，并指示应急司机观察非接触轨一侧，本务司机观察接触轨一侧的缝隙处，观察送电瞬间情况。如送电成功，报告行车调度员听从指示；如送电不成功，做好隔离全部受流器并救援的准备工作。

如因列车迫停区间且因车厢乘客较多，司机无法进入车厢处理故障而需进入路轨进行故障处置时，须穿戴好防护用品并报告行车调度员。在与行车调度员确认接触轨已停电，接地保护设置完毕，得到行车调度员授权后方可进入路轨进行故障处理工作。

遇受流器故障或其他原因造成无法隔离或无法固定在隔离位置时，司机应及时报告行车调度员，并向行车调度员申请车辆专业人员给予技术支持；如需绳子、木棍等物品时，可向行车调度员提出要求。

3. 接地点处理注意事项

处理受流器接地故障前，必须与行车调度员确认接触轨断电状态并得到授权后方可前往

故障地点进行处理。

如需下路轨进行处理故障时，需与行车调度员确认接触轨已进行了接地保护后方可下路轨进行处理。

如列车迫停区间，需及时使用人工广播稳定乘客情绪。

处理接地受流器时，需将手持电台调至“正线组”，保持与行车调度员通话联系。

列车迫停区间时，如客室乘客较多，司机需使用人工广播通知乘客开启紧急通风窗维持车厢通风状态。

因每节动车受流器（四个）为串联状态，故处理中需将已接地受流器车厢下的其余受流器一并抬起后，方能完全切断接地点。

接地点受流器处理完毕后如试送电不成功且再次发生火光、异响情况时，说明接地点仍然存在，需立即报告行车调度员听从指示，并做好隔离全部受流器（共12个）及救援准备工作。

实践训练与项目考核

任务	接触轨停电的处理操作		
考核说明	教师考核组长操作步骤及内容，组长对组员逐一考核		
班　　级		姓　　名	
学习小组		考核时间	

考核目标

1. 掌握接触轨停电后的报告内容和处理要点
2. 掌握接触轨送电失败后的应急处理措施
3. 能正确判断接触轨停电的情况
4. 能正确向行车调度员汇报相关情况
5. 能按规定穿戴防护用品，到车下检查受流器

考核内容

考核项目	考核标准		分　值	得　分
接触轨停电的处理	通过网压表观察到接触轨无电		5	
	报告行车调度员	列车车次、车号	6	
		迫停时间、地点（以百米标为准）	6	
		其他必要说明的事项	4	
	将列车制动好		6	
	断开母线高速断路器开关及负载开关		8	
	穿戴绝缘鞋、绝缘手套		8	
	带上手台和手电下车		8	
	查找故障车、接地处所；检查受流器、母线情况		10	
	判断出故障点后请求停电		6	
	确认接触轨网压为“0”		5	
	做好接地保护，将故障车受流器分离		8	

（续）

考核项目	考核标准	分值	得分
接触轨停电的处理	撤除接地防护，申请送电	6	
	送电成功，将列车运行至下一站清人掉线	6	
	送电失败，分离全部受流器，请求救援	8	
指导教师意见：			
任务完成人签字：　　日期：　年　月　日 指导教师签字：　　日期：　年　月　日			

任务五　清客作业

任务说明

当运营列车因特殊原因不能继续载客运行时，需要司机进行清客作业。清客作业是运营应急处理和降级运营时的重要调整手段，处理不当会带来乘客的投诉，影响地铁的服务品牌形象。

通过本任务的学习和训练，学生应掌握进行清客作业的原则和组织清客的程序与注意事项。

知识要点

1. 了解清客的定义和进行清客的情况。
2. 掌握列车清客的规则。
3. 掌握列车清客作业的执行程序。

素质和能力要点

1. 能关注乘客状态，安全、有序地组织清客作业。
2. 培养乘客导向的意识和良好的沟通能力。
3. 培养非正常情况下与地铁其他部门协同工作的能力。

任务准备

列车驾驶模拟器、司机包、司机手账、操纵台激活钥匙、三角钥匙、四角钥匙、手持电台、手电、调度命令记录单、扩音器、止轮器。

相关理论

一、清客的规则

（一）清客的定义

清客是在列车运营过程中，行车调度员向司机和车站人员发出指令，强行让某一列车的乘客在非目的地站下车，乘客在非个人意愿的情况下被迫离开列车，在站台重新等候下一趟列车，或直接离开地铁站改乘其他交通工具到达目的地。清客分为计划性清客和非计划性清客。

计划性清客是指在乘客上车前即得知本趟列车运行服务的终点站，需要清客后进行折返或退出服务。计划性清客的特点是乘客事先知情。

非计划性清客是指列车运行中，由于设备故障原因或发生突发事故、故障等，引起列车无法继续运营服务需要清客退出服务的，或者由此引起需要使用降级运营以保持有限度的客运服务而采取的必要列车调整措施。非计划性清客的特点是乘客事先不知情。

引起非计划性清客的原因可能是列车在运营中发生设备故障、突发意外情况（如火灾、列车脱轨等）、降级运营组织（如临时采用小交路运行）。

本任务仅讨论非计划性清客。图8-9所示为高架线路的非计划性区间清客。

图 8-9　高架线路的非计划性区间清客

（二）清客规则

清客作业是运营应急处理和降级运营时的重要调整手段，处理不当不仅会带来乘客的投诉，影响地铁的服务品牌形象，更与地铁“安全第一”的运营宗旨相悖。因此，组织清客必须遵循一些既定规则，以便降低该作业中存在的风险概率。

1. 清客的授权

清客前必须获得行车调度员的授权，除非在非常紧急的情况下或接触轨（接触网）发生故障导致电力中断，致使乘客安全受到威胁或司机与 OCC 无法通信。

2. 清客地点

在条件允许的情况下，司机应尽可能将列车驶到下一站或指定的站台进行清客，避免在区间清客。

3. 牵引电流

若清客作业在站台进行，人员直接从站台疏散，不需进入轨道区间，则不用关断牵引电流；若在区间清客且采用接触轨供电的线路，在清客前，行车调度员必须通知电力调度员关断清客区间的牵引电流。

4. 参与清客的工作人员

在没有车站员工协助的情况下司机不得开始清客，除非情况极度紧急（如乘客安全受到威胁），或牵引电流发生故障导致环境迅速恶化。

值班站长在接到行车调度员关于清客的通知后，应指派一名车站员工到列车现场执行清客程序，并且应最少由一名员工陪同前往，即至少应有两名车站员工协助司机进行清客。

5. 装备

协助清客的员工应尽可能带上手提灯、扩音器和手持电台（无线电对讲机），如图 8-10 所示。

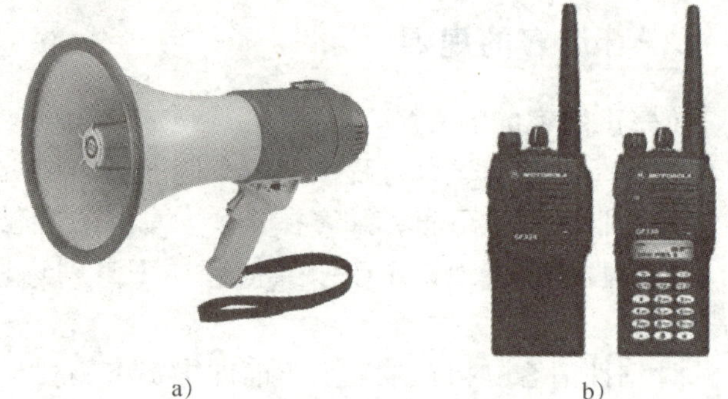

a） b）

图 8-10 协助清客携带的装备

a）扩音器 b）手持电台

6. 隧道灯

任何地铁员工或乘客进入隧道前，必须确保隧道灯是点亮的。

7. 鼓风扇

有些地铁线路设计：当列车在隧道停止超过 120s 时，隧道内的鼓风扇会自动起动。在隧道内清客期间，为确保乘客安全，必须将鼓风扇关掉。鼓风扇如图 8-11 所示。

图 8-11 鼓风扇

8. 清客的方向

乘客下车后，司机或车站人员应指挥乘客利用清客后停定的列车作为保护，朝正常的行车方向步行前往下一站；除非列车与前方车站距离太远或情况极度紧急（如停在区间的列车失火或冒烟），可前往行车调度员指定的其他站台。

9. 乘客指引

为防止乘客偏离清客路线或被障碍物绊倒，必须安排员工驻守在下列地方：①道岔及交叉口；②隧道口；③其他有潜在危险的地方。如图 8-12 所示的交叉口，在清客时必须指派员工驻守。

10. 不得行车的区间

图 8-12　隧道交叉口

在区间进行清客的期间，行车调度员须安排以下轨道不得行车：①乘客下车后途经的轨道；②乘客可经由隧道门或交叉口进入的轨道。这项行车限制持续有效至完成清客，并证实所有乘客已撤离轨道。

11. 伤残人士的安排

若非情况紧急，伤残人士（如轮椅使用者）应留在车厢内，待列车驶到安全位置再下车。司机凡得知车上有伤残人士，必须向行车调度员报告。如需立即救出伤残人士，必须迅速通过行车调度员通知紧急救援人员。

注意：必要时可调派额外人手或要求自愿协助的乘客陪同伤残人士留在车上。

12. 使用站台楼梯

下车乘客抵达指定车站时，须由员工指示沿站台两端的台阶前往站台，以便加快乘客撤离轨道的速度。

13. 列车清客后的程序

列车完成清客后，相关车站必须安排两名车站员工巡查所有下车乘客可能经过的轨道区段。这两名员工必须按正常行车方向，由后方车站走至前方车站，确保区间内已无任何乘客或障碍物，然后向出发车站的值班站长汇报巡查结果。

二、清客的程序

何时开始清客是一项非常重要的决定，尤其是在紧急情况及车上环境急剧恶化的情况下。行车调度员与司机必须根据当时的情况采取适当行动，以确保乘客及员工的安全。

行车调度员需根据司机报告的现场情况，慎重考虑以下情况，以决定是否需要清客：

1）事故的成因。

2）车厢内的情况。

3）列车何时能恢复行驶。

4）乘客的安全。

5）任何其他相关的因素，例如乘客恐慌。

倘若停下的列车上情况恶劣，则行车调度员可以授权司机在车站人员抵达前紧急清客。

注意：何时开始清客由行车调度员决定。

若列车迫停在两个车站之间而没有空调已达 10min，司机必须通过广播指示乘客打开紧急通风窗，改善通风情况。打开紧急通风窗后的列车仍可继续载客，而行车调度员应在某一个适合的车站安排车站员工关好紧急通风窗。

SFM05 型车紧急通风窗的开启如图 8-13a 所示：①手握通风窗扳手；②将扳手按下并向内拉。关闭方式如图 8-13b 所示：①用手推玻璃窗回原位；②将扳手扣紧并确认锁闭。

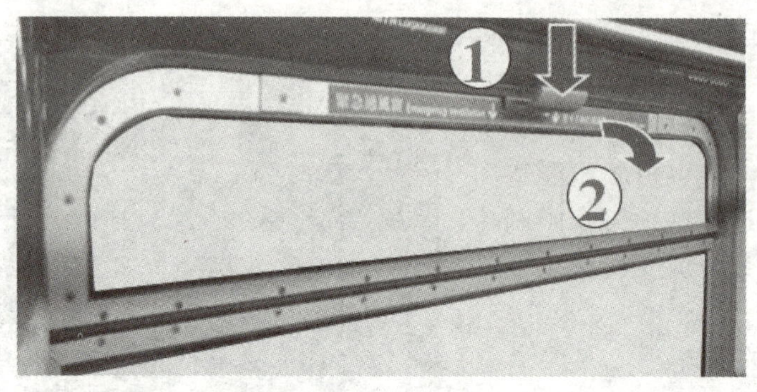

a)

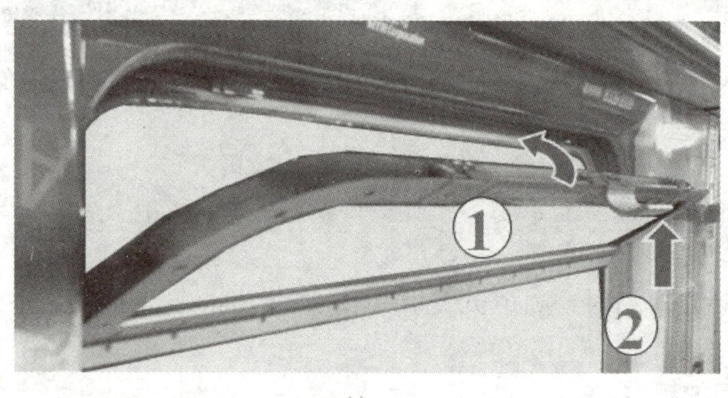

b)

图 8-13　紧急通风窗的操作

a）紧急通风窗的开启　b）紧急通风窗的关闭

三、各岗位工作职责

1. 行车调度员的工作

行车调度员向司机和相关站值班站长、综控员发布关于清客的调度命令后，应当对线上列车的行车组织方式进行降级：停止即将清客的轨道、乘客离开车厢后可能途经轨道的列车运作。

行车调度员组织完相关列车的运行后，告知司机清客的方向和清客时间，司机应维持手持电台的正常运作，前往即将清客的一端候命，在车站员工抵达后即可开始清客。（如果需要）与电力调度员联系，关断牵引电流。

向有关的值班站长查证停下列车的确切位置，指示他们在何处清客、在列车哪一端清客，并要求做好相关的乘客安全保护措施。

在收到司机或/和值班站长关于清客完毕的报告后，行车调度员与司机确定：是否所有乘客已离开车厢，是否有伤残人士留在车上；与值班站长确定所有乘客已撤离车厢及轨道。然后要求值班站长派员工步行巡视各轨段，并确定轨段已畅通无阻。

在接获值班站长关于轨道已畅通的通知后，指示电力调度员可以给接触轨送电；指示司机将列车驶往下一站（具体驾驶模式视情况而定）。然后按情况允许，恢复运营线路的正常运作。

2. 值班站长的工作

值班站长在接到行车调度员关于清客的命令后，与行车调度员确定 ATS 控制台上显示

的所有被停止列车的正确位置、在何处清客、在列车哪一端清客、牵引电流已关断（如有必要）及其他需要进行的安全保护措施。

按情况需要，安排关掉鼓风扇，确保隧道灯都点亮。

指派一名车站员工负责执行清客程序，并指示至少一名员工陪同前往列车现场。

根据情况需要，加派员工前往任何有潜在危险的位置，提醒乘客小心安全，在清客范围协助引领乘客，引导离开车厢的乘客经站台两端的台阶前往车站。

在接到执行清客程序的车站员工关于所有员工和乘客已离开轨道的通知后，向行车调度员报告。

在接到行车调度员要求轨道巡查的通知后，安排一名车站员工在站台前方端墙示意危险手信号，另安排两名车站员工步行前往下一个车站，以确定该区间畅通无阻。

每确定一段指定轨道畅通无阻后，向行车调度员汇报。

3. 司机的工作

司机在接到行车调度员关于清客的命令后，首先应当定时通过广播系统向乘客发放有关消息，安抚乘客情绪，观察乘客的状况，有异常立刻向行车调度员报告。在等待清客开始的过程中，若列车停止在隧道内而没有空调已达10min，司机必须通过广播指示乘客打开紧急通风窗，以改善车厢内的通风情况（注：牵引电流中断时，列车上的空调设备将自动关掉，蓄电池能维持短暂的紧急通风和照明）。

根据当时列车的载客情况，估计清客的疏散速度。估计清客时的疏散速度如下：最快速度是每秒钟1.5人次经过应急疏散坡道；当轨道上有照明设备并有人引路时，每分钟约可步行50m。在照明不足、有障碍或出现恐慌的情况下，疏散时间或许会更长。

乘客工作做完后，司机为列车做好防护措施，等候在清客端驾驶室，放下紧急逃生门，车站员工到达后，向乘客发布清客开始的通知，说明清客方向，请乘客有序地通过列车端部的紧急逃生门下到轨道上，在车站员工的带领下，沿着轨道前往站台。此段广播消息应定时播放。紧急逃生门打开后的疏散通道如图8-14所示。

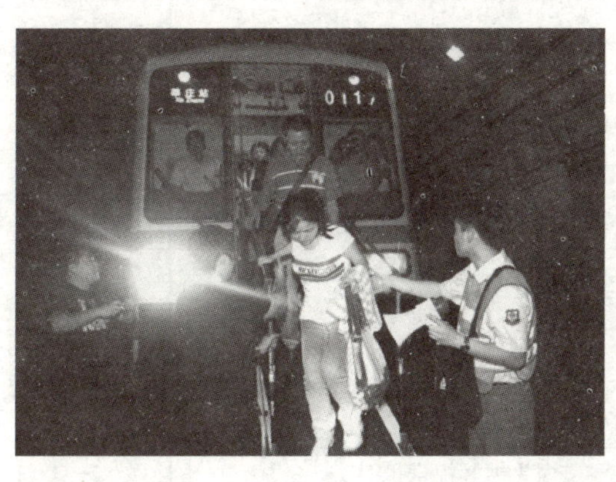

a)

b)

图8-14　紧急逃生门打开后的疏散通道

a）A型车紧急疏散通道　b）B型车紧急疏散通道

在乘客下车的过程中，司机须随时观察乘客的动态，适时进行安抚，防止出现乘客恐慌，保证清客过程的正常进行。乘客全部下车完毕后，穿行列车，确保所有乘客已离开车厢，确认是否有伤残人士留在车上。

确认完毕后，收回紧急逃生门。

向行车调度员报告全部乘客已离开车厢，等待清客工作完毕、所有乘客疏散至车站、隧道区间畅通无阻后，按照行车调度员的进一步指示，操作列车到指定车站，或等待救援列车的到来。

实践训练与项目考核

任务	清客作业		
考核说明	教师考核组长操作步骤及内容，组长对组员逐一考核		
班　　级		姓　　名	
学 习 小 组		考 核 时 间	

考核目标

1. 了解清客的定义和进行清客的情况
2. 掌握列车清客的规则
3. 掌握列车清客作业的执行程序
4. 能关注乘客状态，安全、有序地组织清客作业
5. 能按规定穿戴防护用品，到车下检查受流器
6. 有乘客导向的意识和良好的沟通能力
7. 能在非正常情况下与其他岗位人员合作完成乘客运输工作

考核内容

考 核 项 目	考 核 标 准	分　值	得　分
清客规则	行车调度员的授权	2	
	尽量在站台清客	2	
	若区间清客，接触轨供电线路应关断牵引电流	2	
	清客应有车站员工的协助	2	
	使用手提灯、扩音器、手持电台	2	
	确保隧道灯点亮	2	
	关闭隧道内的鼓风扇	2	
	区间清客方向尽量为行车方向	2	
	区间清客行车调度员应注意安排相关轨道不得行车	2	
	区间清客应安排员工驻守在隧道内为乘客提供指引	2	
	若有伤残人士，应提供额外安排	2	
	区间清客使用站台两端的楼梯	2	
	区间清客完毕，应安排两名车站员工进行巡查	2	

（续）

考核项目	考核标准	分　值	得　分
站台清客司机的处理	向行车调度员汇报情况	4	
	收到行车调度员关于清客的授权	4	
	广播通知乘客关于清客的消息	5	
	打开列车车门	4	
	不间断广播清客通知和注意事项	5	
	完成列车清客	3	
区间清客司机的处理	向行车调度员汇报情况	4	
	收到行车调度员关于清客的授权	4	
	广播通知乘客关于即将清客的消息	5	
	若等待清客开始的时间过长，广播指示乘客打开紧急通风窗	5	
	为列车做好防护，放下清客端驾驶室的紧急逃生门	5	
	等待车站协助员工到达，定时广播通知清客开始，说明注意事项	6	
	关注清客过程中乘客的状态，保证清客过程顺利	6	
	穿行列车，确保所有乘客都下车	5	
	收回紧急逃生门	4	
	向行车调度员报告全部乘客都离开列车，等待指示	5	
指导教师意见：			
任务完成人签字：	日期：　　年　　月　　日		
指导教师签字：	日期：　　年　　月　　日		

任务六　紧急逃生门的操作

任务说明

当隧道区间疏散乘客时，使用列车紧急逃生门。紧急逃生门位于列车两端，打开和回收全靠机械结构的驱动完成。

通过本任务的学习和训练，学生应掌握紧急逃生门打开和回收的操作方法。

知识要点

1. 了解列车紧急逃生门的结构。

2. 掌握列车紧急逃生门的操作。

素质和能力要点

1. 能独立打开紧急逃生门。
2. 能完成紧急逃生门的回收。
3. 培养时间观念、危机意识、应变能力。

任务准备

列车驾驶模拟舱、操纵台激活钥匙、三角钥匙、四角钥匙、手持电台、手电、棘轮。

相关理论

一、紧急逃生门概述

紧急逃生门也称为紧急疏散门，在正常状况下，紧急逃生门处于锁闭状态，起到隔音、隔热、密封等功能，保证驾驶室正常工作环境。在紧急情况下，可手动将紧急逃生门打开，并配合紧急疏散梯，用于疏散人群，使乘客能够从列车两端安全转移，避免或减少乘客的伤亡。GB/T 7928—2003《地铁车辆通用技术条件》中明确规定，在未设安全通道的线路上运行的列车两端应设紧急逃生门。A、B 型车的紧急逃生门如图 8-15 所示，A 型车的逃生门位于驾驶室前端墙的中部，B 型车的逃生门位于驾驶室前端墙的左侧。

a)

b)

图 8-15　不同车型的紧急逃生门

a）地铁 A 型车　b）地铁 B 型车

紧急逃生门系统包括逃生门和紧急疏散梯两部分。逃生门由门扇、门框、门锁、解锁手柄等零部件组成；紧急疏散梯平时收起放置于驾驶室内。当逃生门打开后，紧急疏散梯（自动）打开，形成应急通道。B 型车的紧急疏散梯位置如图 8-16 和图 8-17 所示。

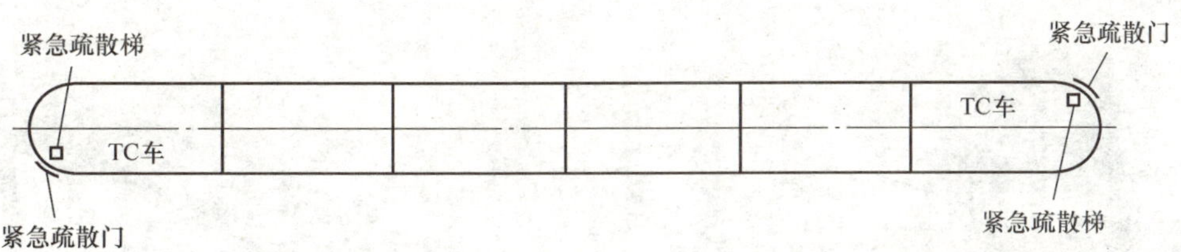

图 8-16　B 型车的紧急疏散梯位置

目前国内运营的地铁车辆紧急逃生门有多种形式，但归纳起来主要有两种结构形式：坡道式和踏步式。图 8-14所示两种车型的逃生门形式均为坡道式。坡道式紧急逃生门系统是指在逃生门打开后，疏散通道为一斜坡，主要由门扇、门转动机构、坡道控制系统、锁、联动装置组成。图 8-18 中，逃生门板向下打开，与疏散梯共同组成坡道。图 8-19 中，逃生门板向上打开，疏散坡道向下伸展、倒向轨道。

图 8-17　紧急疏散梯

紧急逃生门扇主体与驾驶室外形相配合，疏散坡道的斜面上做防滑处理，以保证疏散时乘客的安全。门转动机构作为逃生门打开时的旋转机构。坡道控制系统控制门扇的打开速度、坡道展开速度及扶手的展开，使疏散坡道能平顺地展开，并在坡道上提供乘客用扶手。车内设有可打开的机械锁，在紧急逃生门关闭状态下锁住门扇。

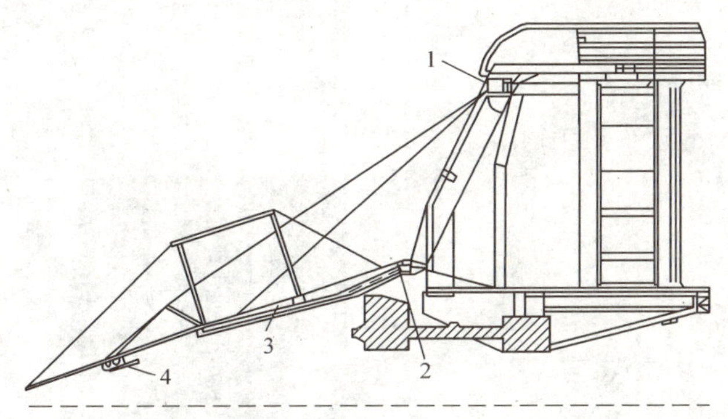

图 8-18　坡道式紧急逃生门结构（形式一）

1—控制机构　2—铰链　3—门扇　4—锁

踏步式紧急逃生门是指在紧急逃生门展开后，疏散通道为台阶或梯子形式，如图 8-20 所示。台阶式疏散梯采用铰链结构，紧急逃生门关闭状态下疏散梯能折叠在一起；梯子式疏散梯采用伸缩结构，紧急逃生门关闭状态下疏散梯缩回在一起。

两种形式的紧急逃生门都设有联动装置，确保列车在运行过程中门扇不会打开，保证行车安全。

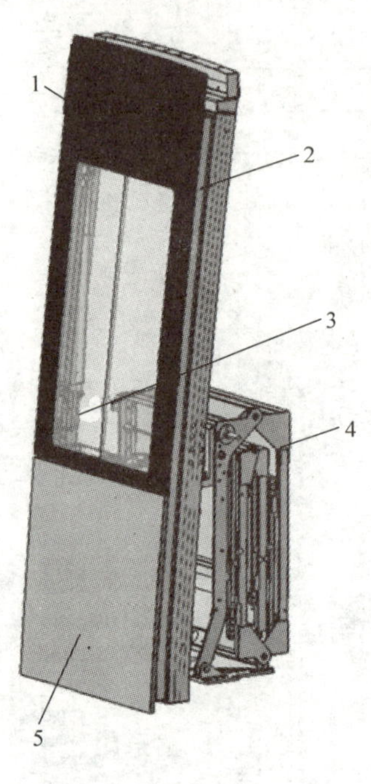

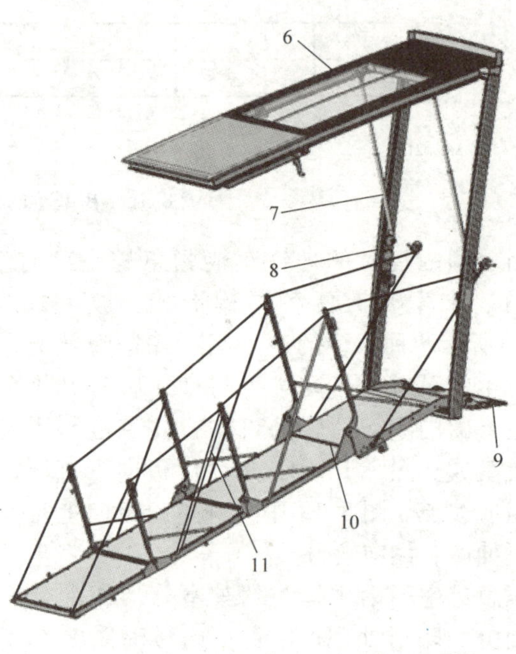

图 8-19　坡道式紧急逃生门结构（形式二）

a）关闭状态　b）打开状态

1—门板玻璃　2—紧急疏散门　3—门板把手　4—疏散坡道　5—外罩板　6—门板　7—空气弹簧　8—门框　9—连接座　10—踏板组件　11—扶手

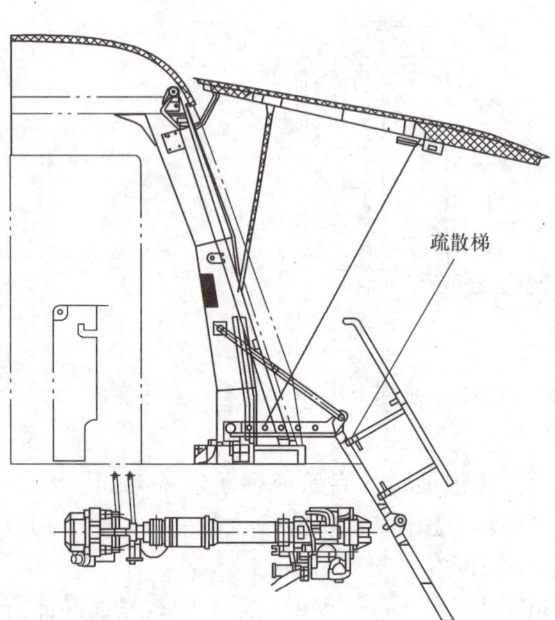

图 8-20　踏步式紧急逃生门

紧急逃生门系统是在紧急情况下使用的，关系着乘客的生命财产安全，列车采用哪种形式的逃生门应根据列车长度（A 型车或 B 型车、固定编组数量）、列车 AW3（超员）载客下的乘客数量考虑。坡道式紧急逃生门在紧急疏散时打开的操作步骤少、操作时间短、疏散能力强，得到了广泛使用。

二、坡道式紧急逃生门的操作

紧急逃生门的门框通过螺栓与驾驶室前端车体固定联接，开门时先手动拉开解锁手柄，转动一定角度，直至整个门扇开启到最大位固定，再将紧急疏散梯由内向外翻转后慢慢放置于驾驶室前端的轨道上方即可。关门时要先将紧急疏散梯逐一折起收回驾驶室内的固定位置，然后操作人员在驾驶室内抓住拉手用力向内拉回闭锁位。

（一）逃生门的开启

正常情况下，紧急逃生门应处于锁闭状态，当发生紧急情况时，可按照操作标识打开紧急逃生门。

扳动紧急逃生门红色锁把手（图 8-21）至开位，向外推动转臂把手，逃生门将缓缓打开。

a)

b)

图 8-21　紧急逃生门开门把手

a）SFM05 型车　b）SFM12 型车

根据车型不同，紧急疏散坡道的打开方式略有不同。如 SFM05 型车的疏散坡道在逃生门完全打开后会自动展开，其三级踏板和斜拉带都将顺次打开，缓慢落在轨道上。打开过程中的疏散坡道如图 8-22 所示。

图 8-22　正在展开的紧急疏散坡道

有些车型如 SFM12 型车的疏散坡道需通过操作把手展开。操作人员扳动疏散坡道锁机构把手至开位，向外推动整个疏散坡道踏板，疏散坡道将自动展开，其疏散坡道把手位置、踏板组件如图 8-23 所示，打开后的疏散坡道如图 8-24所示。

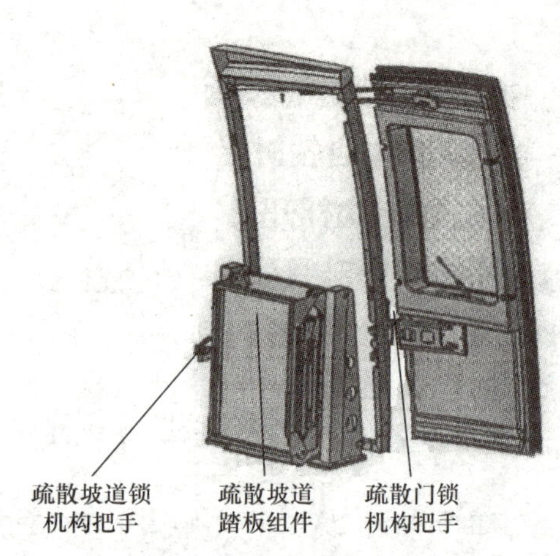

图 8-23　SFM12 型车的疏散坡道锁机构把手

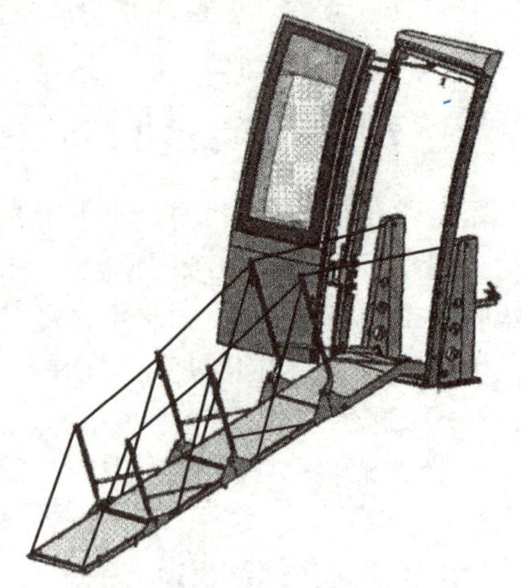

图 8-24　SFM12 型车展开的疏散坡道

（二）逃生门的关闭回收

紧急逃生门依靠自身的机械结构实现打开与关闭，回收时必须由人工操作完成。下面以 SFM05 型车为例介绍逃生门的回收方法，需要用到的部件有棘轮和释放、回收钥匙，如图 8-25所示。

a）

b）

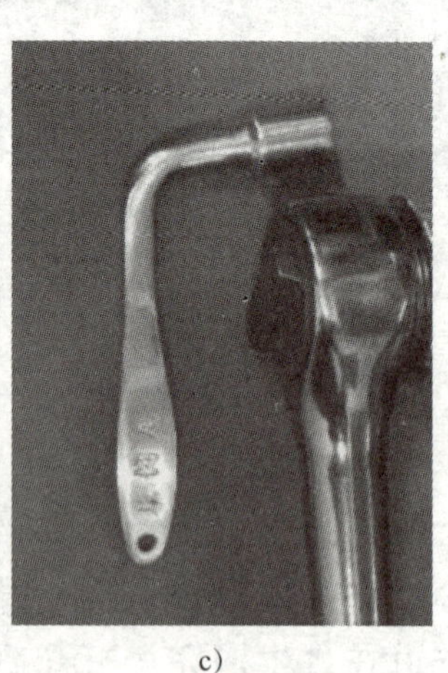

c）

图 8-25　紧急逃生门的回收操作部件

a）棘轮　b）释放、回收锁孔　c）释放、回收钥匙

1）扳起疏散坡道上的安全扣件，扣件位于各级踏板之间，共四个，如图 8-26 所示。

2）将释放、回收开关打至“回收准备”位置，如图 8-25b 所示。

3）将棘轮扳手插入棘轮插孔，操作棘轮扳手。棘轮插孔的位置如图 8-27 所示。

双手握紧棘轮扳手，用力向下压扳手，使棘轮反复旋转，疏散坡道逐渐折叠、收回，如图 8-28 所示。注意，在回收紧急坡道时，一定要注意整理好吊带，以免下次打开紧急逃生门时造成缠绕和其他不便，不能顺利展开坡道。

a)

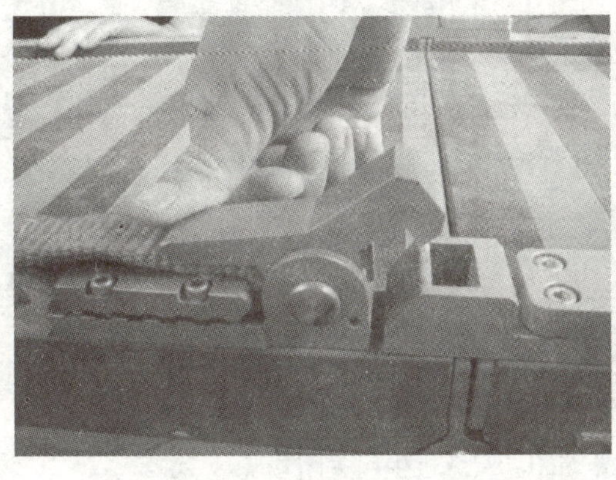

b)

图 8-26　回收步骤一：扳起安全扣件

a）四个安全扣件　b）扳起安全扣件

图 8-27　棘轮插孔位置

图 8-28　紧急疏散坡道的回收

还有一种疏散坡道的回收方法需要 2 ~ 3 人合作完成：1 ~ 2 人在轨道上将疏散坡道翻转叠起，至少 1 人在车上配合将坡道和逃生门收回，如图 8-29 所示。

4）紧急疏散坡道完全回收后，关闭逃生门。左手握住红色解锁手柄，右手握住下摆杆向车内方向拉动门扇，结合车门惯性将锁叉卡到轴上，当处在二级啮合位置后，才能确认车门完全锁闭到位，方可离开，如图 8-30 所示。

A 型车向上打开的紧急逃生门的回收如图 8-31所示：通过拉动门板上的回收吊带将门板收回。

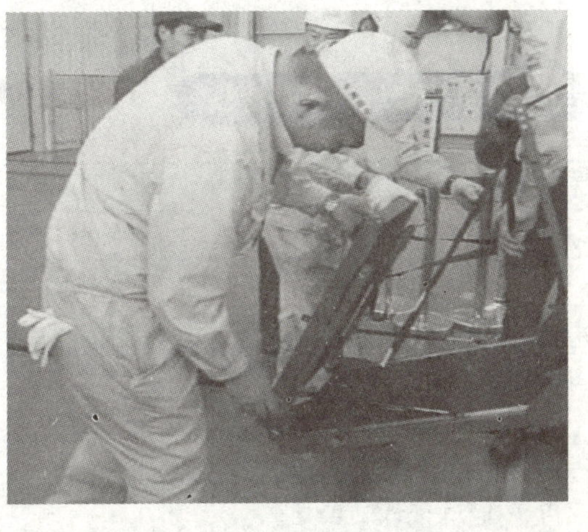

图 8-29　疏散坡道翻叠回收

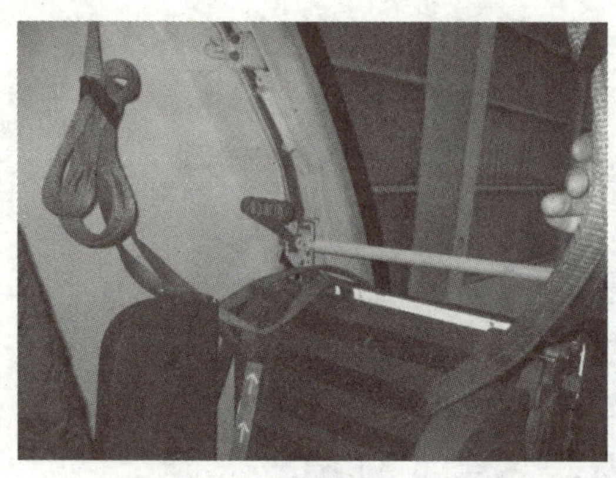
图 8-30　紧急逃生门关闭

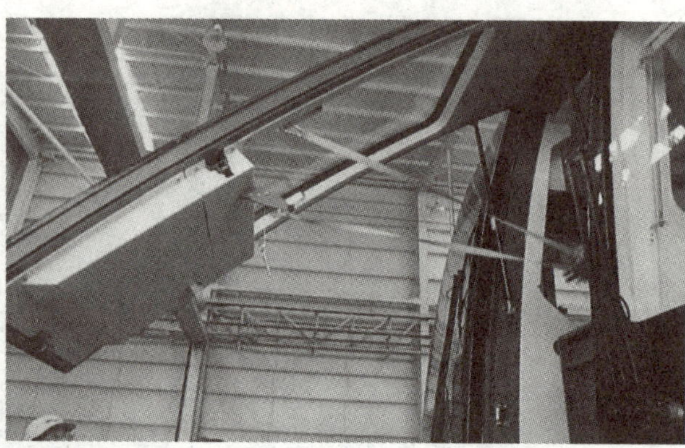
图 8-31　A 型车逃生门门板的回收

5）拉起紧急逃生门钢丝，确保在列车运行过程中门扇不会打开，如图 8-32 所示。

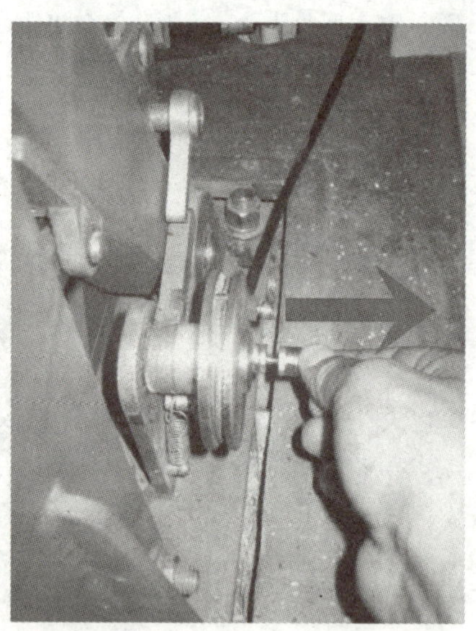
图 8-32　拉起紧急逃生门钢丝

实践训练与项目考核

任务	紧急逃生门的操作		
考核说明	教师考核组长操作步骤及内容，组长对组员逐一考核		
班　级		姓　名	
学习小组		考核时间	
考核目标			
1. 了解列车紧急逃生门的结构 2. 能独立打开紧急逃生门 3. 能完成紧急逃生门的回收 4. 有良好的时间观念、危机意识、应变能力			

（续）

考核内容			
考核项目	考核标准	分值	得分
紧急逃生门的开启	确认轨道上无人及异物	8	
	扳动紧急逃生门锁把手至开位	8	
	向外推动把手，使逃生门缓缓打开	10	
	扳动疏散坡道机构把手至开位，使疏散坡道展开	8	
紧急逃生门的回收	扳起疏散坡道上的安全扣件	10	
	将释放、回收开关打至“回收准备”位置	8	
	将棘轮扳手插入棘轮插孔，反复用力向下压扳手，使疏散坡道逐渐折叠、收回	14	
	整理好吊带	8	
	关闭逃生门	10	
	确认车门完全锁闭到位	8	
	拉起紧急逃生门钢丝	8	
指导教师意见：			
任务完成人签字：	日期： 年 月 日		
指导教师签字：	日期： 年 月 日		

拓展与提高

以下以北京地铁各线路制定的规定为例，介绍运营列车请求救援和清人掉线的情况。各城市、各条线路根据实际运营情况，有不同的要求和规范，需具体问题具体分析。

1. 允许运营列车请求救援的情况

1）列车发生故障，进行处理后仍不能牵引全列车维持运行时。

2）制动系统发生故障致使全列车处理后仍不能缓解时。

3）电动列车发生火灾处理后无法运行时。

4）发生严重故障有危及行车安全的可能，司机认为须救援时。

2. 运营列车立即清人掉线的情况

1）高、低压导线及电气设备接地、短路发生冒烟或着火。

2）车辆走行部（包括齿轮箱、轴箱、联轴节、牵引装置、牵引电动机等）故障或有异音。

3）列车发生异味冒烟。

4）全列无法正常开关门，经处理无法恢复。

5）车轮擦伤严重时，就近入库。

6）驾驶室门机械故障无法开启或关闭。

7）监控器及门显示灯同时显示不正常，司机无法确认门状态。

8）列车在运行中车辆与信号监控装置故障，经处理仍无法显示。

9）客室车门故障，手动不能关好（门开度大于100mm）时且无人监护。

10）列车发生故障需闭合“门旁路短接”开关维持运行。

11）动车过少，全列有一半以上动车失去牵引力，不能恢复时，就近入库。

12）车辆重要部件脱落，危及行车安全。

13）机械、电器等发生故障，危及行车及人身安全。

14）列车前、后驾驶室自动广播和人工广播同时发生故障。

15）列车无线电台故障或复读装置无法记录行车调度员命令。

16）因故障司机处理须短接紧急旁路维持运行时。

17）总风泄漏严重致使列车紧急制动不缓解。

18）全列车紧急制动不缓解，处理后仍无法正常使用但可缓解时，就近入库。

19）制动机发生故障，全列（六节编组）失去1/6以上的基础制动。

20）列车运行中显示列车“缓解不良”，且无法确认列车制动系统状态。

21）机械部位发生故障，致使车轮不转。

22）车轮擦伤严重时，就近入库。

23）列车在运行中监控显示器故障，无法正常显示车辆运行状况（如黑屏、花屏、乱码、网络故障）。

24）列车故障，监控显示器显示立即掉线时。

25）前照灯故障不亮，无法确认线路、信号安全状态。

26）当一台静止逆变器（SIV）装置故障无法恢复，且扩展供电不能投入工作时。

27）列车发生故障，需要推进运行。

28）发生严重故障，司机认为不能继续载客运行时。

3. 须将乘客运送到终点站方能掉线的情况

1）因列车牵引逆变器故障，全列一辆动车减少动力时。

2）车载信号设备故障致使列车无法正常运营。

3）列车控制网络发生故障，但能采用紧急牵引模式运行。

4）监控显示器、门指示灯有一处显示不正常，但司机能确认车门关闭良好。

5）车门故障，手动不能关门（门开度小于100mm）时要做好防护，设专人监护到终点站清人掉线。

6）因车门故障，列车单节同侧两个车门封闭时。

7）驾驶室门故障，无法关闭。

8）列车在运行中监控显示器不能正常工作。

9）一辆车空气弹簧不充气时（弯道运行限速30km/h）。

10）一节及以上客室灯不亮。

11）当有一台静止逆变器（SIV）装置故障，监控显示器显示运行到终点站时。
12）一个台车失去空气制动作用。
13）主空压机组故障，但能保证列车正常使用的风压。
14）列车故障，监控显示器显示运行到终点站掉线。
15）列车空调系统故障超过1/6（六节编组）。
16）因列车空调故障，乘客投诉时。
17）需短接“开门旁路”开关维持列车车门打开。
18）车载通信系统故障致使整列屏蔽门不能开启与关闭。
19）列车发生故障，司机认为列车不能继续完成运行图规定的交路。

参考文献

[1] 仇海兵．城市轨道交通车辆及操作［M］．北京：人民交通出版社，2009.

[2] 上海申通地铁集团有限公司轨道交通培训中心．城市轨道交通电动列车驾驶［M］．北京：中国铁道出版社，2010.

[3] 王伯铭．城市轨道交通车辆工程［M］．成都：西南交通大学出版社，2007.

[4] 褚福磊，叶龙．轨道交通司机胜任特征模型构建［J］．北京理工大学学报：社会科学版，2012，14（5）.